T0294140

OSHO

El sutra del diamante

Discursos sobre el sutra *Vajrachchedika Prajnaparamita* del Buda Gautama

Traducción del inglés de Esperanza Moriones Alonso

editorial Kairós

Título original: THE DIAMOND SUTRA

© 1977, 2009 OSHO International Foundation, www.osho.com/copyrights
All rights reserved.

© de la edición en castellano:
2022 by Editorial Kairós, S.A.
www.editorialkairos.com

Este libro es la transcripción original de una serie de discursos de Osho titulada
The Diamond Sutra dada en vivo ante una audiencia. Todos los discursos de Osho
han sido publicados íntegramente en inglés y están también disponibles en audio.
Las grabaciones originales de audio y el archivo completo de textos se pueden
encontrar on-line en la OSHO Library de la www.osho.com.

OSHO® es una marca registrada de Osho International Foundation,
www.osho.com/trademarks.

© **de la traducción del inglés al castellano:** Esperanza Moriones Alonso
Revisión: Alicia Conde
Fotocomposición: Moelmo, SCP. 08009 Barcelona

Diseño cubierta: Katrien van Steen
Impresión y encuadernación: Índice. 08040 Barcelona

Primera edición: Marzo 2022
ISBN: 978-84-9988-985-6
Depósito legal: B 2.022-2022

Este libro ha sido impreso con papel que proviene de fuentes respetuosas
con la sociedad y el medio ambiente y cuenta con los requisitos necesarios
para ser considerado un «libro amigo de los bosques».

Sumario

Prefacio

La vida es como un río, como un largo río, como una larga lí-
nea que va discurriendo por campos nevados. ¿Y luego qué ocurre? Cada río, ya sea grande o pequeño, se funde con el mar,
encuentra su camino sin necesidad de guías, sin necesidad de
sutras, sin necesidad de maestros. Se puede perder, puede ir
culebreando, pero finalmente llega al mar. Y cuando llegue al
mar, se convertirá en el mar. Esto es renacer. Esto es lo que significa para nosotros la meditación. Esto es lo que significa el
Manifiesto Zen.

Todos los ríos están destinados a desaparecer en el mar en
algún momento. Hazlo bailando, hazlo con alegría. No tienes
que preocuparte, no tienes que tener prisa. El mar te está esperando, tómate tu tiempo, pero hazlo con alegría y sin tensiones
ni miedos. Regocíjate y baila, canta, ama, y finalmente te fun-
dirás con el mar. El mar siempre te está esperando.

Aunque estés lejos del mar, formas parte de él, siempre lo
vas a alcanzar, siempre te vas a acercar más a él. Todo el mundo se convertirá en un buda, puede ser hoy o puede ser mañana,
pero la semana solo tiene siete días, ¡para que puedas elegir!

OSHO
El manifiesto zen: liberarse de uno mismo

1. El mensaje de Buda: ser consciente

En cierta ocasión, esto es lo que oí. El Señor vivía en Sravasti...

A primera hora de la mañana el Señor se vistió, se puso su manto, cogió su cuenco y entró en la gran ciudad de Sravasti para pedir limosna.

Después de comer y al volver de su ronda, el Señor guardó su cuenco y su manto, se lavó los pies, se sentó con las piernas cruzadas y el cuerpo erguido en el sitio que le habían preparado, y fijó su atención al frente. Entonces muchos monjes se acercaron a donde estaba el Señor y se postraron con la cabeza a sus pies, giraron tres veces en torno a él por la derecha, y se sentaron a su lado.

En esa época, el venerable Subhuti acudió a la asamblea y se sentó. En un momento determinado, se levantó de su sitio, colocó la camisa de su túnica sobre uno de sus hombros, puso la rodilla derecha en el suelo, se inclinó juntando las palmas de las manos hacia el Señor y dijo: Oh, Señor, es maravilloso. Oh, bienaventurado, es extremadamente maravilloso comprobar en qué medida ha ayudado el Tathagata a todos los *bodhisattvas* y a todos los grandes seres con la mejor de las ayudas...

¿Cómo puede permanecer aquí, Oh, Señor, aquel que ha elegido el vehículo del *bodhisattva*? ¿Cómo puede progresar, cómo puede controlar sus pensamientos?

Tras oír estas palabras, el Señor le dijo a Subhuti: Por lo tanto, Subhuti, ¡escúchame bien y préstame mucha atención! Aquel que ha elegido el vehículo del *bodhisattva* debería enfocar su pensamiento en esta dirección: debo conducir al nirvana a tantos seres como hay en el universo de los seres, a todos aquellos que abarca el término «seres» [...], a todos ellos debo conducirlos a esa dimensión del nirvana que no se deja nada atrás. Sin embargo, aunque muchos seres hayan sido conducidos al nirvana de este modo, no se ha conducido a ningún ser al nirvana. ¿Por qué? Porque cuando en un *bodhisattva* está presente la noción de «ser», no podemos llamarlo «ser iluminado». ¿Y por qué? Porque no se puede llamar ser iluminado a alguien que sigue conservando una noción del yo o del ser, o una noción del alma viva o de la persona.

Me encanta el Buda Gautama porque representa para mí la esencia pura de la religión. Él no es el fundador del budismo, el budismo solo es una consecuencia, pero da comienzo a un tipo de religión completamente distinto en el mundo. Es el fundador de una religión sin religión. No propone una religión, sino una religiosidad. Y esto supone un cambio radical en la historia de la conciencia humana.

Antes de Buda hubo otras religiones, pero nunca hubo una religiosidad pura. El hombre todavía no había madurado. Con

Buda, la humanidad alcanza su madurez. No todos los seres humanos han madurado, eso es verdad, pero Buda anunció el camino. Buda abrió la puerta sin puerta. Tiene que pasar mucho tiempo para que las personas puedan entender un mensaje tan profundo. El mensaje de Buda es el más profundo que haya habido nunca. Nadie ha hecho el trabajo que ha hecho Buda y de la forma que él lo ha hecho. No hay nadie más que represente la fragancia pura.

Los fundadores de las demás religiones, los demás iluminados, hacen concesiones a su audiencia. Pero Buda no hace concesiones, de ahí su pureza. No le importa lo que tú puedas entender, solo le interesa la verdad y la expresa sin preocuparse de que tú la entiendas o no. Aunque de alguna forma pueda parecer duro, es un acto de compasión.

La verdad solo se puede expresar como es. Siempre que haces concesiones, siempre que intentas llevar la verdad al nivel ordinario de la conciencia humana, la verdad pierde su alma, se vuelve superficial, se convierte en algo muerto. La verdad no se puede llevar al nivel de los seres humanos, son los seres humanos quienes tienen que ser conducidos al nivel de la verdad. Ese es el gran trabajo de Buda.

Hace veinticinco siglos, una mañana temprano —exactamente igual que hoy—, nació este sutra. Estaban presentes mil doscientos cincuenta monjes. Sucedió en la ciudad de Sravasti. En aquella época era una gran ciudad. La palabra *sravasti* significa «la ciudad de la gloria». Era una de las antiguas ciudades gloriosas de la India y en ella vivían novecientas mil familias. Actualmente, esa ciudad ya no existe. Solo queda un pueblito muy pequeño, tan pequeño que no sale ni en los mapas, e incluso ha desaparecido el nombre. Ahora se llama Sahet-Mahet. Es difícil de imaginarse que allí hubiera una ciudad tan grande. Así es la vida, las cosas van cambiando. Las ciudades se convierten en cementerios y los cementerios se convierten en ciudades. La vida es un fluir.

A Buda le debía encantar la ciudad de Sravasti porque se quedó en ella durante veinticinco de sus cuarenta y cinco años de servicio. Le debían encantar las personas que vivían allí. Debían ser personas con una conciencia muy elevada. Todos o casi todos los grandes sutras de Buda nacieron en Sravasti.

Este sutra, *El sutra del diamante*, también nació en Sravasti. En sánscrito, este sutra recibe el nombre de *Vajrachchedika Prajnaparamita*, y quiere decir la perfección de la sabiduría que corta como un rayo. Si se lo permites, Buda te puede cortar como un rayo. Te puede decapitar. Te puede matar y ayudarte a renacer.

Un buda tiene que ser un asesino y una madre al mismo tiempo. Por un lado, te tiene que matar, y, por otro lado, te tiene que dar un nuevo ser. El nuevo ser solo puede aparecer tras haber destruido al viejo ser. Lo nuevo solo puede nacer de las cenizas de lo viejo. El hombre es un ave fénix. El ave mitológica fénix, no es solo un mito, sino una metáfora. Se refiere al ser humano. El fénix no existe, es el ser humano. El hombre es un ser que tiene que morir para renacer.

Esto es lo que le dijo Jesús a Nicodemo. Nicodemo era un profesor, un hombre culto, un rabino, un miembro del consejo que gestionaba el gran templo de Jerusalén. Una noche oscura fue a ver a Jesús. No tenía valor para ir a verle durante el día porque temía las murmuraciones de la gente. Era una persona muy respetable, muy respetada. ¿Ir a ver a un maestro vagabundo? ¿Ir a ver a una persona odiada por todos los rabinos y todas las personas cultas? ¿Ir a ver a alguien que se juntaba con ladrones, borrachos y prostitutas? Pero tenía un gran deseo de conocer a este hombre. Es posible que hubiese visto a Jesús caminando, yendo hacia el templo. En su inconsciente debió de sentir algo muy profundo por él y no se pudo contener.

Una noche, cuando se había ido todo el mundo e incluso los discípulos estaban durmiendo, se acercó a Jesús y le preguntó:

—¿Qué tendría que hacer para poder entrar yo también en el Reino de Dios?

Y Jesús le dijo:

—No es posible a menos que mueras. Solo podrás entrar en el Reino de Dios si mueres. Debes morir tal como eres, y solo así podrás renacer como tu verdadero ser interior.

El ego tiene que morir para que empiece a aflorar el ser esencial. Este es el significado del *Vajrachchedika Prajnaparamita*. Te corta como un rayo. Te puede destruir de un solo golpe. Es uno de mejores sermones de Buda. Entra en sintonía con él.

Antes de adentrarnos en el sutra, conviene saber algunas cosas que te van a ayudar a entenderlo. El Buda Gautama dio inicio a una espiritualidad que no es represiva ni ideológica. Esto es muy poco habitual. La espiritualidad normal, la espiritualidad corriente, es muy represiva. Esta basada en la represión. No transforma al ser humano, sino que lo castra. No libera al ser humano, sino que lo esclaviza. Es opresiva, es terrible.

Escucha estas palabras de Tomás de Kempis, autor de *La imitación de Cristo*. Dice: «Cuanto más violento seas contigo mismo, más aumentará tu gracia. No hay ningún otro camino, excepto la mortificación diaria. Despreciarse a uno mismo es el mejor consejo». Hay miles de santos de todas las épocas que están de acuerdo con Tomás de Kempis. Y Tomás de Kempis era un personaje patológico.

O lo que dice el sacerdote francés Bossuet: «¡Maldita sea la Tierra! ¡Maldita sea la Tierra! ¡Maldigo a la Tierra mil veces!». ¿Por qué? ¿Por qué hay que maldecir a la Tierra? ¿Por qué hay que maldecir a la vida? Estas personas piensan que Dios está en contra de la vida o que la vida está en contra de Dios. La vida *es* Dios, no hay ningún antagonismo, y ni siquiera hay separación. No son dos cosas distintas, sino dos formas de referirse a una misma realidad.

Acuérdate de esto. Buda no es opresivo. Y si te parece que los monjes budistas son represivos, es porque no han entendido a Buda en absoluto. Han mezclado sus patologías personales con sus enseñanzas. Y Buda no es ideológico. No tiene una ideología porque todas las ideologías pertenecen a la mente. Y una ideología que forma parte de la mente no puede llevarte más allá de la mente. Ninguna ideología se puede convertir en un puente para ir más allá de la mente. Hay que renunciar a todas las ideologías, solo así podrás dejar a un lado la mente.

Buda tampoco cree en los ideales, porque todos los ideales crean tensiones y conflictos en el ser humano. Dividen y crean ansiedad. Eres algo, pero quieres ser otra cosa. Esas dos cosas empiezan a tirar de ti hasta que te rompen. Los ideales generan sufrimiento. Provocan esquizofrenia. Cuantos más ideales tenga la gente, más esquizofrenia habrá, más divididos estarán.

Lo único que puede evitar esta división es una conciencia sin ideologías. Además, ¿cómo puedes ser feliz si estás dividido? ¿Cómo puedes estar en silencio? ¿Cómo puedes saber lo que es la paz, la quietud?

Una persona ideológica siempre está luchando consigo misma. Hay un conflicto permanente. Vive en conflicto, vive dentro de esa confusión porque no es capaz de decidir quién es en realidad, si el ideal o la realidad. No confía en sí misma, se teme a sí misma, ha perdido la confianza. Y cuando una persona pierde la confianza, pierde toda su gloria. Está dispuesta a convertirse en el esclavo de alguien, de algún sacerdote o algún político. Está dispuesta y preparada para caer en alguna trampa.

¿Por qué las personas se quieren convertir en seguidores de alguien? ¿Por qué se dejan atrapar? ¿Por qué creen a Joseph Stalin, a Adolf Hitler o a Mao Zedong? ¿Cuál es el motivo? Se están tambaleando, la confusión ideológica les ha sacudido hasta sus cimientos. Ya no se tienen en pie solos y necesitan apoyarse en alguien. No pueden moverse solos, no saben quiénes son. Necesitan que alguien les diga que son esto o aquello. Necesitan que les den una identidad. Se han olvidado de su ser y de su naturaleza.

Hasta que el ser humano no renuncie a todas las ideologías, seguirá habiendo Adolf Hitlers, Joseph Stalins y Mao Zedongs. Y cuando digo ideologías, me refiero a *todas* las ideologías. No estoy diferenciando entre ideologías nobles o ideologías menos nobles. Todas las ideologías son peligrosas. De hecho, las ideologías nobles son todavía más peligrosas por su poder de seducción, porque son más persuasivas. Pero las ideologías como tal son una enfermedad, son una enfermedad porque te dividen en dos: el ideal y tú. Censuran el yo que eres y alaban el yo que no eres. Esto te va a generar problemas porque llegará un momento en que estarás neurótico, psicótico o algo parecido.

Buda nos ha dejado una forma de vida que no es represiva y tampoco es ideológica. Por eso no habla de Dios, ni del cielo, ni del futuro. No te permite agarrarte a nada, te lo quita todo. Te quita incluso a ti. Te va quitando cosas hasta que finalmente también se lleva la idea del ser, del yo, del ego. Solo te deja el vacío absoluto. Y lo que logra hacer es muy difícil de conseguir.

Es muy difícil porque nos hemos olvidado completamente de dar. Solo sabemos tener. Siempre queremos tener algo. Tengo un examen, tengo una mujer o tengo sueño. Siempre tienes algo, incluso el sueño, que no es algo que se pueda tener porque tienes que rendirte a él. El sueño solo llega cuando te entregas. Tienes una mujer o un marido, siempre tienes algo. No muestras respeto. Una mujer no es una propiedad. Puedes tener una casa, pero ¿cómo vas a tener una mujer o un marido? El lenguaje refleja nuestra forma de pensar. No sabemos dar, no sabemos entregarnos, no sabemos dejarnos llevar y permitir que las cosas fluyan.

Buda te quita todos los ideales, te quita todo el futuro, y finalmente te quita algo que te cuesta muchísimo entregar, te quita tu propio yo y deja un vacío puro, inocente e inmaculado. Ese vacío inmaculado es lo que él denomina nirvana. El nirvana no es una meta, sino tu vacío. Cuando sueltas todo lo que has ido acumulando, cuando dejas de hacer acopio de cosas, cuando dejas de ser un acaparador y de estar aferrado a las cosas, de repente, surge ese vacío. Siempre ha estado ahí.

Hakuin tiene razón: «Desde el principio, todos los seres son budas». Ese vacío está ahí. Has ido acumulando tantas cosas que no te dejan ver el vacío. Es como ir acumulando cosas en tu casa hasta quedarte sin sitio, hasta que no hay más espacio. Llega un día que incluso te cuesta trabajo moverte dentro de tu casa. La vida se complica porque no tienes espacio. Pero el espacio no se ha ido a ningún sitio. Piensa en esto, medítalo. El espacio no se ha ido a ningún sitio, tú has empezado a acumular muchos muebles, una televisión, una radio, un gramófono, un piano, y todo lo demás, pero el espacio no se ha ido a ningún sitio. Si quitas todos los muebles, verás que el espacio sigue ahí y siempre ha estado ahí. Los muebles lo estaban ocultando, pero no lo han destruido. No se ha ido de la habitación en ningún momento. Así es tu vacío interior, tu nirvana, tu nada.

Buda no te ofrece el ideal de un nirvana. En vez de coaccionarte, Buda te libera. Buda te enseña a vivir, a vivir con conciencia y sin perseguir una meta ni querer alcanzar nada, sino siendo dichoso aquí y ahora. No es que la conciencia te vaya a dar algo, la conciencia no es un medio para conseguir algo, es un fin en sí misma, es el medio y el fin al mismo tiempo. Tiene un valor intrínseco.

Buda no te habla del mundo del más allá. Esto debe quedar muy claro. La gente es muy mundana y los sacerdotes solo predican el más allá. Y el más allá tampoco es demasiado sobrenatural, es imposible porque solo es una versión mejorada de este mundo. ¿De dónde crees que sale el más allá? Tú solo conoces este mundo. Lo podrás mejorar, decorarlo un poco mejor, eliminar ciertas cosas feas y reemplazarlas por otras que te gusten más, pero sigue siendo una creación que surge de la experiencia de este mundo. De modo que tu mundo del más allá no puede ser muy diferente, eso es imposible. Solo es una prolongación. Surge de tu mente, es un truco de tu imaginación.

Allí tendrás bellas mujeres, y, por supuesto, mucho más bellas que las que hay aquí. Allí encontrarás el mismo tipo de placeres, quizá sean más permanentes y estables, pero siempre se tratará del mismo tipo de placeres. Habrá alimentos mejores, más sabrosos, pero seguirán siendo alimentos. Tendrás casas, y, aunque sean de oro, seguirán siendo casas. Volverás a repetir otra vez lo mismo.

Basta leer las Escrituras y comprobar cómo describen el cielo para darte cuenta de que es igual que este mundo, pero mejorado. Con algunos retoques aquí y allá, pero no tiene nada de sobrenatural. Por eso digo que el mundo del más allá del que hablan las religiones no es tan sobrenatural y solo es una proyección de este mundo en el futuro. Nace de la experiencia de este mundo. En el más allá no habrá miseria, ni pobreza, ni enfermedades, ni parálisis, ni ceguera, ni sordera. En el más allá no existirá todo lo que no te gusta de aquí, y tendrás todo lo que te gusta en abundancia, pero no será nada nuevo.

La mente no puede concebir nada nuevo. La mente es incapaz de concebir cosas nuevas. La mente vive de lo viejo, la mente *es* lo viejo. En la mente nunca hay nada nuevo. Lo nuevo solo aparece cuando la mente no está activa, cuando no te está controlando, cuando la dejas a un lado. Lo nuevo solo aparece cuando no interfiere la mente.

Todas vuestras Escrituras, en cambio, hablan del cielo..., y el cielo o el paraíso, o el *firdaus* o el *swarga*, siguen siendo lo mismo. Es posible que esté impreso en un papel couché de más calidad, que la tinta sea mejor o que la impresión sea de mayor calidad y tenga más ilustraciones en color, pero la historia seguirá siendo la misma y no podría ser de otra manera.

Buda no habla del más allá ni del otro mundo, simplemente te enseña a estar aquí, en este mundo. A estar alerta, consciente, atento, para que nada corrompa tu vacío. Para que tu vacío no se contamine, para que no se envenene, para que puedas vivir aquí y, al mismo tiempo, seguir sin contaminarte ni polucionarte. Formar parte del mundo sin que el mundo forme parte de ti.

La espiritualidad del otro mundo tiene que ser inevitablemente opresora, destructiva, sadomasoquista, y, en resumen, patológica. La espiritualidad de Buda tiene otro aroma, el aroma de no tener ideales, el aroma de que no hay un futuro, el aroma de que no hay un más allá. Es una flor en el aquí y ahora. No pide nada; ya lo tiene todo. Sencillamente, es estar más alerta para poder ver más, oír más, *ser* más.

Acuérdate de que solo eres en relación con lo consciente que seas. Si quieres ser más, tendrás que ser más consciente. La conciencia es la que te confiere el ser. La inconsciencia te quita el ser. Cuando estás ebrio, pierdes tu ser. Cuando estás profundamente dormido, pierdes tu ser. ¿No te has dado cuenta? Cuando estás alerta, tienes otra cualidad, estás centrado, arraigado. Cuando estás alerta, notas la solidez de tu ser, y es casi tangible. Cuando estás inconsciente, cuando te vas arrastrando, cuando vas medio dormido, tu sentido del ser disminuye. Siempre es proporcional a tu conciencia.

El mensaje de Buda es que hay que ser consciente. No hace falta tener un motivo, lo haces por el simple hecho de ser consciente. Porque la conciencia te confiere ser, la conciencia te

crea, y es tan diferente a lo que eres ahora ese *tú* que crea la
conciencia que no puedes hacerte una idea. Es un tú donde el
«yo» ha desaparecido, donde no hay una idea del yo, no hay
nada que te defina, eres un vacío absoluto, infinito, vacío ilimitado.

Esto es lo que Buda denomina estado de meditación, *samma
samadhi*, estado correcto de meditación, cuando estás solo.
Pero ten en cuenta que estar solo no es lo mismo que la soledad. ¿Alguna vez te has parado a pensar en esta maravillosa
palabra inglesa, *alone**? Significa que todo es uno, *all one*. Está
compuesta por dos palabras: *all* y *one*. Cuando estamos solos,
somos uno con el todo.

Estar solo no significa sentir soledad. Cuando estás solo,
no sientes soledad. Aunque estás solo, no hay soledad porque
eres uno con todo, ¿cómo vas a sentir soledad? No echas de
menos a los demás, eso es verdad. Pero no es porque te hayas
olvidado de ellos, no es que no te hagan falta, no es que no te
importen, no. No te acuerdas de los demás porque eres uno con
ellos. La diferencia entre uno y todo desaparece. El uno se
convierte en el todo, y el todo se convierte en el uno. La palabra inglesa *alone* tiene una gran belleza.

Buda dice que *samma samadhi* es estar solo. La meditación
correcta consiste en estar tan absolutamente solo que seas
uno con todo. Te lo voy a explicar. Cuando estás vacío, desaparecen tus límites porque el vacío no tiene límites. El vacío

---

* *Alone* significa «solo» en inglés. *(N. de la T.)*

solo puede ser infinito. El vacío no tiene peso, el vacío no tiene color, el vacío no tiene nombre, el vacío no tiene ninguna forma. ¿Cómo puedes estar separado de los demás cuando estás vacío? No tienes un color, no tienes un nombre, no tienes una forma ni tienes límites. ¿Cómo puede haber separación? Cuando estás vacío, eres uno con todo. Te fundes con la existencia, la existencia se funde contigo. Ya no eres una isla, te has convertido en un inmenso continente.

Todo el mensaje de Buda se puede condensar en esta palabra *samma samadhi*, meditación correcta. ¿Qué es la meditación correcta o la meditación incorrecta? Cuando hay un meditador, la meditación es incorrecta. Cuando el meditador desaparece en la meditación, la meditación es correcta. La meditación correcta te lleva al vacío y a estar solo.

Este sutra... Todo el sutra se enfoca en cómo quedarte completamente vacío. Esencialmente, este es su regalo para el mundo.

En cierta ocasión, esto es lo que oí.

Quien recordó estos sutras fue Ananda, el gran discípulo de Buda. Y hay que saber que todos los sutras empiezan así: *En cierta ocasión, esto es lo que oí...*

Al morirse Buda, todos sus discípulos se reunieron para compilar lo que había dicho durante cuarenta y cinco años. Ananda era el único que había estado constantemente al lado de Buda durante esos cuarenta y cinco años. Él era en quien más se podía confiar. Los demás también lo habían oído, pero se lo habían oído decir a otras personas. A veces estaban con Buda, pero otras veces no. Solo Ananda vivió a su lado durante toda su vida.

Ananda lo relata, pero lo bonito es que nunca dice: «Buda dijo esto». Él simplemente dice: «Esto es lo que he oído». Hay una enorme diferencia, porque no dice: «Buda ha dicho esto». «¿Cómo puedo decir lo que dijo Buda? Lo único que puedo decir es que "esto es lo que he oído" —decía Ananda—. Solo Buda sabe lo que dijo. Solo él sabe lo que quería decir. Lo único que puedo recordar es lo que yo he oído. Mi capacidad es limitada. A lo mejor quería decir algo diferente. A lo mejor me he olvidado de algunas palabras o lo he expresado con mis propias palabras».

Esto demuestra su profunda sinceridad. Podría haber dicho: «Esto es lo que dijo Buda. Yo estaba ahí presente, y he sido testigo presencial». Y lo *fue*, eso es innegable. Pero fíjate en la humildad de este hombre. Esto es lo que dice: «Esto es lo que he oído. Buda estaba hablando y yo le escuchaba. Solo puedo contar lo que he oído. Puede estar bien o puede estar mal. Puede que yo haya interferido, puede que lo haya interpretado, puede que me haya olvidado de alguna cosa, puede que haya añadido algo que yo he pensado…, todo eso es posible. Yo no soy un ser iluminado». Ananda todavía no se había iluminado, por eso dice: «Esto es lo único que puedo decir, es lo único que puedo asegurar».

En cierta ocasión, esto es lo que oí. El Señor vivía en Sravasti...

A primera hora de la mañana el Señor se vistió, se puso su manto, cogió su cuenco y entró en la gran ciudad de Sravasti para pedir limosna.

Después de comer y de volver de su ronda, el Señor guardó su cuenco y su manto, se lavó los pies, se sentó con las piernas cruzadas y el cuerpo erguido en el sitio que le habían preparado, y fijó su atención al frente.

Esto te va a sorprender. Cuando habla Ananda, se fija en todos los detalles. Nunca se sabe... Cuando hablas de un buda, hay que tener mucho cuidado. Él hace hincapié en todos los detalles, hasta los más pequeños. *A primera hora de la mañana el Señor se vistió, se puso su manto, cogió su cuenco y entró en la gran ciudad de Sravasti para pedir limosna.*

Ananda le sigue como si fuese su sombra, una sombra callada que solo le observa. El mero hecho de observarle ya era una bendición para él. Y lo observa todo: *Después de comer y de volver de su ronda, el Señor guardó su cuenco y su manto, se lavó los pies, y se sentó en el sitio que le habían preparado...*

Cuando se tradujeron por primera vez los sutras budistas a idiomas occidentales, los traductores estaban un poco desconcertados. ¿A qué se debían tantas repeticiones? Y esto ocurre constantemente, una y otra vez. ¿Por qué cuenta todos esos detalles? Ellos no lo entendían. Pensaban: «Es repetitivo, no hace falta decirlo tantas veces, no es necesario. ¿Qué sentido tiene?». Pero no lo estaban entendiendo debidamente. Lo que estaba diciendo Ananda era que Buda prestaba la misma atención a los detalles pequeños como a los grandes. Para un buda no hay cosas pequeñas ni grandes, todo es uno.

Cuando sujeta el cuenco, muestra por el cuenco el mismo respeto que mostraría por un dios. Cuando se pone el manto o la túnica, lo hace concienzudamente, está absolutamente atento, no es un acto mecánico. Cuando tú te vistes, lo haces mecánicamente. Lo sabes hacer de una forma mecánica, no tienes que prestar atención a lo que estás haciendo. Tu mente está pensando en otras cosas. Cuando te duchas, no eres muy respetuoso con la ducha. No estás ahí, estás en otro sitio. Cuando comes, no eres respetuoso con la comida. No estás ahí, simplemente engulles la comida. Haces todo eso porque estás habituado, lo haces de forma mecánica. Cuando Buda hace algo, está completamente presente, no está en otra parte.

Después de comer y al volver de su ronda, el Señor guardó el cuenco y su manto, se lavó los pies, se sentó con las piernas cruzadas y el cuerpo erguido en el sitio que le habían preparado, y fijó su atención al frente. Vale la pena contar todos estos pequeños detalles porque están describiendo la cualidad de la budeidad. Él es consciente en cada momento de su vida. Lo que esté haciendo no tiene importancia, pero en todo momento pone toda su atención en lo que esté haciendo. Cuando hace un gesto, él es ese gesto. Cuando sonríe, él es esa sonrisa. Cuando habla, él es esas palabras. Y cuando está en silencio, está en silencio absoluto.

El simple hecho de observar a un buda es una bendición: observar su forma de andar, su forma de sentarse, sus gestos, cómo te mira. Cada momento es un momento de conciencia radiante. Por eso Ananda lo describe todo. Cada vez que entraba Buda, se arreglaba la túnica, se lavaba los pies y se sentaba en el sitio que le habían preparado, se erguía y fijaba su atención al frente, se debía producir un profundo silencio. ¿Qué significa «fijar la atención al frente»? Es una técnica especial del budismo que se denomina Anapanasati Yoga, y es ser consciente de la inhalación y la exhalación. Este es el significado de fijar la atención al frente.

Cuando Buda hace algo como, por ejemplo, vestirse, presta atención a lo que está haciendo. Cuando camina, está atento al caminar. Cuando no hace nada, está atento a la respiración que entra y sale. Pero está atento, incluso sigue estando atento cuando duerme.

Ananda le preguntó una vez a Buda... Llevaba diez años viviendo con él y le sorprendía que permaneciera toda la noche en la misma postura. Si dejaba la mano en un sitio al dormirse, se quedaba así toda la noche. Sin duda, Ananda debió de acercarse muchas veces para comprobarlo, colándose en su habitación por la noche. Era importante saber cómo dormía Buda. Y estaba sorprendido y desconcertado de que Buda se pasara toda la noche sin cambiar de postura. No se aguantaba la curiosidad, y un día le dijo: «Ya sé que no está bien que vaya a observarte por la noche y sé que no debería hacerlo, pero la curiosidad me supera y estoy asombrado. Siempre te veo en la misma postura. ¿Estás dormido o sigues consciente?».

Y Buda le dijo: «El sueño es algo que le ocurre al cuerpo, pero yo soy consciente de ello. Veo cómo va llegando el sueño, veo en qué momento llega, cómo se asienta, cómo se relaja el cuerpo, cómo se relajan las extremidades, pero mi conciencia sigue resplandeciendo con fuerza».

La meditación es algo que sucede las veinticuatro horas del día. No significa meditar una vez al día y ya está. Tiene que convertirse en tu aroma, tiene que convertirse en tu ambiente. Tiene que rodearte dondequiera que estés y hagas lo que hagas.

[...] y se sentó fijando su atención al frente. Entonces muchos monjes se acercaron a donde estaba el Señor, se postraron con la cabeza a sus pies, giraron tres veces en torno a él por la derecha, y se sentaron a su lado.

Para hacerle una pregunta a un buda, tienes que adoptar una cierta actitud, y solo así recibirás una respuesta. No significa que el buda no vaya a contestarte. Si le haces una pregunta de forma poco respetuosa, el buda te contestará, pero no te llegará la respuesta. Esto no quiere decir que el buda solo te responda si eres respetuoso. Él responde siempre, pero si no eres muy respetuoso, humilde, receptivo, femenino, la respuesta no te llegará. Tu forma de hacer la pregunta es lo que determina que seas capaz de recibir la respuesta o no.

¿Cómo haces esa pregunta, en qué estado de ánimo, estás receptivo o solo tienes curiosidad? ¿Tu pregunta surge de un cúmulo de conocimientos o es una pregunta inocente? ¿Estás intentando poner a prueba la sabiduría de este hombre? ¿Estás haciendo la pregunta desde un estado de sapiencia o desde un estado de no saber? ¿Estás siendo humilde, estás entregado? ¿Estás preparado para recibir el regalo que te van a dar? ¿Estás abierto, dispuesto a recibirlo, te llegará al corazón? ¿Dejarás que se convierta en una semilla dentro de tu corazón? Hacerle una pregunta a un buda no es como hacérsela a un profesor. Tiene que haber una cierta predisposición, y solo así te podrá ayudar.

Entonces muchos monjes se acercaron a donde estaba el Señor, se postraron con la cabeza a sus pies, giraron tres veces en torno a él por la derecha, y se sentaron a su lado. Dar tres vueltas simboliza los tres cuerpos. La primera vuelta es por el cuerpo físico, el cuerpo que podemos ver y el que perciben los sentidos. El cuerpo físico del buda también es hermoso, es el templo en el que reside la divinidad. De modo que la primera vuelta es para saludar al primer cuerpo, al cuerpo físico. La segunda vuelta es para saludar al cuerpo de la dicha, el segundo cuerpo. Y la tercera vuelta es para saludar al cuerpo de buda, al cuerpo de la verdad.

Estas tres vueltas también simbolizan algo más. En el budismo hay tres refugios, tres amparos: «Me refugio en el Buda, me refugio en la *sangha*, me refugio en el *dharma*».

Cuando alguien le va a preguntar algo a Buda, tiene que buscar refugio. Tiene que ir con un cierto estado mental en el que «me pongo en sintonía con el Buda», «estoy preparado para vibrar en la misma frecuencia». «Me amparo en el Buda. Tú eres mi refugio, vengo a ti como discípulo, vengo a ti sabiendo que no sé nada, vengo a ti con inocencia, me postro ante ti, reconozco que tú sabes y yo no, de manera que estoy dispuesto a recibir lo que tú creas que merezco recibir».

«Me refugio en la *sangha*, en la comunidad», porque un buda representa a todos los budas del pasado y el futuro. Un buda es la puerta a todos los budas. Puedes llamarlos «budas», «cristos» o «krishnas», eso no importa. Son los nombres que emplean las diferentes tradiciones.

El primer refugio es el buda que está delante de ti. El segundo refugio son todos los budas, la *sangha*, la comunidad de budas pasados, presentes y futuros. Y el tercer refugio es el *dharma*, el ser esencial que convierte a un hombre en un buda. El arte del despertar es el *dharma*, la religión.

En esa época, el venerable Subhuti acudió a la asamblea y se sentó.

Subhuti era uno de los grandes discípulos de Buda.

En un momento determinado, se levantó de su sitio...

... dice Ananda. Y vuelve a repetirlo porque Subhuti no era cualquier persona. Era prácticamente un buda, estaba a punto de llegar a serlo, se iba a convertir en un buda en cualquier momento. De modo que Ananda vuelve a repetir:

En un momento determinado, se levantó de su sitio, colocó la camisa de su túnica sobre uno de sus hombros, puso la rodilla derecha en el suelo, se inclinó juntando las palmas de las manos hacia el Señor y dijo: Oh, Señor, es maravilloso. Oh, bienaventurado, es extremadamente maravilloso comprobar en qué medida ha ayudado el Tathagata a todos los *bodhisattvas* y a todos los grandes seres con la mejor de las ayudas...

¿Cómo puede permanecer aquí, Oh, Señor, aquel que ha emprendido el viaje de un *bodhisattva*? ¿Cómo puede progresar, cómo puede controlar sus pensamientos?

Subhuti está muy cerca de la budeidad, es un *bodhisattva*. Un *bodhisattva* es alguien que está a punto de convertirse en un buda, que está muy cerca y solo tiene que dar otro paso más para convertirse en un buda. *Bodhisattva* quiere decir que su esencia está iluminada, su ser está iluminado, está preparado, está a noventa y nueve grados, y se evaporará cuando alcance los cien grados. Pero un *bodhisattva* es alguien que quiere permanecer un poco más a noventa y nueve grados para ayudar a los demás, y esto es fruto de la compasión, porque cuando alcance los cien grados se irá al más allá: *Gate, gate, paragate, parasamgate, bodhiswaha.* Entonces se irá y cada vez estará más lejos. Y será muy difícil contactar con las personas que viven en esta orilla.

Los que están a noventa y nueve grados son quienes más pueden ayudar. ¿Por qué? Porque todavía no están iluminados y conocen las costumbres de las personas que no están iluminadas. Conocen el lenguaje de los que no están iluminados. Todavía están con ellos, aunque, por otra parte, el noventa y nueve por ciento de su ser esté más allá. Pero ese uno por ciento los mantiene unidos, hay un puente.

De modo que un *bodhisattva* es una persona que está muy próxima a la iluminación, pero intenta permanecer un poco más en esta orilla para ayudar a los demás. Es alguien que ha llegado, pero que le gustaría compartirlo con los demás. Ha encontrado la verdad y le gustaría compartir lo que ha encontrado con los demás. Los demás están dando tumbos en la oscuridad y a él le gustaría compartir su luz y su amor con ellos.

Subhuti es un *bodhisattva*. Ananda habla de él como si hablara de Buda: *En un momento determinado, se levantó de su sitio...* Imagínatelo, intenta visualizar a un *bodhisattva* levantándose. Es conciencia absoluta. No se levanta como si fuera un robot. Es consciente de todo, de cada respiración. Nada le pasa inadvertido. Está observando. Lo que la religión católica denomina recogimiento es lo que los budistas llaman *sammasati*: la atención correcta. Atención o recogimiento, estar recogido, vivir en recogimiento; *sammasati*, no llevar a cabo ni un solo acto inconscientemente.

[...] se levantó de su sitio, colocó la camisa de su túnica sobre uno de sus hombros, puso la rodilla derecha en el suelo, y se inclinó juntando las palmas de las manos hacia el Señor [...]. Acuérdate de que incluso un *bodhisattva*, que es alguien que está a punto de convertirse en un buda, se inclina ante el Buda en profundo agradecimiento.

Es maravilloso, Oh, Señor, es extremadamente maravilloso, Oh, bienaventurado. Bienaventurado significa alguien que ha llegado a la otra orilla. Subhuti está en esta orilla y Buda está en la otra orilla. Subhuti ha llegado a esa comprensión; puede ver la otra orilla y ver a Buda en la otra orilla. *Oh, bienaventurado...* Esta palabra, *bienaventurado*, tiene muchos significados. Uno de ellos es alguien que ha llegado a la otra orilla. Otro significado es alguien que ha llegado a la cima de la meditación. Buda dijo que hay ocho etapas para llegar a la cima de la meditación. El que ha llegado a la octava etapa recibe el nombre de *bienaventurado*. Pero quiere decir lo mismo. Es alguien que ha alcanzado el *samadhi*, el *samadhi* definitivo, que ha llegado a la otra orilla y ya no existe; eso es lo que significa *bienaventurado*. Es aquel que ha desaparecido, desaparecido del todo. Ya no existe, solo es el vacío. Su ser ha desaparecido, se ha evaporado: *Oh, bienaventurado [...]. Es maravilloso [...], es extremadamente maravilloso comprobar en qué medida ha ayudado el Tathagata a todos los bodhisattvas y a todos los grandes seres con la mejor de las ayudas...*

Tathagata es un término budista que significa *bienaventurado*. Subhuti dice: «Cuánta ayuda se nos ha dado, qué maravilloso es. Es extremadamente maravilloso, es increíble todo lo que nos has dado. Y todavía nos sigues dando, aunque no lo merezcamos».

[...] es maravilloso, Oh, Señor, es extremadamente maravilloso, Oh, bienaventurado, comprobar en qué medida ha ayudado el Tathagata a todos los bodhisattvas y a todos los grandes

seres con la mejor de las ayudas [...]. ¿Qué debe hacer *enton-ces, Oh, Señor, aquel que ha elegido el vehículo del* bodhi-sattva... Aquel que ha decidido quedarse un poco más en esta orilla para ayudar a la gente.

¿Cómo debería: *permanecer, progresar, controlar sus pensa-mientos*? ¿Qué es lo que está preguntando? Está haciendo una pregunta que quizá no sea relevante para muchos de vosotros porque solo es relevante cuando te conviertes en un *bodhisattva*. Pero, tarde o temprano, llegará un día que todos seréis *bodhi-sattvas*. Llegará un día que esta pregunta sea relevante para vo-sotros. Es mejor pensar en ello, es mejor meditar sobre ello.

Él dice: «Los que han decidido ser *bodhisattvas*, ¿cómo pue-den permanecer aquí?». Lo que está diciendo es que, «siendo tan fuerte la atracción hacia la otra orilla, ¿cómo pueden permanecer en esta orilla? Nos gustaría ayudar a la gente, pero ¿cómo pode-mos hacerlo? La atracción es tan grande, la atracción magnética es tan fuerte, la otra orilla nos está llamando. Enséñanos a per-manecer aquí, a volver a estar arraigados en esta orilla. Ahora estamos desarraigados, no tenemos raíces en este mundo. El no-venta y nueve por ciento de las raíces han desaparecido».

Imagínate un árbol que ha perdido el noventa y nueve por ciento de sus raíces y solo le queda un uno por ciento. El árbol pregunta: «¿Cómo me mantengo ahora de pie? Me voy a caer, pero si pudiera quedarme de pie un poco más, podría ayudar a la gente enormemente, y lo necesitan. Yo estaba necesitado y tú me ayudaste. Ahora los demás necesitan ayuda, y debería ayudarlos». Es la única manera en que un discípulo puede pagar a su maestro. No hay ninguna otra forma de hacerlo. El maestro te ha ayudado; él no necesita tu ayuda. ¿Cómo puedes devolverle lo que te ha dado? ¿Qué puedes hacer? Lo único que puedes hacer es ayudar a alguien que esté dando tumbos y vueltas en la oscuridad. Haz con los demás lo mismo que tu maestro hizo contigo, y habrás saldado tu deuda.

Él preguntó: «¿Cómo puedo permanecer aquí?» (es difícil, es casi imposible) y «¿cómo puedo progresar, cómo puedo empezar a ayudar a la gente?». Esto también es muy difícil. Ahora sabemos que todo su sufrimiento es falso. Ahora sabemos que solo es una pesadilla: su sufrimiento no es verdad. Ahora sabemos que solo le tienen miedo a una cuerda creyendo que es una serpiente. Es muy difícil ayudar a estas personas. Es ridículo. Pero sabemos que necesitan ayuda porque conocemos nuestro propio pasado. Estábamos temblando, llorando y gritando. Sabemos que hemos sufrido mucho, aunque sepamos ahora que todo ese sufrimiento solo era un sueño, era ilusorio, era *maya*.

Imagínate que sabes que la otra persona solo está diciendo tonterías y no tiene ninguna herida...

Un día me trajeron a un hombre que se había empeñado en decir que se había tragado dos moscas. Se le habían metido en el estómago porque dormía con la boca abierta, y las moscas no paraban de revolotear dentro de su estómago. Evidentemente, si se las había tragado, tendrían que estar revoloteando. Estaba enormemente preocupado y no era capaz de quedarse quieto en una postura. Se movía de un lado al otro, diciendo:

—Ahora están en este lado, ahora están en el otro lado.

Se estaba volviendo loco.

Entonces llamó a varios médicos, pero ninguno le pudo ayudar, todos se rieron de él.

—Te lo estás imaginando —le dijeron.

Pero decirle a alguien que se está imaginando su sufrimiento no sirve de nada porque está sufriendo. Aunque tú creas que es imaginario, a él no le importa que sea imaginario o que sea real, porque sigue sufriendo. No importa el nombre que le quieras poner.

Le toqué el estómago y luego dije:

—Efectivamente, están ahí.

Él estaba feliz. Se postró a mis pies y dijo:

—Tú eres el único... He ido a ver a todo tipo de doctores y médicos (ayurvédicos, alopáticos y homeopáticos), pero son unos ineptos. Todos insisten en lo mismo. Yo les dije: «Si no tenéis un remedio, decídmelo, pero ¿por qué os empeñáis en decirme que me lo estoy imaginando?». Y por fin te he encontrado a ti..., ¿te das cuenta?

Yo le contesté:

—Me doy perfectamente cuenta, están ahí. Yo me ocupo justo de este tipo de problemas. Has venido a ver a la persona adecuada. En eso consiste mi trabajo. Yo me ocupo de problemas que en realidad no existen. Soy experto en lidiar con problemas que no existen realmente. Túmbate —le dije— y cierra los ojos. Te voy a tapar los ojos y luego te sacaré las moscas. Abre la boca y yo las llamaré. Voy a utilizar un mantra muy potente.

Él estaba feliz, y dijo:

—Así es como hay que hacerlo.

Le tapé los ojos, le dije que abriera la boca, y él estaba feliz esperando a que salieran las moscas. Entonces salí rápidamente de la casa y busqué dos moscas.

No fue fácil porque nunca había cazado moscas antes, pero lo conseguí, y cuando abrió los ojos y vio esas dos moscas en la botella, dijo:

—Dame la botella. Voy a enseñársela a esos idiotas. —Y se curó. Pero ayudar a este tipo de personas es difícil porque sabes que el problema que tienen es falso.

Subhuti le pregunta: «Señor, dinos primero cómo permanecer aquí, porque ya no tenemos raíces, ya no formamos parte de este mundo. Ya no tenemos apegos, que son las raíces. ¿Y cómo podemos progresar, cómo podemos trabajar? Sabemos que es un disparate y que la gente se imagina todas sus desgracias. ¿Cómo podemos controlar los pensamientos?».

¿Qué quiere decir con esto? Normalmente, un *bodhisattva* no tiene pensamientos, no tiene el tipo de pensamientos que tienes tú. Solo tiene un pensamiento, solo piensa en la otra orilla. Y la otra orilla le atrae constantemente. La puerta está abierta, puedes entrar a la dicha absoluta, pero te quedas en la puerta, aunque esté abierta.

Antes has estado muchas vidas buscando esta puerta. Luego has estado llamando a la puerta durante muchas vidas, y ahora la puerta está abierta. Pero Buda dice: «Espera, quédate fuera.

Hay muchas personas que necesitan ayuda». Evidentemente, el deseo de entrar es inmenso, tienes muchas ganas de entrar. Eso es lo que está preguntando.

> Tras oír estas palabras, el Señor le dijo a Subhuti [...]. Por lo tanto, Subhuti, ¡escúchame bien y presta mucha atención!
>
> Aquel que ha elegido el vehículo del *bodhisattva* debería enfocar su pensamiento en esta dirección.

En la traducción no suena tan bien. En sánscrito, la palabra que emplea es *chittopad*. Uno debería tener la siguiente disposición mental, la siguiente decisión, uno debería tomar una *gran* decisión o determinación —*chittopad*— en esta dirección:

> Debo conducir al nirvana a tantos seres como hay en el universo de los seres, a todos los que abarca el término «seres».

«No es ni uno ni dos, Subhuti, ni uno ni dos, sino todos los seres: hombres, mujeres, animales, pájaros, árboles, piedras. Todos los seres del mundo. Deberías proponerte "conducirlos a todos al nirvana"».

> [...] a esa dimensión del nirvana que no se deja nada atrás. Sin embargo, aunque muchos seres hayan sido conducidos al nirvana de este modo, no se ha conducido a ningún ser al nirvana.

Esto también lo tienes que recordar, no te puedes olvidar, de lo contrario, al conducir a los demás volverás a caer en la ignorancia. Hay que conducir a todos los seres a la otra orilla, y, al mismo tiempo, recordar que todo su sufrimiento es falso, de modo que tu remedio también es falso. Recuerda que ellos no tienen un yo, y tú tampoco. No te olvides. No te creas que estás ayudando a alguien, que eres un gran ayudante y todo eso, porque entonces volverás a caer. Te volverán a salir raíces en esta orilla.

De modo que tienes que recordar dos cosas. Debes permanecer en esta orilla con una gran determinación, de lo contrario, serás arrastrado hacia la otra. Y no debes volver a desarrollar raíces, de lo contrario no podrás ayudar a nadie. Te estarás destruyendo, estarás volviendo a caer en un sueño.

¿Y por qué? Porque cuando en un *bodhisattva* está presente la noción de «ser», no podemos llamarlo un «ser iluminado». ¿Por qué? Porque no se puede llamar ser iluminado a alguien que sigue conservando una noción del yo o del ser, o una noción del alma viva o de la persona.

De modo que tienes que recordar dos cosas, Subhuti. La primera es que debes conducir a todos los seres a la otra orilla; sin embargo, tienes que acordarte de que nadie tiene un ser, ni tú ni ellos. Todos los egos son falsos e ilusorios. No te olvides de esto y avanza con determinación. Ayuda a la gente a cruzar a la otra orilla. Ellos ya están ahí, y tú solo tienes que ayudarlos a darse cuenta. Pero no te pierdas ni te conviertas en un salvador, acuérdate de estas dos cosas.

En este sutra, Buda repite una y otra vez: ... *el vehículo del* bodhisattva... A mí me gustaría que todos os convirtieseis en *bodhisattvas*.

Hemos terminado por hoy.

2. Lo mejor es ser normal

Primera pregunta:

Osho,

¿Es posible que la no-mente surja de forma espontánea de la mente sin que tenga que haber lucha ni sufrimiento, sin necesidad de explotar, martillear, cortar, ni otros actos violentos por el estilo? ¿Acaso la idea misma de no-mente que hay en la mente y que, aun así, la trasciende, es una semilla de la no-mente? ¿Es útil meditar en torno a conceptos que trascienden la mente, como la eternidad, el nirvana o la muerte? Cuando lo hago, siento que mi mente va a explotar. Siento como si me estuviera obligando a traspasar el límite, y me da miedo acabar esquizofrénico.

La no-mente no puede surgir de la mente. No es algo que pueda surgir de la mente porque no hay una sucesión, sino una discontinuidad. Es la misma discontinuidad que hay entre la enfermedad y la salud. La salud no surge de la enfermedad, solo aparece cuando eliminas la enfermedad. La enfermedad estaba invadiendo su espacio y no permitía que floreciera

la salud. Hay que eliminar la enfermedad. Es como una piedra
que está bloqueando el camino de un pequeño manantial. Si quitas la piedra, el manantial empezará a fluir. Pero no surge de la
piedra. La piedra solo lo estaba bloqueando, la piedra era un
obstáculo. La mente es igual: es un obstáculo para la no-mente.

No-mente significa que no hay mente en absoluto. ¿Cómo
puede surgir de la mente? Si surgiera de la mente sería una
super-mente, pero nunca podría ser una no-mente. Aquí difie-
ro de Sri Aurobindo. Él habla de la super-mente. Una super-
mente es como la mente, pero más decorada, más cultivada,
más culta, más sofisticada, más fuerte, más integrada; sin embargo, sigue siendo la misma mente de siempre.

Buda no habla de una super-mente, sino de la no-mente, no
habla de una super-alma, sino de la no-alma, no habla de una
super-individualidad, de un super-yo, sino del no-yo, *anatta*.
En esto Buda es único y su análisis es el más profundo. La
super-mente nace de algo, y la no-mente es un salto, es una
discontinuidad. La no-mente no tiene nada que ver con la mente. No se conocen, nunca se encuentran. Cuando está la mente,
la no-mente no está. Cuando está la no-mente, la mente no está.
Ni siquiera se saludan, porque no pueden hacerlo. La presencia de una implica inevitablemente la ausencia de la otra. No te
olvides de esto.

Por eso digo que Sri Aurobindo nunca se iluminó. Siempre
estaba sacándole brillo a la mente. Tenía una gran mente, pero
tener una gran mente no es estar iluminado. También Bertrand
Russell tenía una gran mente. Pero tener una gran mente no es

estar iluminado. También Friedrich Nietzsche tenía una gran mente, y entre Aurobindo y Nietzsche había ciertas similitudes. Nietzsche hablaba del superhombre y Aurobindo también. Pero el superhombre es una proyección. Un superhombre es un hombre al que le han quitado todas sus debilidades y han aumentado todos sus talentos, pero es un hombre. Será más grande que este hombre, más fuerte que este hombre, más alto que este hombre, pero seguirá estando en la misma longitud de onda, en la misma escala. No ha habido un cambio radical, no ha habido una discontinuidad.

No-mente significa que hay una discontinuidad con todo lo que eres. Para que exista la no-mente tienes que morir.

De modo que cuando preguntas: «¿Es posible que la no-mente evolucione espontáneamente desde la mente...?». No, porque no es una evolución, sino una revolución. La mente desaparece y, de repente, descubres que la no-mente está ahí y siempre lo ha estado. La mente la estaba ocultando y te estaba confundiendo, porque no te permitía ver lo que hay en realidad. De manera que no es una evolución.

Cuando preguntas: «¿Es posible que surja sin que tenga que haber lucha ni sufrimiento...?». No tiene nada que ver con la lucha ni con el sufrimiento. No surge de la lucha ni del sufrimiento. Todo lo que surja de la lucha y el sufrimiento tendrá alguna herida. Aunque sanes esas heridas, seguirá habiendo cicatrices. Seguirá siendo una continuidad.

La lucha y el sufrimiento no pertenecen a la no-mente. La lucha y el sufrimiento surgen porque la mente lucha para seguir manteniendo el poder. Quien provoca la lucha es la mente. La mente ha acumulado tanto poder que te posee y te dice: «No, no me voy a ir. Me voy a quedar aquí». La lucha y el sufrimiento se deben a la mente. La no-mente no tiene nada que ver con eso. Tendrás que afrontar todo ese sufrimiento y esa lucha. Si no lo haces, la mente no te va a abandonar.

Y te lo vuelvo a repetir, la no-mente no surge como consecuencia de tu lucha; de tu lucha solo surge la mente. La no-mente llega sin lucha. La piedra es la que te obliga a luchar. No se quiere mover. Lleva cientos de años, miles de años en el mismo sitio. ¿Quién eres tú para quitarla? «¿De qué manantial estás hablando, llevo aquí muchos siglos y sé que no hay ninguno. Olvídate de eso». Quieres quitar esa piedra, pero es una piedra muy pesada, está encastrada en la tierra. Lleva ahí mucho tiempo. Tiene muchos apegos y no se quiere ir. Nunca ha oído hablar del manantial. No obstante, tendrás que quitarla. Mientras no la quites, el manantial no podrá fluir.

Tú preguntas: «¿[...] sin necesidad de explotar, martillear, cortar, ni otros actos violentos por el estilo?». La no-mente no tiene nada que ver con tus actos. Pero la mente no se irá. Tendrás que martillear y cortar y hacer otras mil cosas. «¿Acaso esa idea misma de la no-mente que hay en la mente y que, aun así, la trasciende, es una semilla de la no-mente?». No. En la mente no hay una semilla de la no-mente. La mente ni siquiera puede contener la semilla de la no-mente. En la mente no hay espacio para contenerla. La no-mente es inmensa, es como el cielo. ¿Cómo puede estar contenida en algo tan pequeño como la mente? Y la mente ya está muy llena, llena de pensamientos, deseos, fantasías, imaginaciones, memorias. No hay espacio.

En primer lugar, la mente es muy pequeña y no puede contener a la no-mente. Y, en segundo lugar, está llenísima, está abarrotada y llena de ruido. La no-mente es silenciosa y la mente es ruidosa. La mente no puede contenerla, tiene que desaparecer. Al desaparecer empieza una nueva vida, un nuevo ser, un nuevo mundo.

«¿Es útil meditar —me preguntas— en torno a los conceptos que trascienden la mente, como la eternidad, el nirvana o la muerte?». Lo que llamamos conceptos que trascienden la mente siguen siendo conceptos, siguen perteneciendo a la mente. Mientras estás pensando en la eternidad, ¿qué haces? Pensar. ¿Qué ocurre cuando te pones a pensar en el nirvana? Que tu mente empieza a dar vueltas y a maquinar para crear ideas maravillosas del nirvana, pero solo es un constructo mental.

¿Qué puedes pensar acerca de la muerte? Cuando piensas en la muerte, ¿qué puedes pensar? ¡No sabes lo que es! ¿Cómo puedes pensar en algo que no conoces?

La mente solo está perfectamente capacitada para repetir lo que conoce, pero es impotente frente a lo que no conoce. No conoces la eternidad, lo único que conoces es el tiempo. Incluso cuando piensas en la eternidad, sigue siendo una prolongación del tiempo, es una extensión del tiempo, pero sigue siendo tiempo. ¿Qué sabes acerca del nirvana? Solo sabes lo que has oído y lo que has leído, pero eso no es el nirvana. La palabra *nirvana* no es el nirvana y el concepto de nirvana no es el nirvana. La palabra *Dios* no es Dios, y todos los dibujos e imágenes que se han creado no tienen nada que ver con él, porque Dios no tiene nombre ni tiene forma.

¿Y qué puedes pensar acerca de la muerte? ¿Cómo puedes pensar en la muerte? Has oído decir ciertas cosas, has visto morir a algunas personas, pero nunca has visto la muerte. Cuando ves morir a alguien, ¿qué es lo que ves? Lo que ves es que deja de respirar. El cuerpo se enfría; eso es lo único que ves. ¿Qué más? ¿Acaso la muerte es eso: que el cuerpo se quede frío, dejar de respirar? Si no te mueres, nunca podrás saberlo. Si no lo experimentas, nunca podrás saberlo. La única forma de saberlo es experimentarlo.

De modo que todos estos conceptos no te sirven. Al contrario, podrían reforzar tu mente porque la mente dirá: «Fíjate, incluso te puedo proporcionar conceptos que trasciendan la mente. Mira todo lo que puedo hacer por ti. Consérvame siempre. Yo te ayudaré a iluminarte. Sin mí no vas a llegar a ningún sitio. Sin mi ayuda ¿cómo vas a pensar en la muerte, el nirvana o la eternidad? Soy totalmente imprescindible. Sin mí no eres nada en absoluto».

No, todas estas meditaciones no te servirán. Tienes que darte cuenta de que la mente no te va a ayudar de ninguna manera. Cuando te des cuenta de que la mente no te puede ayudar, cuando sientas esa impotencia, en ese estado encontrarás el silencio y todo se detendrá. Si la mente no puede hacer nada, ya no queda nada que hacer. De repente, el pensamiento se detiene porque deja de tener sentido. Y cuando se paraliza, puedes tener un primer atisbo de la no-mente, se abre una pequeña puerta. Cuando se detiene la mente, tienes una idea de lo que es la no-mente. Y entonces todo empieza a avanzar. Y entonces te resultará más fácil perderte en lo que no tiene límites.

No puedes meditar sobre esto, tienes que adentrarte en ello. Meditar sobre ello es una pseudoactividad, es una manera de evitarlo, de escaparte. Tienes miedo a la muerte, piensas en la muerte. Tienes miedo al nirvana, piensas en el nirvana. El pensamiento te permite sentir que eres capaz incluso de pensar en la muerte y el nirvana.

«Cuando lo hago, siento que mi mente va a explotar». La mente es muy astuta. Te está engañando porque la mente no puede explotar por pensar. Da igual lo que estés pensando, no va a explotar por pensar. La mente se divierte haciéndolo, y mientras la mente se divierte, tú crees que vas a explotar.

«Siento como si me estuviera obligando a traspasar el límite, y me da miedo acabar esquizofrénico». No debes tener miedo a acabar esquizofrénico porque ya lo estás, todo el mundo lo está. La mente es esquizofrénica porque no conoce la unidad. La mente siempre está dividida. La mente siempre tiene alternativas. Ser o no ser, hacer esto o aquello. La mente siempre está indecisa. Cuando escoges algo, solo es una parte de la mente la que escoge, la otra parte está en contra.

La mente nunca es total, por eso es esquizofrénica. No debería darte miedo. Ser esquizofrénico es estar en la mente. Solo

los budas están más allá de esto. Toda la humanidad es esquizofrénica en mayor o menor grado. Si superas un límite, tendrás que ir al psiquiatra, pero solo es una cuestión de grados.
Es una diferencia de cantidad, no de calidad. Entre tu psicoanalista y tú solo hay una diferencia de grados.

Recuerda que la mente no te va a ayudar. La mente no te
puede ayudar, solo te puede entorpecer. Cuando te das cuenta
de esto, surge la no-mente. No es que tú la encuentres, sino que
llega por sí misma.

Segunda pregunta:

Osho,

En el sutra de ayer, Buda dice que aquel que ha elegido el
vehículo del *bodhisattva* debería decidir «conducir a todos los
seres al nirvana, a esa dimensión del nirvana que no se deja
nada atrás». ¿Cuál es esa dimensión del nirvana que no se deja nada
atrás?

Buda habló de dos tipos de nirvana. A uno de ellos lo denominó nirvana con sustrato. El árbol, el árbol de los deseos,
ha desaparecido. El follaje, las hojas, las flores, los frutos...;
todo ha desaparecido. Pero las raíces siguen escondidas en el
subsuelo, debajo de la tierra oscura. El árbol ha sido eliminado
en el exterior, sin embargo, todavía puede volver a crecer. El
sustrato sigue ahí, la semilla aún no ha desaparecido. Esto es
lo que él denomina nirvana con sustrato.

Esto es exactamente lo que Patanjali denomina *sabeej samadhi, samadhi* con semilla. Es muy difícil de apreciar desde
fuera. El árbol ha sido completamente eliminado, pero debajo
de la tierra las raíces siguen vivas y están esperando el momento preciso para volver a brotar. Brotarán cuando llegue la
lluvia. Están esperando a que llegue su estación, a que se presente de nuevo el momento propicio.

Cuando estás en este estado, puedes llegar muchas veces a un
punto en el que desaparece la mente, sientes la no-mente, pero
la mente vuelve a aparecer otra vez, vuelve a brotar. Has alcanzado una cumbre. Y cuando llegas a esa experiencia cumbre,
crees que se ha acabado todo y que no volverás a caer en el valle de las tinieblas. Crees que nunca volverás a vivir esos terri-
bles y desdichados días, crees que se ha terminado la noche
oscura del alma, que se ha hecho de día, que ha salido el sol.

Y, de repente, un día te das cuenta de que estás volviendo
a caer en la oscuridad, que vuelves a estar en el valle donde no
hay luz, y esa experiencia de haber alcanzado la cumbre solo
es un recuerdo. Entonces, empiezas a dudar de que haya ocurrido realmente, y piensas: «¿Me lo habré inventado? A lo mejor solo estaba soñando». Porque, si ha ocurrido realmente,
¿a dónde se ha ido? ¿Dónde está esa cumbre soleada? ¿Dónde
están esos momentos de éxtasis? La infelicidad, el sufrimiento y la agonía han vuelto. Has vuelto a caer en el infierno. Esto
ocurre muchas veces.

Y esto es lo que Buda denomina nirvana con sustrato, *sabeej samadhi* en palabras de Patanjali. La manifestación del

mundo ha desaparecido, pero la semilla no manifestada permanece.

El segundo nirvana es lo que Buda denomina nirvana sin sustrato. En palabras de Patanjali, *nirbeej samadhi, samadhi sin semilla*. No solo ha desaparecido el árbol, sino que la semilla también se ha quemado. Una semilla quemada no vuelve a brotar; el sustrato ha desaparecido. Entonces te podrás quedar para siempre en la cumbre y no volverás a caer.

A esto es a lo que se refería Buda en el sutra de ayer: aquel que ha elegido el vehículo del *bodhisattva* debería decidir que «debo conducir a todos los seres al nirvana, a esa dimensión del nirvana que no se deja nada atrás». Donde no queda un sustrato, una raíz, una semilla.

La tercera pregunta:

Osho,

¿Cuál es el enfoque del zen acerca del sexo? Tengo la impresión de que los adeptos al zen tienen un género neutro o un aura asexual.

El zen no tiene ninguna actitud hacia el sexo, eso es lo bonito del zen. Adoptar una actitud significa seguir obsesionado con alguna cosa. Cuando alguien está en contra del sexo, adopta una actitud. Cuando alguien está a favor del sexo, adopta una actitud. Estar a favor o en contra de algo es como las dos ruedas de un carro de bueyes. No son enemigas, sino amigas, se ocupan de lo mismo.

El zen no adopta ninguna actitud hacia el sexo. ¿Por qué habría que adoptar una actitud hacia el sexo? Eso es lo mejor del zen: que es completamente natural. ¿Adoptas alguna actitud respecto a beber agua? ¿Adoptas alguna actitud respecto comer? ¿Adoptas alguna actitud respecto a dormir por la noche? No lo haces.

Sé que hay muchas personas perturbadas que también adoptan una actitud acerca de estas cosas, como, por ejemplo, que no habría que dormir más de cinco horas. Como si el sueño fuese un pecado o un mal necesario, y por eso no deberíamos dormir más de cinco horas. Yo conozco a alguien que lleva diez años sin dormir y lo veneran por eso. Y no ha hecho nada más, no tiene ninguna otra virtud, esa es su única virtud. Es posible que simplemente sufra de insomnio. Es posible que ni siquiera sea una virtud, sino que lo único que le ocurre es que no puede dormir. Está tan neurótico que no se puede relajar y tiene aspecto de loco. Si no duermes durante diez años, te vuelves loco. Pero la gente va a verlo y hay muchas personas que lo veneran por esto. «Ha logrado algo importante». ¿Qué es lo que ha conseguido? ¿Cuál es su logro? Es una persona que no está bien, simplemente eso, está enfermo. El sueño es natural. Y seguramente no dormir le hará estar en tensión; *está* en tensión. Por dentro debe de estar a punto de explotar. ¡Imagínate que no pudieras dormir desde hace diez años! Pero ahora esto se ha convertido en una gran inversión y le está dando beneficios. Su locura se ha vuelto rentable y hay miles de personas que lo veneran solo por esto.

Esta es una de las mayores desgracias que ha habido a lo largo de toda la historia: que la gente venere cosas que no son creativas o que son incluso patológicas. Entonces adoptas una actitud respecto al sueño. Hay personas que adoptan una actitud respecto a la comida. Respecto a comer ciertas cosas, a comer una determinada cantidad y no excederse. No prestan atención a su cuerpo, les da igual que su cuerpo tenga hambre. Tienen una cierta idea y se la quieren imponer a su naturaleza.

El zen no tiene ninguna actitud frente al sexo. El zen es muy sencillo. El zen es inocente. El zen es como un niño. El zen dice que no es necesario tener una determinada actitud. ¿Por qué? ¿Acaso tienes alguna actitud respecto a estornudar, si debes estornudar o no, si es un pecado o una virtud? No tienes ninguna actitud. Sin embargo, yo he conocido a una persona que está en contra de estornudar, y, cada vez que lo hace, empieza a repetir un mantra automáticamente para protegerse. Pertenece a una secta pequeña y absurda. Esa secta cree que cuando estornudas se escapa tu alma. El alma se escapa al estornudar, y si no te acuerdas de Dios, es posible que nunca vuelva. Por eso tienes que acordarte de Dios, y hacerlo inmediatamente después de estornudar, para que el alma vuelva a su sitio. Si te mueres cuando estás estornudando, vas al infierno.

Puedes adoptar actitudes sobre cualquier cosa. Cuando adoptas actitudes, destruyes tu inocencia y las actitudes te empiezan a controlar. El zen no está ni a favor ni en contra de nada. El zen dice que lo mejor es ser normal. Ser una persona normal, no ser nadie, no ser nada, no tener una ideología, no tener una personalidad, no tener personalidad...

Si tienes una personalidad, esto se convierte en una neurosis. Tener una personalidad significa que hay algo que se ha quedado inamovible dentro de ti. Una personalidad significa un condicionamiento, una educación. Cuando tienes una personalidad, esta te aprisiona y dejas de ser libre. Cuando tienes una personalidad, creas una coraza para protegerte. Ya no eres una persona libre. Vas cargando con tu cárcel, y es una cárcel muy sutil. Un hombre verdadero no tiene personalidad.

¿Qué quiero decir con no tener personalidad? Me refiero a estar libre del pasado. A actuar en cada momento de acuerdo con ese momento. A ser espontáneo, y solo alguien que no tiene una personalidad *puede* ser espontáneo. A no tener que rebuscar en la memoria para saber lo que tienes que hacer. Cuando surge una situación y rebuscas en la memoria, es porque tienes una personalidad y le estás preguntando a tu pasado: «¿Qué debería hacer?». Cuando no tienes una personalidad, simplemente observas la situación y la situación misma decide lo que tienes que hacer. Entonces es una respuesta espontánea, y no una reacción.

El zen no tiene un sistema de creencias acerca de nada, y tampoco acerca del sexo. El zen no habla del sexo. Y esto debería ser lo fundamental. El tantra tiene una actitud hacia el sexo. ¿Por qué? Porque intenta reajustar lo que ha provocado la sociedad. El tantra es curativo. La sociedad ha reprimido el sexo y el tantra surge como un remedio para recuperar el equilibrio. Te has inclinado demasiado hacia la izquierda, y el tantra te ayuda a inclinarte hacia la derecha. Para recuperar el equilibrio, a veces tienes que inclinarte mucho hacia la derecha, y de ese modo podrás recuperarlo. ¿Alguna vez has visto a un funambulista caminando sobre la cuerda floja? Lleva una vara en la mano para mantener el equilibrio. Cuando nota que se inclina demasiado hacia la izquierda, se empieza a inclinar inmediatamente hacia la derecha. Y cuando nota que se inclina demasiado hacia la derecha, se empieza a inclinar hacia la izquierda. Y así se mantiene en el centro. El tantra es un remedio.

La sociedad ha creado una mente represiva, una mente negativa, una mente antifelicidad. La sociedad está en contra del sexo. ¿Por qué hay tanta oposición al sexo? Porque si permites que la gente encuentre placer en el sexo, no podrás convertirlos en esclavos. No podrás hacerlo porque no se puede esclavizar a una persona feliz. Ese es el truco. Solo se puede esclavizar a las personas tristes. Una persona feliz es libre, en cierto sentido es independiente.

No podrás reclutar a las personas felices para que vayan a la guerra. Eso es imposible. ¿Por qué querrían ir a la guerra? Pero alguien que ha reprimido su sexualidad está dispuesto a ir a la guerra, y está deseando hacerlo porque no sabe disfrutar de la vida. Se ha vuelto incapaz de disfrutar, por eso no puede ser creativo. Ahora solo sabe hacer una cosa: destruir. Su energía se ha envenenado completamente y se ha vuelto destructiva. Está preparado para ir a la guerra, y no solo eso, sino que además está deseando hacerlo. Quiere matar, quiere destruir.

De hecho, cuando aniquila a un ser humano, de una forma indirecta siente la felicidad de penetrarlo. Esa penetración podría haber sido con amor, podría haber sido preciosa. Una cosa es penetrar el cuerpo de una mujer con amor. Eso es espiritual. Pero cuando las cosas van mal y penetras el cuerpo de otra persona con una espada o una lanza, es terrible, violento y destructivo. Solo estás buscando sustituir la penetración con otra cosa.

Si en la sociedad hubiera libertad absoluta para ser felices, no habría personas destructivas. Las personas que saben amar con belleza nunca son destructivas. Las personas que saben amar con belleza y tienen alegría de vivir tampoco son competitivas. Esta es la raíz del problema.

De ahí que los hombres primitivos no fueran tan competitivos. Disfrutaban de la vida. ¿Quién quiere tener una casa más grande? ¿Quién quiere tener más dinero en el banco? ¿Para qué? Eres feliz con tu mujer o tu marido y vas bailando por la vida. ¿Quién quiere pasarse horas y horas sentado en su negocio, un día tras otro, año tras año, con la esperanza de acumular más dinero en su cuenta bancaria para después poder jubilarse y disfrutar? Ese día nunca llegará. No puede llegar porque toda tu vida has sido un asceta.

Recuerda que los hombres de negocios son ascetas. Dedican toda su vida al dinero. Pero un hombre que conoce el amor, que conoce la emoción y el éxtasis del amor, no puede ser competitivo. Se siente feliz simplemente teniendo el pan de cada día. Esto es lo que quiere decir la oración de Jesús «Danos el pan de cada día». Es más que suficiente. Pero Jesús parece bobo. Podría haber dicho: «Aumenta el saldo de nuestra cuenta bancaria». Y, por el contrario, ¿solo pide el pan de cada día? Un hombre feliz nunca pide más. La felicidad es lo que le llena.

Solo los seres infelices son competitivos porque creen que la vida no está aquí, sino allí. «Tengo que llegar a Delhi para ser presidente», o a la Casa Blanca para ser alguna otra cosa. «Tengo que ir allí, la felicidad está allí». Saben que la felicidad no está aquí, por eso siempre están queriendo ir a otro sitio. Siempre se están moviendo, pero nunca llegan. Cuando una persona es feliz, está aquí. ¿Por qué querría ir a Delhi? ¿Para qué? Es absolutamente feliz aquí y ahora. No tiene grandes necesidades. Obviamente, tiene necesidades, pero no tiene deseos. Las necesidades se pueden satisfacer; los deseos, no. Las necesidades son naturales, los deseos son una perversión.

Esta sociedad, en cambio, solo se basa en una cosa, y es en la represión sexual; si no fuera así, colapsaría la economía, sería saboteada. Y con ella desaparecería la guerra el resto de la maquinaria bélica. La política dejaría de tener sentido y los políticos dejarían de tener importancia. Si a la gente se le permitiese amar, el dinero dejaría de tener valor. Pero cuando no se les permite amar, el dinero se convierte en un sustituto, el dinero se convierte en su amor. Es una técnica muy astuta. Para que no se desmorone de golpe toda la estructura de la sociedad, hay que reprimir el sexo.

Lo único que puede provocar una revolución en el mundo es que se libere el amor. El comunismo ha fracasado, el fascismo ha fracasado. Todos los «ismos» han fracasado porque, en el fondo, todos son represivos. En este aspecto no difieren —no hay diferencias entre Washington y Moscú, o entre Pekín y Delhi—, no hay absolutamente ninguna diferencia. Todos se han puesto de acuerdo en lo mismo: en querer controlar el sexo para impedir que la gente disfrute de la alegría inocente del sexo.

El tantra surge para recuperar ese equilibrio. El tantra es un remedio, por eso hace tanto hincapié en el sexo. Las religiones dicen que el sexo es pecado, pero el tantra dice que el sexo es lo único sagrado. El tantra es un remedio. El zen no es un remedio. El zen es un estado en el que la enfermedad ha desaparecido, y, al desaparecer la enfermedad, por supuesto también desaparece el remedio. Cuando estás curado, ya no necesitas seguir llevando la receta, el frasco y las medicinas. Prescindes de ellas. Las tiras al cubo de la basura.

La sociedad normal está en contra del sexo. El tantra ha llegado para ayudar a la humanidad, para devolverle el sexo a la humanidad. Y cuando se devuelve el sexo, surge el zen. El zen no es una actitud, el zen es pura salud.

La cuarta pregunta:

Osho,
    ¿Todo está bien..., el mundo está bien? ¿Y qué tiene que ver todo eso con el amor? Cuando tú dices que el mundo está bien, me suena bien. Pero cuando lo dice otra persona o lo digo yo, no me suena tan bien.

Depende de quién lo diga. Cuando yo digo que el mundo está bien, no te estoy proponiendo una teoría, sino que estoy compartiendo contigo mi visión. De hecho, la palabra *teoría* viene de la raíz griega *theoria*, y *theoria* significa «visión». Cuando digo algo, no es que salga de mi mente, sino que estoy compartiendo mi experiencia. En esos momentos, si estás abierto a escucharme y a entenderme, tú también tendrás esa visión: parte de mi visión entrará en tu ser. Las puertas se abrirán por un momento y dirás: «Sí, es así».

Cuando lo dice otra persona, y no es su visión... Incluso cuando lo dices tú, pero no es tu visión, sino que lo has tomado prestado, entonces ya no suena bien. Si alguien como Buda dijera una mentira, sonaría a verdad. Pero si tú dices algo que es verdad, seguirá sonando a mentira.

No depende tanto de lo que digas, sino de dónde surge, de cuál es la fuente, de quién lo dice. Puedes estar repitiendo las palabras de Jesús sin que te crucifiquen. ¿Por qué? ¿Por qué no te crucifican? Puedes predicar el sermón de la montaña entero y seguir estando ahí. Y esto es lo que suele hacer la gente en todo el mundo: los sacerdotes cristianos, los misioneros, los testigos de Jehová. Hay todo tipo de personas que lo hacen: predican el Nuevo Testamento, citan el Nuevo Testamento, repiten las palabras, y, sin embargo, nadie los crucifica. ¿Por qué? ¿Qué ocurría cuando era Jesús quien decía estas cosas? Que las palabras estaban cargadas de energía. Jesús estaba compartiendo su visión. Cuando tú las repites, no contienen una visión, simplemente son palabras. No hay pasión, no hay intensidad, no hay verdad. La verdad solo se alcanza a través de la experiencia.

Tu me preguntas: «¿Todo está bien..., el mundo está bien?». Cuando yo digo la palabra *bien*, ¿qué estoy diciendo en realidad? Estoy diciendo que solo existe este mundo y que no hay ningún otro. No puedes compararlo con nada más. Bueno o malo es irrelevante. Este es el único mundo que hay, no hay otro. No puedes comparar si es mejor o no. Es imposible comparar. Si hubiera dos mundos, podrías comparar, pero no los hay.

Por eso, cuando digo que todo está bien, significa que no tiene sentido comparar. ¿Por qué dice la gente que este mundo no está bien? Porque en su mente han creado una utopía y lo comparan con esa utopía. Se han hecho una idea de cómo deberían ser las cosas, y luego piensan que no están bien porque la realidad no se corresponde con su idea utópica. Si crees que el ser humano debería tener cuatro ojos... Y es algo que tiene bastante lógica, debería tener dos ojos en la espalda. Dos ojos no son suficientes, ¿qué pasa con la espalda? Si llegase alguien por detrás y te agrediera, ¿qué ocurriría? Dios se ha equivocado en esto, deberíamos tener dos ojos en la espalda. Entonces las cosas ya no están bien porque el ser humano solo tiene dos ojos y debería tener cuatro. De repente, el ser humano ya no está bien. El ser humano sigue siendo el mismo, pero tú te has inventado algo y esta idea descalifica lo que hay.

El hombre debería vivir más de setenta años. ¿Por qué? Si crees que el hombre debería vivir setecientos años, setenta años te parecerán pocos. ¿Por qué? ¿Qué vas a hacer durante setecientos años? ¿No te parece que setenta años son suficientes para hacer daño y para destruir? ¿Necesitas setecientos años? Imagínate que Adolf Hitler hubiera vivido setecientos años.

En cuanto tienes una idea o un objetivo, todo cambia. Yo no tengo una idea preconcebida, no soy utópico, soy absolutamente realista. No tengo ideales en mi cabeza. De modo que este mundo es el único que hay, las rosas son rojas y los árboles son verdes, y la gente es así —tal como es—, y todo esta perfectamente bien.

«¿Todo está bien..., el mundo está bien? ¿Y eso qué tiene que ver con el amor?». Tiene mucho que ver con el amor. Si el mundo está bien, entonces puedes amar. Si el mundo no está bien, te conviertes en un político, eres político. El político depende del hecho de que el mundo no esté bien. Tiene que llevar a cabo una revolución, tiene que arreglar las cosas, tiene que mejorar a Dios. Esa es la mente de un político. Un político no tiene amor, solo tiene críticas porque juzga.

En la mente religiosa no hay juicios. Jesús dice: «No juzguéis». La mente religiosa no tiene juicios, no condena, por eso puede amar. Y recuerda que en tu vida solo podrás amar si no juzgas. Si tienes demasiadas ideas preconcebidas con las que juzgar, nunca podrás amar. Irás imponiendo tus ideas sobre todos los que se conviertan en víctimas de tu supuesto amor. Irás imponiéndoles tus ideas. Incluso si tienes un hijo, te abalanzarás inmediatamente sobre él y empezarás a manipularlo, a manejarlo, a mejorarlo. Y destruirás a ese ser. Así es como los padres y la sociedad destruyen a todo el mundo.

Si amas a una mujer, inmediatamente querrás mejorarla. Y la mujer, por supuesto, es una gran mejoradora. Si te conviertes en víctima del amor de una mujer, dejarás de existir. Ella te mejorará hasta el punto de convertirte en algo distinto. Al cabo de unos años, ni tú mismo te reconocerás. Te recortará, te podará y hará otras cosas, te pintará y te dirá: «Compórtate así», «Habla así», «Conversa así».

Una joven se enamoró de un hombre. Ella era católica y el hombre era judío. La familia de la mujer estaba muy preocupada y le dijeron:

—No lo vamos a consentir.

Se trataba de una familia muy rica y le dijeron:

—Si te casas con ese hombre, te vamos a desheredar.

Ella era hija única, así que iba a heredar mucho dinero. Esto le pareció excesivo, y les preguntó:

—¿Qué queréis que haga?

—Pídele que se convierta al cristianismo, y después... —le contestaron.

De modo que lo intentó, y estaba muy contenta porque el hombre había accedido a hacerlo, pero él estaba más interesado en su dinero que en ella. Un judío es un judío, siempre está muy dispuesto. Empezó a leer la Biblia, a ir a la iglesia, y estaba entusiasmado. La mujer estaba feliz y todo iba perfectamente. Cada mes le contaba a su familia lo bien que iba todo.

Pero un día llegó a casa llorando y sollozando, y su padre le preguntó:

—¿Qué te pasa? ¿Qué ha ocurrido?

Ella le había pedido que se casaran, pensando que ya estaba preparado. Y le dijo a su padre:

—Sí, él está preparado, pero he puesto tanto empeño en reformarle, que le he reformado demasiado.

—No entiendo —dijo el padre—, ¿qué quieres decir con «demasiado»?

—Ahora dice que quiere ser un fraile católico —dijo ella—. He ido demasiado lejos.

Lo que llamas amor es, más o menos, reformar al otro. Te empeñas en decir que quieres reformarlo porque le amas, pero eso no es verdad en absoluto. Cuando amas a alguien, no lo quieres reformar. El amor es aceptación. El amor es respetar al otro tal como es.

Solo puedes amar al mundo si está bien tal como es. Un revolucionario o un político no pueden amarlo. Solo puede hacerlo una conciencia religiosa. Y, cuando amas, te acabas dando cuenta de que es mejor de lo que pensabas. Entonces amas más, y descubres que no solo está bien, sino que es inmensamente bello. Y surge más amor, hasta que, finalmente, te das cuenta de que el mundo desaparece. Es Dios mismo.

La quinta pregunta:

Osho,

La primera vez que vi a un ser humano muerto fue cuando presencié la muerte de mi abuela. Ella estaba ahí tumbada tan pálida y en paz, tan silenciosa y feliz, abierta y cerrada a la vez. Me daba envidia y miedo al mismo tiempo. Pensé que debía sentir mucha soledad. Yo ya no me podía comunicar con ella. Cuando te vi a ti, querido Osho, en el *darshan* de tu cumpleaños, tuve exactamente la misma sensación. ¿No sentías mucha soledad rodeado de tanto ruido, estruendo y ajetreo? Yo te veía tan lejos y te rodeaba un silencio tan sagrado como no había visto en mi vida. ¿Estás muerto y vivo al mismo tiempo?

Esta pregunta la hace Aranyo.

La muerte es bella. Si sabes comunicarte con la muerte, es tan bella como la vida. Es bella porque significa relajación. Es bella porque la persona vuelve a la fuente de la existencia, a relajarse, a descansar, y a prepararse para volver a nacer.

Surge una ola en el océano y vuelve a caer en el océano, y luego vuelve a surgir. Tendrá un nuevo día, volverá a nacer con alguna otra forma. Y después volverá a caer y a desaparecer.

La muerte es desaparecer dentro de la fuente. La muerte es ir a lo no manifestado. La muerte es dormirte en la existencia. Y volverás a florecer. Volverás a ver el sol y la luna una y otra vez, hasta que te conviertas en un buda, hasta que seas capaz de morir conscientemente, hasta que seas capaz de relajarte en la existencia conscientemente, con conocimiento. Entonces ya no volverás. Esa es la muerte absoluta, la muerte suprema. La muerte corriente es una muerte temporal, porque vuelves. Pero cuando muere un buda, lo hace para siempre. Su muerte tiene una cualidad eterna. Sin embargo, incluso la muerte temporal tiene belleza.

Y, tienes razón, Aranyo. Estoy muerto y vivo al mismo tiempo. Estoy muerto como persona. Estoy muerto siendo alguien, pero estoy vivo siendo nadie.

Dices: «La primera vez que vi a un ser humano muerto fue cuando presencié la muerte de mi abuela. Ella estaba ahí tumbada tan pálida y en paz, tan silenciosa y feliz, abierta y cerrada a la vez. Me daba envidia y miedo al mismo tiempo». Recuerda que la relación que tienes conmigo puede ser igual, de envidia y miedo al mismo tiempo. Tendrás que apartar todo tu miedo, porque el miedo puede ser un obstáculo y te puede impedir disfrutar de la oportunidad que tienes a tu alcance. Es muy difícil encontrar a un nadie, y tú lo has encontrado. Ten en cuenta que, hasta que no seas nadie, te estarás perdiendo esa oportunidad. Muere como yo lo he hecho, y entonces estarás tan vivo como yo lo estoy.

Hay una vida que no tiene nada que ver con una persona. Hay una vida que no tiene nada que ver con un yo. Hay una vida que está vacía, es inocente y virgen. Y yo la pongo a tu disposición. Aparta todos tus miedos y acércate a mí. Déjame que me convierta en tu muerte y en tu resurrección.

Bunon, un maestro zen, dijo: «Sé un hombre muerto mientras estés vivo, completamente muerto y compórtate como quieras, y todo estará bien».

La última pregunta:

Osho,
    ¿El conocimiento siempre es peligroso?

No siempre. El conocimiento no es peligroso, la que es peligrosa es la erudición. No hay ningún inconveniente en conocer los hechos, pero olvidarse del misterio de la vida es peligroso. De manera que el conocimiento no es siempre peligroso, y además puede ser de gran ayuda.
Hay una pequeña anécdota...

Maureen, la mujer del irlandés Paddy, tuvo que ir urgentemente al hospital por la mañana. Estaba embarazada de nueve meses y estaba de parto, y dio a luz a dos hermosas gemelas.
Paddy, después de estar todo el día trabajando entre los escombros de un edificio, fue al hospital una tarde fresca de otoño para ver a su mujer, que estaba ingresada en la maternidad.
—Hola, cariñito mío —le susurró a su Maureen mientras se acercaba a la cama con una chispa de curiosidad en su mirada al observar que la enfermera traía a la cama dos diminutos bebés.

—He tenido gemelos, mi amor —dijo Maureen.

Paddy se quedó sentado en la cama durante diez largos minutos sin saber qué pensar acerca de todo esto.

Cuando sonó la campana, Paddy le dio un beso a su mujer y se fue.

—¡Ay, Dios! —farfulló mientras recorría el pasillo—. Como encuentre a ese otro sinvergüenza, lo voy a matar.

Hemos terminado por hoy.

3. La atracción de la otra orilla

Porque un *bodhisattva* que ofrece un regalo no debería apoyarse en algo ni debería apoyarse en ningún sitio... Un gran ser debería dar sus regalos sin apoyarse en el concepto de una marca. Y ¿por qué? Porque la grandeza del mérito que tiene un ser iluminado que ofrece un regalo sin buscar nada a cambio no es fácil de calcular...

El Señor continuó diciendo: ¿Tú qué crees, Subhuti, crees que se puede reconocer a un Tathagata por sus marcas?

Subhuti respondió: Oh, Señor, definitivamente, no. Y, ¿por qué? Porque todo lo que nos ha enseñado el Tathagata acerca de poseer las marcas realmente es no poseer esas marcas.

El Señor dijo: Siempre que haya que poseer unas marcas, habrá un engaño; siempre que no haya que poseer unas marcas, no habrá engaño. De ahí que debamos saber que las no marcas del Tathagata son las marcas.

Subhuti preguntó: ¿En el futuro, al final de los tiempos, en la última época, en los últimos quinientos años, cuando colapse la doctrina buena, habrá seres que sean capaces de entender la verdad de estas palabras del sutra cuando se las enseñen?

El Señor respondió: ¡No digas eso, Subhuti! Sí, incluso entonces habrá seres que entiendan la verdad que contienen las palabras
del sutra cuando se las enseñen. Porque, incluso entonces, Subhuti, seguirá habiendo *bodhisattvas* [...]. Y esos *bodhisattvas*, Subhuti,
no habrán venerado solamente a un buda, ni habrán plantado las
raíces de su mérito bajo un único buda. Al contrario, Subhuti, los
bodhisattvas que encuentren un solo pensamiento de fe serena
cuando les enseñen las palabras de este sutra habrán venerado
a muchos miles de budas y habrán plantado las raíces de su mérito bajo centenares y miles de budas.

Subhuti, el Tathagata los conoce a través de su cognición de
buda. Subhuti, el Tathagata los ve con su ojo de buda. Subhuti,
el Tathagata los conoce plenamente. Y todos ellos, Subhuti, tendrán y adquirirán una cantidad de mérito inconmensurable e incalculable.

«Por lo tanto, Subhuti, escúchame bien y presta mucha atención», le dice el Buda Gautama. Estas palabras son muy extrañas. Extrañas porque Buda se está dirigiendo a un bodhisattva.
No serían extrañas si se estuviese dirigiendo a un ser humano
normal. Es comprensible que un ser humano normal tenga que
escuchar atentamente. Escuchar es muy difícil. Escuchar significa estar aquí y ahora. Escuchar significa no tener ningún
pensamiento. Escuchar significa estar atento y alerta. Solo puedes escuchar cuando se cumplen estas condiciones.

La mente por dentro es como un loco, como un loco desqui-
ciado. La mente le está dando vueltas a miles de pensamientos

y se está moviendo por todo el mundo, por el pasado, por el futuro. ¿Cómo puedes escuchar? Y, aunque escuches, no lo estarás haciendo correctamente. Oyes algo, pero no es lo que se ha dicho; te pierdes lo que se ha dicho porque no estás en sintonía. Oyes las palabras, por supuesto, porque no estás sordo, pero eso no es suficiente para escuchar.

Por eso, Jesús siempre les dice a sus discípulos: «Si tenéis oídos, escuchad. Si tenéis ojos, ved». Sus discípulos no estaban ciegos ni sordos. Sus oídos estaban tan sanos como los tuyos, sus oídos funcionaban tan bien como los tuyos. Pero las palabras de Jesús no son extrañas, son relevantes. Él está hablando con gente normal, tiene que captar su atención, tiene que gritar. Las palabras de Buda, en cambio, sí son extrañas porque se está dirigiendo a un *bodhisattva*, a un gran ser, a un ser iluminado, a alguien que está a punto de convertirse en buda.

¿Qué quiere decir exactamente cuando dice: «Por lo tanto, Subhuti, escúchame bien y presta mucha atención»? Normalmente, escuchar bien quiere decir escuchar de una forma receptiva, con receptividad. Si cuando escuchas, lo haces discutiendo o juzgando, y diciendo: «Sí, eso está bien porque concuerda con lo que pienso, o no está bien porque no me atrae mentalmente. Esto está bien y aquello no está bien. Esto lo puedo creer, y eso otro no lo puedo creer...». Si estás clasificando las cosas en tu interior, aunque escuches, no lo estarás haciendo correctamente.

Escuchas, pero tu mente del pasado está interfiriendo. ¿Quién es el que juzga? No eres tú, sino tu pasado. Has leído algunas cosas, has oído decir algunas cosas, te han condicionado con ciertas cosas. El pasado interfiere constantemente. El pasado se quiere perpetuar. No permite que nada lo perturbe. No permite que entre nada nuevo, solo permite lo viejo porque concuerda con su esquema. Eso es lo que haces cada vez que juzgas, criticas, discutes y te debates en tu interior.

Escuchar correctamente es escuchar obedientemente. La palabra *obediencia* es muy bella. Te sorprenderá saber que la raíz original de la palabra *obediencia* proviene de *obedire*, que significa escuchar *rigurosamente*. ¿Por qué obediencia significa escuchar rigurosamente? ¿Es lo mismo? Sí, es lo mismo. Si escuchas plenamente, rigurosamente, obedecerás. Si es verdad, obedecerás. No tienes que tomar una decisión personal. La verdad es irrefutable. Cuando la oyes, de forma automática la sigues. Cuando la oyes, la obedeces. De ahí que la palabra *obediencia* venga de *obedire* o escuchar rigurosamente. O abrir tu oído, como dirían en la tradición hebrea. Si tus oídos están realmente abiertos y en tu interior no hay interferencias ni disturbios, si no hay ninguna distracción que proceda de ningún sitio, no solo habrás abierto tus oídos, sino que habrás abierto tu corazón. Y si la semilla entra en tu corazón, llegado un momento, se convertirá en un árbol, llegado un momento, florecerá. Tardará un tiempo en convertirse en un árbol. Tendrá que esperar a que llegue la estación adecuada, a que llegue la primavera, pero se convertirá en un árbol. Si has escuchado la verdad, la obedecerás.

Por eso la mente no te permite escucharla, porque sabe que, en cuanto la oigas, ya no tendrás escapatoria. Si quieres escaparte, es mejor que no la oigas. Si la oyes, te atrapará, no tendrás escapatoria. ¿Cómo puedes escaparte cuando sabes la verdad? El hecho mismo de saber lo que es verdad es lo que crea una disciplina en tu interior. Empiezas a seguirla. Y no es algo que puedas obligarte a hacer, sino que surge de forma espontánea.

Tienes que quitarte los cerrojos de los oídos. ¿En qué consisten esos cerrojos? El cerrojo fundamental es el miedo a la verdad. Tienes miedo a la verdad, aunque digas «Quiero saber la verdad», y lo repitas una y otra vez. Tienes miedo a la verdad porque vives de mentiras. Llevas tanto tiempo viviendo de mentiras que todas esas mentiras están asustadas, están temblando. Si llega la verdad, tendrán que irse. Se han adueñado de ti. Del mismo modo que la oscuridad teme a la luz, las mentiras temen a la verdad. En cuanto te acercas a la verdad, la mente se inquieta. Arma un revuelo y levanta una polvareda a tu alrededor para que se forme una nube y no puedas oír la verdad.

Tienes que quitarte los cerrojos de los oídos. El cerrojo fundamental es el miedo. Estás encadenado al miedo. Buda dijo que mientras no te liberes del miedo no alcanzarás la verdad. Y fíjate en lo que han hecho todas las religiones. Todas las religiones están basadas en el miedo, pero a través del miedo no encontrarás el camino hacia la verdad. Solo la ausencia de miedo conoce la verdad.

Cuando te arrodillas en una iglesia, una mezquita o un templo, delante de una estatua, una escritura o la tradición, ¿de dónde nace esta necesidad de arrodillarte? Si miras en tu interior, solo encontrarás miedo y más miedo. La fe no puede surgir del miedo, pero eso que llamamos fe surge del miedo. Por eso, en el mundo es tan difícil encontrar a alguien que tenga fe, porque la fe solo surge cuando desaparece el miedo. La fe surge cuando muere el miedo.

Fe quiere decir confianza. ¿Cómo puede confiar alguien que tiene miedo? Siempre estará pensando, calculando, protegiéndose, defendiéndose. ¿Cómo puede confiar? Para poder confiar tienes que ser valiente. Para poder confiar tienes que estar en peligro.

El otro día, precisamente, estaba viendo un ideograma chino que significa «crisis», y me sorprendió porque el ideograma chino de crisis está compuesto por dos símbolos: uno que significa «peligro», y otro que significa «oportunidad». Si no afrontas el peligro, no tendrás una oportunidad. Si quieres tener una oportunidad, tendrás que afrontar el peligro. Solo las personas que saben vivir peligrosamente son religiosas. El cerrojo fundamental es el miedo. También hay otros, pero todos surgen del miedo: el juicio, la argumentación, aferrarse al pasado, no permitir que entre lo nuevo en tu vida.

La palabra obediencia, en muchísimos sentidos y en muchísimos idiomas, es una forma más intensa de decir *escuchar*. *Horchen*, *gehorche*, *obeir*, *obedire*, etc.; todas estas palabras quieren decir simplemente una escucha apasionada, intensa y absoluta. Y otra cosa más. También te sorprenderá saber que la palabra *absurdo* es justamente lo contrario de obediencia. *Absurdus* quiere decir «completamente sordo». De modo que, cuando dices que algo es completamente absurdo, estás diciendo que «estoy completamente sordo y no sé lo que esto me está queriendo decir». Si sustituyes una actitud absurda por una actitud obediente, entonces serás capaz de escuchar, serás capaz de abrir tu oído, estarás completamente abierto.

Es normal decirle a un ser humano corriente: «Escucha atentamente», pero ¿por qué se lo dice Buda a Subhuti? Hay algo muy importante que debemos entender. Una palabra en sí misma no tiene ningún significado, el significado se crea cuando se dirige hacia alguien en concreto. Lo que determina el significado es a quién le estemos dirigiendo la palabra. No encontrarás este significado en ningún diccionario, porque los diccionarios no se han escrito para *bodhisattvas*, sino para seres humanos corrientes.

Entonces, ¿qué quiere decir «escúchame bien y presta mucha atención»? Quiere decir varias cosas que debemos entender. En primer lugar, cuando hablamos de un hombre como Subhuti, no se trata en absoluto de que tenga cerrojos en los oídos. No se refiere a su apertura hacia Buda, porque sobre esto no hay ninguna duda, él está abierto. Indudablemente, él ya no discute con Buda, está del todo de acuerdo con él, fluye con él. Pero cuando una persona se ha convertido en un *bodhisattva*, cuando está muy cerca de la budeidad, surgen varios problemas.

Cada nueva etapa de la conciencia tiene sus propios problemas. El problema de un *bodhisattva* es que está abierto, es receptivo, está preparado, pero está desarraigado de su cuerpo. Su corazón está abierto, su ser está abierto, pero ya no está enraizado en su cuerpo. Se ha separado de su cuerpo, su cuerpo simplemente sigue estando ahí, pero él ya no vive en su cuerpo, casi ya no se identifica con él. Ese es su problema.

Cuando alguien te dice «escúchame bien», quiere decir que tu cuerpo está escuchando, pero tú no. Cuando Buda se lo dice a Subhuti, lo que quiere decir es que «tú estás escuchando, pero tu cuerpo no». Es justamente lo contrario. Cuando tú escuchas, tu cuerpo está ahí, pero tú no. Las palabras entran por un oído, producen sonidos y ruidos, y salen por el otro oído. No llegan a tu ser; ni siquiera lo tocan. En el caso de una persona como Subhuti, ocurre exactamente lo contrario. Su ser está ahí, pero su cuerpo no. Le ha perdido la pista a su cuerpo. Se le olvida, tiene tendencia a olvidarse de su cuerpo. Hay momentos que no piensa en su cuerpo. Aunque él esté ahí, su cuerpo no. Ha llegado a no tener cuerpo.

Por otro lado, solo podemos escuchar cuando el cuerpo y el alma están ahí al unísono. En ti, el cuerpo está presente, pero tu alma está ausente. En Subhuti, el alma está presente, pero su cuerpo está ausente. A esto se está refiriendo Buda al decir: «Subhuti, escúchame bien...». Trae tu cuerpo aquí. Deja que trabaje tu cuerpo. Entra dentro de tu cuerpo, arráigate dentro de tu cuerpo, porque tu cuerpo es el vehículo, el instrumento, el medio.

Buda añade: «[...] presta mucha atención». ¿Subhuti no está prestando atención? Eso no es posible, si no, no sería un ser iluminado. Un ser iluminado es alguien que ha conseguido estar atento, alerta, despierto, consciente, alguien que ha dejado de ser un robot. Entonces, ¿por qué le dice Buda: «Escúchame bien, préstame mucha atención»? Una vez más, tenemos que entender que hay otro significado.

Un hombre como Subhuti tiende a ir hacia adentro. Si no hace un esfuerzo, se ahogará en su ser, se perderá en su ser. Solo consigue estar afuera haciendo un esfuerzo. Es justo lo contrario de lo que te pasa a ti. Por un instante, tus pensamientos se detienen y te pierdes en tu esplendor interno, pero solo te sucede en raras ocasiones después de realizar largos y arduos esfuerzos —después de meditar, de hacer yoga u otras cosas—, y luego solo puedes disfrutar de esa belleza y de esa bendición durante unos instantes. Se abre el cielo, desaparecen las nubes, y entonces ves la luz y la vida, y sientes una alegría inmensa. Pero solo te ocurre durante un instante y luego vuelve a desaparecer. Si haces un enorme esfuerzo por estar atento, lograrás tener esa experiencia interna.

El caso de Subhuti es justamente lo contrario. Él está perdido en su interior, inmerso en su alegría interna. Si no hace un esfuerzo, no podrá escuchar lo que le está diciendo Buda. Es perfectamente capaz de escuchar el silencio de Buda, pero, si Buda le dice algo, tendrá que hacer un esfuerzo para recomponerse, tendrá que salir, tendrá que volver a estar en su cuerpo, tendrá que estar muy atento. Está embriagado por su vino interior.

Por eso Buda se dirige a él con estas palabras tan extrañas: «Escúchame bien y presta mucha atención». Es la primera vez que os explico estas palabras. No ha habido nadie que haya comentado estas palabras desde hace veinticinco siglos. Lo han interpretado como si Buda estuviese hablando con un ser humano normal.

Desde hace veinticinco siglos, nadie lo ha comentado debidamente. La gente creía haber entendido el significado de estas palabras. El significado de las palabras cambia, y depende de quién las esté usando o para quién las esté usando. El significado de las palabras depende del contexto y de la circunstancia. Las palabras en sí mismas no tienen ningún significado. Las palabras carecen de significado. El significado surge en cada situación particular.

Esta situación, en cambio, es muy rara. Buda ha usado estas palabras miles de veces, todos los días le decía a la gente: «Escuchadme bien, prestad atención». De modo que todos los comentaristas de *El sutra del diamante* se han equivocado en esto. Creo que los comentaristas no sabían este detalle. Aunque conocieran el lenguaje, no tenían constancia de esta extraña situación. Buda no se estaba dirigiendo a un ser humano normal. Buda se estaba dirigiendo a alguien que estaba muy cerca de la budeidad, a alguien que estaba justo en el límite, entrando en la budeidad.

Y empieza su declaración con las palabras «por lo tanto». «Por lo tanto, Subhuti, escúchame bien y presta mucha atención». «Por lo tanto» tampoco tiene mucha lógica dentro de este contexto. «Por lo tanto» tiene sentido cuando forma parte de un silogismo lógico, cuando es una conclusión, por ejemplo: todos los hombres mueren. Sócrates es un hombre, por lo tanto, Sócrates es mortal. En este caso, «por lo tanto» encaja perfectamente. Forma parte de un silogismo, es una conclusión. Pero aquí no tiene sentido, no va precedido por nada, no hay otra premisa. Y Buda empieza por la conclusión *por lo tanto*.

Eso también es muy raro. Era la forma de hablar de Buda. También se dirigió del mismo modo a Sariputra en *El sutra del corazón*: «Por lo tanto, Sariputra...». Ahora dice: «Por lo tanto, Subhuti...». Subhuti no ha mencionado nada antes para que tenga que decir «por lo tanto». Buda no ha mencionado nada antes para que tenga que decir «por lo tanto», pero en el ser de Subhuti sí hay algo que está presente. «Por lo tanto» se está refiriendo a esa presencia, puesto que antes no se ha mencionado nada.

Un maestro responde a lo que está presente en ti. Un maestro responde a tu silencio más que a tus palabras. A un maestro le interesa más tu búsqueda que tus preguntas. Este «por lo tanto» indica que en lo más profundo de Subhuti hay una necesidad imperceptible. Es posible que el mismo Subhuti no se haya percatado de ello, y quizá tarde un poco más en darse cuenta.

El maestro tiene que seguir analizando el ser del discípulo, y tiene que responder a sus necesidades internas. No importa que las haya expresado o no. Sin su ayuda, es probable que el discípulo tarde meses en descubrir esa necesidad, o años, o incluso vidas. Pero el maestro no analiza solo tu pasado o tu presente, también analiza tu futuro. ¿Cuáles son las necesidades que tendrás mañana o pasado mañana, en esta vida o en la siguiente? El maestro se ocupa de todo el viaje. Este «por lo tanto» está relacionado con alguna necesidad del ser interno de Subhuti.

Y ahora los sutras:

> Porque un *bodhisattva* que ofrece un regalo no debería apoyarse en algo ni debería apoyarse en ningún sitio...

Esta es la necesidad a la que se refiere Buda cuando dice: «Por lo tanto, Subhuti, escúchame bien y presta mucha atención». Subhuti, en el fondo, debe estar teniendo una idea, una lejana idea: «Si le ofrezco a la gente lo que he conseguido, tendré mucho mérito».

Aunque todavía no lo haya dicho con palabras ni se haya formulado ese pensamiento, puede ser una simple sensación o vibración en el fondo de su ser. «Si le ofrezco a la gente el regalo del *dharma*...», y ese es el mayor regalo que pueda haber, según dijo Buda. El mayor regalo que pueda haber es darle a la gente tu iluminación, compartirla con todos. Sin duda, es lo más grande que hay. Alguien puede compartir su dinero, pero eso no es nada. Aunque no lo comparta, el dinero seguirá estando ahí cuando se muera. Otras personas pueden compartir otras cosas. Pero compartir la iluminación es compartir la eternidad, compartir la iluminación es compartir la divinidad, compartir la iluminación es compartir lo más supremo. Buda lo denominó el mayor regalo.

Él le está diciendo a Subhuti: «Comparte lo que has conseguido. Toma una decisión, *chittopad*, toma la gran decisión dentro de tu ser de no abandonar esta orilla hasta que no hayas liberado a todos los seres humanos. Toma esta profunda decisión dentro de tu ser antes de empezar a desaparecer. Antes de que tu barco comience a moverse hacia la otra orilla, llénate del deseo de querer ayudar a los demás. Ese deseo de ayudar a los demás será la cadena que te mantenga anclado a esta orilla. Antes de que sea demasiado tarde, crea un *chittopad*. Pon toda tu energía en ello, "No abandonaré esta orilla, pese a todas las tentaciones de la otra orilla..."».

Y la tentación es muy grande. Cuando todo haya cambiado y puedas irte a la otra orilla, después de haberlo anhelado durante millones de vidas, la tentación de no quedarte aquí será muy grande. ¿Para qué quieres quedarte? Ya has sufrido bastante, ahora tienes el pasaporte para entrar en el nirvana. Y Buda dice: «Rechaza ese pasaporte, tíralo y toma la decisión de no abandonar esta orilla hasta que hayas liberado a todos los seres humanos».

Al escucharlo, en el corazón de Subhuti, en el sustrato más profundo de su ser, debe haber surgido un ligero deseo. «Tengo una gran misión. ¿Cuánto mérito obtendré si lo hago, cuánta estima, cuánta virtud?». Debe haber sido una leve vibración. Incluso a Subhuti le cuesta percibirla y darse cuenta de lo que es. Se debe haber cruzado por su mente un instante, como un pequeño destello que ha durado un segundo o una décima de segundo, pero se ha reflejado en el espejo de Buda.

Un maestro es un espejo. Todo lo que hay en tu interior se refleja en él. A veces es posible que no responda a tu pregunta porque la puedes haber hecho por simple curiosidad y no tiene nada que ver con tu ser interno. O puedes preguntar para hacer alarde de tus conocimientos, o simplemente para demostrarle a los demás: «Mira qué gran buscador soy, qué preguntas tan profundas hago». Quizá no sea una pregunta existencial, sino solo intelectual. En ese caso, el maestro no te responde.

A veces, el maestro puede contestar a una pregunta que no has hecho, y no solo que no hayas hecho, sino que ni siquiera sabías que tenías esa pregunta. Pero habrá una relación con tus necesidades y tus cuestiones más profundas.

Buda dice: *Porque un* bodhisattva *que ofrece un regalo no debería apoyarse en algo ni debería apoyarse en ningún sitio...* Apoyarse significa tener un motivo. Apoyarse significa que «obtendré algún provecho de esto». En ese caso, te estarás equivocando completamente. Eso es un acuerdo, no es un regalo. El nirvana solo puede ser un regalo, no puede ser un acuerdo. No es un negocio. Tienes que ofrecerlo por la alegría misma de poder hacerlo. No debes ir con la intención de obtener algo a cambio. Si hay una intención de obtener algo, no podrás ayudar a nadie, de hecho, tú mismo necesitas ayuda. Todavía no te has liberado, todavía no tienes el pasaporte para cruzar a la otra orilla. Puedes desorientar, pero no puedes guiar.

Un verdadero regalo es un desbordamiento. Estás tan repleto de tu propia iluminación que te rebosa. Tienes suficiente para darle a todo el mundo. Y agradeces que alguien lo reciba, porque te está quitando una carga. Cuando aparece una nube y derrama su lluvia sobre la tierra, está agradecida a la tierra de haberla recibido y haber podido descargarse. Sí, así es exactamente.

Cuando surge la iluminación, se empieza a acumular. Puedes repartirla a placer porque rebosa y se sigue llenando. No se acaba. Has llegado a la fuente eterna. Ahora ya no puedes ser tacaño ni tener motivaciones, ni pensar que vas a recibir nada a cambio.

> Porque un *bodhisattva* que ofrece un regalo no debería apoyarse en algo ni debería apoyarse en ningún sitio... Un gran ser debería ofrecer sus regalos sin apoyarse en el concepto de una marca.

Él no piensa «esto es un regalo», y «yo soy quien da y tú eres quien recibe». Todas estas ideas y conceptos deben desaparecer. No hay nadie que dé, no hay ningún regalo ni nadie que reciba, solo hay unidad. La persona a la que estás ayudando también eres tú. La persona a la que se lo estás dando es otra forma de ti, es como si le estuvieras dando algo a la mano derecha con la mano izquierda. No debes sentirte importante por hacerlo. No hay nadie que dé, no hay nadie que reciba, y no hay ningún regalo.

Un gran ser debería ofrecer sus regalos sin apoyarse en el concepto de una marca. Y ¿por qué? Porque la grandeza del mérito que tiene un ser iluminado que ofrece un regalo sin buscar nada a cambio no es fácil de calcular...

Tendrás que enfrentarte a este problema una y otra vez. La cuestión es que tendrás mucho mérito si no piensas en ello, pero, si piensas en ello, desaparece. Si lo deseas, nunca lo alcanzarás. Cuando no lo deseas, te seguirá colmando.

En un plano inferior, la declaración de Jesús es correcta. Esa declaración es para la gente normal: «Pide y recibirás. Busca y encontrarás. Llama a la puerta y se abrirá para ti». Pero Buda está hablando con Subhuti, y lo que está diciendo exactamente es: «Pide, y *no* recibirás. Busca y *no* encontrarás. Llama, y las puertas se convertirán en una Gran Muralla china, nunca se abrirán». Recuerda que esta diferencia tiene que ver con la audiencia. Jesús está hablando con gente corriente, y Buda está hablando con alguien muy poco común.

El Señor continuó diciendo: ¿Tú qué crees, Subhuti, crees que se puede reconocer a un Tathagata por sus marcas?

Subhuti respondió: Oh, Señor, no, definitivamente no. Y, ¿por qué? Porque todo lo que el Tathagata nos ha enseñado acerca de poseer unas marcas realmente es no poseer una marcas.

El Señor dijo: Siempre que haya que poseer unas marcas, habrá un engaño; siempre que no haya que poseer unas marcas, no habrá engaño. De ahí que debamos reconocer que las no marcas del Tathagata son las marcas.

Aunque esto parezca un rompecabezas, no lo es. Parece rompecabezas, pero no lo es. Desde la altura que habla Buda, todo se vuelve contradictorio, la contradicción es la norma. Cuando llegas a esa plenitud del ser, tienes que ser paradójico. La lógica deja de tener sentido. Si intentas ser lógico, no puedes moverte en esas plenitudes y no puedes expresar esa verdad. La verdad siempre es contradictoria.

Buda pregunta: «Subhuti, un Tathagata *¿se reconoce por sus marcas?*». Las escrituras budistas afirman que Buda tiene treinta y dos marcas que le convierten en un supermán. ¿Esas treinta y dos marcas son el factor decisivo?

Eso está bien para un ser humano normal que no tiene otros ojos y solo puede ver los signos externos, y vive de acuerdo con los signos, a las marcas. Pero para alguien como Subhuti, que es capaz de ver el interior, que es capaz de ver dentro de Buda, esas marcas ya no deberían ser relevantes. Es más, la característica de un buda es no poseer nada, ni siquiera esas treinta y dos marcas. Son irrelevantes. Un buda tiene que ser absolutamente normal porque no posee nada. La verdadera marca de la budeidad es no poseer ni siquiera la budeidad. Este es el motivo por el que todo se vuelve contradictorio.

Un verdadero buda es alguien que ni siquiera se declara un buda, porque cualquier declaración es un engaño. Declararse algo es un engaño. Un buda no se declara nada, no necesita declararse nada. No desea nada. No le interesa exhibirse en modo alguno. No le interesa convencer a nadie de que él es algo. Él está ahí plenamente, puedes participar de lo que tiene, puedes unirte a su baile, puedes compartir su celebración, pero no quiere demostrarte nada. Querer demostrar algo solo demuestra que todavía no has trascendido. Él no está a la defensiva.

Y alguien puede conseguir tener esas marcas externas sin necesidad de ser un buda. Puedes conseguir cualquier cosa. Por ejemplo, la respiración de Buda es tan silenciosa que parece que no está respirando. Eso lo puede hacer un yogui sin necesidad de ser un buda. Si practicas la respiración haciendo unos ejercicios, puedes conseguir que la respiración casi se detenga. Puedes ganar a Buda.

Él respira lentamente porque va más despacio, no porque practique unos ejercicios de respiración. Él respira lentamente porque no está yendo a ningún sitio, porque todos sus deseos han desaparecido, por eso su respiración es lenta, casi invisible. No es que sea un gran yogui, no se trata de eso. Es que ya no tiene deseos, no tiene prisa. Esta dando su paseo matinal, no está yendo a ningún sitio. No tiene futuro, no tiene preocupaciones.

¿Alguna vez te has fijado? Cuando estás preocupado, tu respiración se altera. Cuando te enfadas, tu respiración es muy intensa. Cuando haces el amor y se desata la pasión, tu respiración se altera muchísimo, se vuelve febril. La pasión de buda se ha convertido en compasión, todos sus deseos han desaparecido, como cuando se caen las hojas secas de un árbol. Y, poco a poco, su respiración se ha ido calmando cada vez más.

Si ese fuera el único signo, cualquier farsante lo podría hacer. Buda está sentado en silencio absoluto, no cambia de postura, se queda siempre en la misma postura. Esto lo puede hacer cualquiera, solo tiene que practicar un poco, pero no se convertirá en un buda por mucho que lo practique.

Por eso Buda dice: *Siempre que haya que poseer unas marcas, habrá un engaño...* Si alguien declara: «Poseo las marcas de Buda. Mira, soy un buda», entonces es falso porque el hecho mismo de declararlo ya es una prueba de que es falso: *siempre que no haya que poseer unas marcas, no habrá engaño. De ahí que debamos reconocer que las no marcas del Tathagata son las marcas.*

¿Por qué Buda le hace de repente esta pregunta a Subhuti? Dentro de Subhuti debe de haber surgido un deseo, esto es algo que tenemos que entender. Debe de haber surgido un deseo dentro de Subhuti. Él está a punto de convertirse en un buda, y debe de haber surgido este deseo: «Pronto tendré treinta y dos marcas. Pronto seré un buda, seré proclamado un buda. Tendré treinta y dos marcas».

Probablemente, solo haya sido un deseo inconsciente, pero una leve vibración... ¿Quién no empezaría a desearlo viendo a Buda con sus treinta y dos marcas, con su gracia, con su belleza? Y Subhuti tiene esa posibilidad, porque está a las puertas de la budeidad. Mientras Buda estaba hablando de dar como si no estuvieras dando, y de que tendrás mucho mérito si eres capaz de dar sin los conceptos del que da, del regalo y del que recibe... Al escucharle debe de haber sentido un anhelo. Este anhelo puede ser una pequeña semilla, pero lo ha anhelado: «Entonces tendré tanto mérito que me convertiré en un buda. Tendré treinta y dos marcas, el aroma que despide un Buda, la misma gracia, el mismo esplendor, la misma bendición. ¡Ajá!». En algún momento debe de haber surgido este deseo.

Cuando Buda se da cuenta de este deseo, le dice: *¿Tú qué crees, Subhuti, crees que se puede reconocer a un Tathagata por sus marcas?* No podrás entender *El sutra del diamante* a menos que veas el trasfondo consciente o inconsciente que hay en Subhuti.

Subhuti preguntó: ¿En el futuro, en el final de los tiempos, en la última época, en los últimos quinientos años, cuando colapse la doctrina buena, habrá seres que sean capaces de entender la verdad de estas palabras del sutra cuando se las enseñen?

Esto te va a sorprender. El tiempo del que hablaba Subhuti es *ahora*, y *vosotros* sois esas personas. Han pasado dos mil quinientos años. Subhuti preguntaba por *vosotros*.

Buda dijo que siempre que nace una religión, siempre que un buda gira la rueda del *dharma*, esta rueda empieza a detenerse sola de forma natural y muy lentamente. Va perdiendo inercia. Cuando giras una rueda, se empieza a mover. Pero, poco a poco, llega un momento en que se detiene.

Cuando un buda gira la rueda del *dharma*, tarda dos mil quinientos años en detenerse completamente. Cada quinientos años pierde un poco de impulso. Esas son las cinco eras del *dharma*. Cada quinientos años el *dharma* va disminuyendo, cada vez es menor, hasta que, al cabo de veinticinco siglos, la rueda se vuelve a detener. Tendrá que llegar otro buda para moverla y que siga girando los siguientes veinticinco siglos.

Es un fenómeno muy raro. A decir verdad, es sorprendente que Subhuti le haya preguntado a Buda: ¿En el futuro, *al final de los tiempos, en la última época, en los últimos quinientos años, cuando colapse la doctrina buena, habrá seres que sean capaces de entender la verdad de estas palabras del sutra cuando se las enseñen?*

El Señor respondió: ¡No digas eso, Subhuti! Sí, incluso entonces habrá seres que entiendan la verdad de las palabras del sutra cuando se las enseñen. Porque, incluso entonces, Subhuti, seguirá habiendo *bodhisattvas* [...].

Y esos *bodhisattvas*, Subhuti, no habrán honrado solo a un buda, ni habrán plantado las raíces de su mérito bajo un único buda. Al contrario, Subhuti, los *bodhisattvas* que encuentren un solo pensamiento de fe serena cuando les enseñen las palabras de este sutra habrán honrado a muchos miles de budas, y habrán plantado las raíces de su mérito bajo centenares o miles de budas.

Subhuti, el Tathagata los conoce a través de su cognición de buda. Subhuti, el Tathagata los ve con su ojo de buda, el Tathagata los conoce plenamente, Subhuti. Y todos ellos, Subhuti, tendrán y adquirirán una cantidad de mérito inconmensurable e incalculable.

Buda está hablando de vosotros. Te está leyendo este sutra a ti. Han pasado veinticinco siglos. Subhuti está preguntando por *ti*.

El otro día os dije que muchos de vosotros ibais a convertiros en *bodhisattvas*, muchos de vosotros estáis en el camino. Es raro que Subhuti haga esta pregunta. Y es más raro aún que Buda diga que «dentro de veinticinco siglos esas personas no serán menos afortunadas que tú, sino más afortunadas».

¿Por qué? Os he dicho muchas veces que sois almas antiguas, que habéis estado en la Tierra muchísimas veces y no es la primera vez que escucháis el *dharma*, habéis conocido a muchos budas en vuestras vidas pasadas. Una vez habrá sido Krishna, otra vez Jesús, otra vez Mahavira y otra vez Mahoma, pero habéis conocido a muchísimos budas, a muchos iluminados.

Tenéis mucha suerte de haber conocido a tantos budas, y, si estáis atentos, todas esas semillas que los budas del pasado han plantado en vuestro ser empezarán a brotar y a crecer. Y empezaréis a florecer.

Buda dice: *Subhuti, el Tathagata los conoce a través de su cognición de buda. Subhuti, el Tathagata los ve con su ojo de buda, el Tathagata los conoce plenamente, Subhuti.*

Esto es muy misterioso, pero es posible. Un buda puede ver el futuro. Con sus ojos es capaz de ver a través de la bruma del futuro. Tiene tanta claridad, tanta visión, que es capaz de alumbrar con un rayo de luz el futuro desconocido. Te parecerá un misterio que Buda te pueda ver escuchando *El sutra del diamante*. Desde donde tú estás te parece imposible porque tú no puedes ver ni siquiera el presente. ¿Cómo vas a creer que alguien sea capaz de ver el futuro?

Solo tienes una capacidad, y es la capacidad de ver el pasado. Solo sabes mirar hacia atrás. Estás enfocado en el pasado. Y cualquier cosa que pienses acerca de tu futuro no es una visión del futuro, sino una proyección modificada del pasado. No es el futuro en absoluto. Es tu propio ayer intentando volver a repetirse como mañana.

Ayer probaste algo que te gustó mucho y mañana quieres volver a tenerlo: ese es tu futuro. Te enamoraste de alguien y quieres volver a hacer el amor en el futuro: ese es tu futuro. Es una repetición del pasado, no es futuro en absoluto. Tú no sabes cómo será el futuro. No puedes saberlo porque ni siquiera sabes cómo es el presente. Y tienes acceso al presente, pero estás tan ciego que no puedes ver lo que está aquí en este momento.

Entonces, si abres bien los ojos, podrás ver incluso lo que no está presente, lo que va a ocurrir. Podrás tener atisbos de lo que va a ocurrir. Para poder ver el futuro, primero tienes que ver el presente. Cuando alguien está totalmente en el presente, es capaz de ver el futuro.

Es fascinante pensar que el Buda Gautama te haya podido ver escuchando *El sutra del diamante* incluso a ti. *El sutra del diamante* habla de ti. Por eso lo he escogido. Cuando vi estas palabras, pensé: «Esto va dirigido a mis seguidores. Tienen que saber que el Buda Gautama los ha tenido en cuenta, que hace veinticinco siglos dijo algo sobre ellos, que había predicho su existencia».

La rueda que giró Buda se ha detenido. Hay que volver a girarla. Y en esto consiste mi trabajo en esta vida, y el vuestro. Hay que volver a girar la rueda. Cuando empiece a moverse, volverá a tener veinticinco siglos de vida. Cuando se ponga en marcha, se seguirá moviendo por lo menos durante veinticinco siglos.

Y siempre hay que volver a girarla porque va perdiendo impulso, como todas las cosas, todo está sujeto a las leyes naturales, a la entropía. Si lanzas una piedra, aunque lo hagas con mucha fuerza, recorrerá unos centenares de metros y luego caerá. Del mismo modo, hay que reavivar el *dharma* una y otra vez. Después sigue respirando durante veinticinco siglos hasta que muere. Todo lo que nace tiene que morir.

Pero Buda dice: *Subhuti, no digas eso.* Subhuti debía de estar pensando: «Nosotros somos los afortunados. Hemos oído a Buda, hemos vivido con Buda, hemos caminado con Buda. Tenemos suerte, estamos bendecidos. ¿Qué ocurrirá dentro de veinticinco siglos cuando la rueda del *dharma* se detenga por completo?». Está pensando en vosotros, los desafortunados.

Buda dice: *¡No digas eso, Subhuti!* No empieces a pensar que eres muy afortunado». Eso es una vaga forma de ego: «Somos afortunados, no hay nadie tan afortunado como nosotros». Buda le tapa inmediatamente la boca con la mano a Subhuti:

¡No digas eso, Subhuti! *Sí, incluso entonces habrá seres que entiendan la verdad que contienen las palabras del sutra cuando se las enseñen.*

Yo sé que aquí hay personas que entienden la verdad. Poco a poco, está llegando el amanecer y está desapareciendo la noche oscura. Poco a poco, la semilla está empezando a ganar terreno y está entrando en tu corazón.

Porque, incluso entonces, Subhuti, seguirá habiendo bodhisattvas. Muchos de los que estáis aquí os vais a convertir en *bodhisattvas.* Con un poco más de trabajo, jugando un poco más, esforzándoos un poco más en meditar, poniendo un poco más de energía, concentrando un poco más la energía y evitando las distracciones, eso acabará ocurriendo. Y le va a ocurrir a mucha gente. Vosotros sois los afortunados.

Buda dice: *Y esos* bodhisattvas*, Subhuti, no habrán venerado solo a un buda, ni habrán plantado las raíces de su mérito bajo un* único *buda. Al contrario, Subhuti, los* bodhisattvas *que encuentren un solo pensamiento de fe serena cuando les enseñen las palabras de este sutra...*

Si consigues entender una sola palabra de *El sutra del diamante*, si consigues entender una simple mirada de mis ojos en tus ojos, si consigues entender un simple gesto de mi baile interior...

Buda dice: [...] *que encuentren un solo pensamiento de fe serena cuando les enseñen las palabras de este sutra, habrán venerado a muchos miles de budas y habrán plantado las raíces de su mérito bajo centenares y miles de budas.*

Subhuti, el Tathagata los conoce a través de su cognición de buda. Subhuti, el Tathagata los ve con su ojo de buda, el Tathagata los conoce plenamente, Subhuti. Y todos ellos, Subhuti, tendrán y adquirirán una cantidad de mérito inconmensurable e incalculable.

Y es de vosotros de quienes está hablando Buda. Y es en vosotros en quienes yo confío. La rueda del *dharma* se ha detenido. Hay que volver a girarla.

Hemos terminado por hoy.

4. Desde el más allá

Primera pregunta:

Osho,

   ¿Qué es lo que ha fallado? ¿Por qué la gente recibe todo lo nuevo con tanta desgana y con miedo, en vez de hacerlo con alegría?

Lo nuevo no es algo que venga de ti, sino que viene del más allá. No forma parte de ti. Está en juego todo tu pasado. Entre lo nuevo y tú no hay una continuidad, por eso te da miedo. Vives de cierta manera, piensas de cierta manera, estableces una vida cómoda alrededor de ciertas creencias. Entonces llega lo nuevo y llama a tu puerta. Esto altera todos tus patrones del pasado. Si dejas que entre lo nuevo, ya no volverás a ser el mismo, lo nuevo te transformará.

Es muy arriesgado. Nunca sabes a dónde te puede llevar lo nuevo. Lo viejo es conocido, familiar, llevas viviendo con ello mucho tiempo, te has acostumbrado. Lo nuevo es desconocido, podría ser un amigo o un enemigo, nunca lo sabes. Y no

tienes forma de saberlo. Lo único que puedes hacer es permi-
tirlo, y eso es lo que te da reparo y te da miedo.

Tampoco puedes seguir rechazándolo, porque lo viejo todavía no te ha dado lo que buscabas. Lo viejo te hace prome-
sas, pero no se cumplen. Lo viejo es conocido, pero no te hace
feliz. Es posible que lo nuevo sea un poco incómodo, pero hay
posibilidades de que te haga feliz, y por eso no puedes rechazarlo, aunque tampoco lo puedes aceptar; estás titubeando,
temblando, y eso te provoca una profunda angustia. Es natural, no es que haya fallado nada. Siempre ha sido así y siempre
lo será.

Intenta comprender la aparición de lo nuevo. Todo el mundo quiere convertirse en algo nuevo porque nadie está satisfecho con lo viejo. Nadie está satisfecho con lo viejo, sea lo que
sea, porque ya lo conoce. Cuando lo conoces, se vuelve repetitivo; cuando lo conoces, se vuelve aburrido, monótono. Te
quieres deshacer de ello. Quieres explorar, quieres tener aven-
turas. Quieres volver a ser nuevo, pero cuando lo nuevo llama
a tu puerta te echas atrás, te alejas, te escondes en lo viejo. Este
es tu dilema.

¿Cómo podemos volver a ser nuevos? Todo el mundo quiere hacerlo. Necesitas tener valor, pero no se trata de un valor
normal, sino de un valor extraordinario. Sin embargo, el mundo está lleno de cobardes, por eso la gente ha dejado de crecer.
¿Cómo puedes crecer si eres un cobarde? Cada vez que hay
una oportunidad te escondes y cierras los ojos. ¿Cómo vas a crecer? ¿Cómo puedes existir? Solo pretendes hacerlo.

En vista de que no puedes crecer, tienes que buscar un crecimiento alternativo. Tú no creces, pero puede crecer el saldo de tu cuenta bancaria; es una sustitución. Para eso no necesitas tener valor, concuerda perfectamente con tu cobardía. Tu cuenta del banco sigue aumentando, y eso te hace creer que estás creciendo. Te vuelves una persona respetable. ¿Crees que estás creciendo porque aumenta tu fama o tu nombre? Simplemente te estás engañando. No eres tu nombre ni tu fama. El saldo de tu cuenta bancaria no es tu ser. Pero si piensas en el ser, te pones a temblar, porque, para que pueda crecer, tendrás que renunciar a toda tu cobardía.

¿Cómo podemos volver a ser nuevos? No es algo que podamos hacer nosotros mismos. La novedad viene del más allá, es decir, de lo divino. La novedad viene de la existencia. La mente siempre es vieja. La mente nunca es nueva, es la acumulación del pasado. La novedad viene del más allá, es un regalo de la existencia. Viene del más allá y pertenece al más allá.

Lo desconocido y lo incognoscible, el más allá, tienen acceso a ti. Pueden acceder a ti porque no estás precintado ni apartado, no eres una isla. Te puedes haber olvidado del más allá, pero el más allá no se ha olvidado de ti. El niño se puede haber olvidado de su madre, pero la madre no se ha olvidado del niño. La parte puede empezar a pensar: «Estoy separado», pero el todo sabe que no lo está. El todo tiene acceso a ti. Sigue estando en contacto contigo. Por eso sigue viniendo lo nuevo, aunque no sea bienvenido. Llega todas las mañanas, llega todas las tardes. Viene de mil maneras distintas. Si tienes ojos para verlo, te darás cuenta de que siempre está viniendo.

La existencia siempre te está colmando, pero estás atrapado en tu pasado. Es como si estuvieras en una tumba. Te has vuelto insensible. Has perdido tu sensibilidad debido a tu cobardía. Ser sensible significa sentir lo nuevo, sentir emoción por lo nuevo, pasión por lo nuevo, empezar una aventura e ir hacia lo desconocido, sin saber a dónde vas.

La mente cree que eso es una locura. La mente cree que no es racional renunciar a lo viejo. Pero Dios siempre está en lo nuevo. Por eso no se puede hablar de Dios ni en pasado ni en futuro. No se puede decir «Dios fue», ni se puede decir «Dios será». Solo se puede usar el presente «Dios es». Siempre es nuevo, virgen, y puede acceder a ti.

Recuerda que cada vez que algo nuevo llega a tu vida es un mensaje de la existencia. Si lo aceptas, eres religioso. Si lo rechazas, no eres religioso. El ser humano se tiene que relajar un poco más para que pueda entrar lo nuevo. Tienes que dar paso a la divinidad para que pueda entrar en ti.

Esto es lo que significa la oración o la meditación, abrirte y decir sí, decir «pasa», decir: «Te llevo esperando mucho tiempo y te agradezco que hayas venido». Debes recibir lo nuevo con una gran alegría. Aunque a veces lo nuevo te lleve a una situación incómoda, sigue valiendo la pena. Aunque a veces lo nuevo te lleve a la cuneta, sigue valiendo la pena, porque solo aprendemos a través de los errores, y solo crecemos afrontando las dificultades. Lo nuevo lleva consigo dificultades, por eso eliges lo viejo, porque no hay dificultades. Pero eso es solo un consuelo, un refugio.

Solo puedes transformarte cuando aceptas lo nuevo rotunda y absolutamente. No puedes atraerlo a tu vida, lo nuevo llega solo. Puedes aceptarlo o rechazarlo. Si lo rechazas, te quedarás como una piedra, cerrado y muerto. Si lo recibes, te convertirás en una flor y empezarás a abrirte, y en esa apertura hay celebración.

Solo te puede transformar la llegada de lo nuevo, es la única forma de transformarte. No te olvides, no obstante, de que no tiene nada que ver contigo ni con el esfuerzo que hagas. Por otro lado, no hacer nada no es dejar de actuar, sino actuar sin voluntad, sin una dirección o sin el impulso del pasado. La búsqueda de lo nuevo no puede ser una búsqueda normal porque estás buscando algo nuevo. ¿Cómo puedes hacerlo? No lo conoces, nunca lo has visto. La búsqueda de lo nuevo solo es una exploración abierta, sin saber lo que buscas. Hay que empezar con una actitud de no saber, e ir inocentemente como un niño emocionado por todas las posibilidades, que son infinitas.

Para crear lo nuevo, no puedes hacer nada, porque todo lo que hagas vendrá de lo viejo, vendrá del pasado. Eso no significa que tengas que dejar de actuar, sino que debes actuar sin voluntad, sin una dirección o sin un impulso de tu pasado. Actúa sin voluntad, sin dirección ni impulso del pasado, porque eso es actuar meditativamente. Actúa de forma espontánea. Deja que lo decida el momento.

No intentes imponer tu decisión, porque tu decisión proviene del pasado y destruye lo nuevo. Simplemente actúa en cada momento como si fueras un niño. Abandónate por completo al momento, y verás que cada día descubrirás una nueva oportunidad, una nueva luz, una nueva perspectiva. Esas nuevas perspectivas te van a ir transformando. Y un día, de repente, te darás cuenta de que eres nuevo en cada momento. Lo viejo ya no se prolonga, ya no se queda como una nube a tu alrededor. Eres como una gota de rocío fresca y nueva.

Un buda vive momento a momento, no lo olvides. Es como si surgiera una ola en el océano, una ola majestuosa. Se levanta bailando con gran alegría, con esperanzas y con sueños de tocar las estrellas. Juega un rato y luego la ola desaparece. Volverá a surgir y será un nuevo día. Volverá a bailar y a desaparecer otra vez. Así es la divinidad: llega, desaparece, vuelve a venir, desaparece. Así es la conciencia de un buda: llega en cada momento, actúa, responde y se va. Vuelve de nuevo otra vez y se va. Es atómica.

Entre cada dos momentos hay un intervalo, y en ese intervalo el buda desaparece. Yo te digo una palabra y luego desaparezco. Luego digo otra palabra y estoy ahí, y después vuelvo a desaparecer. Te contesto y después ya no estoy. Entonces vuelve a haber una respuesta, y luego ya no estoy. Esos intervalos, esos vacíos te mantienen completamente nuevo, porque solo la muerte te puede mantener vivo del todo.

Cada setenta años, mueres. Lógicamente, a lo largo de esos setenta años vas acumulando basura. Un buda muere en cada momento, no acumula nada, nunca posee nada. Por eso Buda dijo el otro día que poseer marcas es ser un farsante porque la posesión de algo pertenece al pasado. No poseer marcas es ser un buda.

Imagínate que surges en cada momento como al respirar. Inhalas y exhalas. Vuelves a inhalar y vuelves a exhalar. Cada inhalación que tomas es vida, y cada exhalación es muerte. Naces con cada inhalación y mueres con cada exhalación. Deja que cada momento sea un nacimiento y una muerte. Y así siempre serás nuevo.

Pero ser nuevo no tiene nada que ver con tu pasado ni con tu voluntad, ni con tu dirección, ni con tu impulso. Es actuar espontáneamente. No es una reacción, sino una respuesta. Todo lo que hagamos partiendo del pasado es viejo, de manera que, por tu parte, no puedes hacer nada nuevo. En el momento en que te das cuenta de esto, pones punto y final a lo viejo, al pasado y a ti mismo. Eso es lo único que podemos hacer; sin embargo, es mucho, es todo. Cuando termina lo viejo, puede surgir lo nuevo, o no, pero no importa. Incluso el mismo hecho de desear lo nuevo es un deseo viejo. Entonces uno está completamente abierto. Incluso pedir lo nuevo es un deseo viejo.

Un buda ni siquiera está pidiendo lo nuevo. No desea nada, no piensa «debería ser así». Si hay un deseo, conseguirás que sea así, te lo impondrás a ti mismo. Mira la vida sin tener deseos. Mira la vida sin poner condiciones. Mira la vida como es —*yatha butham*— y siempre estarás renovado, rejuvenecido.

Ese es el verdadero significado de la resurrección. Si lo entiendes, te liberarás de la memoria, es decir, de la memoria psicológica. La memoria es algo que está muerto. La memoria no es la verdad ni puede serlo, porque la verdad siempre está viva, la verdad es vida. La memoria es la pervivencia de algo que ya no existe, es vivir en un mundo fantasmal, pero nos contiene, es nuestra prisión. De hecho, es lo que somos nosotros. La memoria nos ata, crea ese conjunto que llamamos «yo», el ego. Y es lógico que esa falsa entidad «yo» tema constantemente a la muerte. Por eso te da miedo todo lo nuevo.

El que tiene miedo es ese «yo», en realidad no eres tú. El ser no tiene miedo, pero el ego tiene miedo porque le asusta muchísimo morir. Es artificial, arbitrario, ha sido construido. Se puede desmoronar en cualquier momento. Y cuando llega lo nuevo, tiene miedo. Al ego le da miedo desmoronarse. Ha conseguido mantenerse entero, estar completo, pero la llegada de algo nuevo podría ser demoledora. Por eso no aceptas alegremente lo nuevo. El ego no puede aceptar su propia muerte con alegría. ¿Cómo podría aceptar su propia muerte con alegría?

Hasta que no entiendas que tú no eres el ego, no serás capaz de recibir lo nuevo. Cuando te das cuenta de que el ego es tu memoria del pasado y nada más, y que tú no eres tu memoria, que la memoria es como un biordenador, que solo es una máquina, un mecanismo, que es útil, pero tú estás por encima de eso... Tú eres conciencia, no memoria. La memoria está contenida en la conciencia, pero tú eres la conciencia misma.

Por ejemplo, ves a alguien andando por la calle. Te acuerdas de su cara, pero no te acuerdas de su nombre. Si tú fueses la memoria, también te acordarías del nombre. Sin embargo, dices: «Reconozco su cara, pero no me acuerdo de su nombre. Entonces empiezas a rebuscar en tu memoria, te metes dentro de tu memoria, buscas por aquí y por allá, y de repente aparece el nombre, y dices: «Ya sé cómo se llamaba». La memoria es tu archivo. Tú eres el que busca en el archivo, pero no eres el archivo.

Muchas veces ocurre que estás intentando acordarte de algo pero estás tan tenso, que la propia tensión no te permite recordarlo, el esfuerzo que estás haciendo no permite que tu memoria encuentre esa información. Estás tratando de acordarte del nombre de alguien, pero no lo consigues, aunque lo tienes en la punta de la lengua. Sabes que lo sabes, pero no consigues acordarte.

Esto es muy raro. Si tú eres la memoria, entonces, ¿quién te está impidiendo acordarte? ¿Y quién está diciendo: «Lo sé, pero ahora mismo no me sale»? Lo intentas, y cuanto más lo intentas, más trabajo te cuesta. Luego, te cansas y te vas a dar una vuelta por el jardín, y de repente, cuando estás mirando un rosal, te acuerdas, aparece el nombre.

Tú no eres tu memoria. Tú eres la conciencia y la memoria es el contenido. La memoria, sin embargo, es la energía vital del ego. La memoria es antigua, por supuesto, y teme a lo nuevo. Lo nuevo puede ser incómodo, es posible que no lo pueda digerir. Lo nuevo puede originar problemas. Te obligará a cambiar. Te tendrás que adaptar. No parece nada fácil.

Para convertirte en algo nuevo tienes que dejar de identificarte con el ego. Cuando dejas de identificarte con el ego, te da igual que viva o que muera. En realidad, tanto si vive como si muere, tú sabes que está muerto. Es un mecanismo. Lo puedes usar, pero no debes dejar que te use. El ego teme a la muerte constantemente porque es arbitrario. De ahí su miedo. No surge del ser, y no puede surgir del ser porque el ser es vida. ¿Cómo puede temer la vida a la muerte? La vida no sabe lo que es la muerte.

El ego surge de lo arbitrario, de lo artificial, de lo que ha sido construido de alguna forma, de lo falso, de lo ilusorio. Y, aun así, permitir que se vaya, dejar que se muera, es justamente lo que le hace sentirse vivo a un ser humano. Morir al ego significa nacer al ser, a la divinidad.

Lo nuevo es un mensajero de la existencia, lo nuevo es un mensaje de la existencia. Es una verdad. Escucha lo nuevo, acepta lo nuevo. Sé que tienes miedo, pero, a pesar de tu miedo, acepta lo nuevo y tu vida se enriquecerá cada vez más, y un día podrás liberar todo ese esplendor que está aprisionado.

La segunda pregunta:

Osho,

¿Qué quieres decir cuando dices que la vida es perfecta?

Quiero decir exactamente lo que oyes: que la vida es perfecta. Pero sé de dónde surge la pregunta. Surge porque tienes un cierto ideal de la perfección y la vida no se ajusta a tu ideal, por eso dices que la vida es imperfecta.

Cuando digo que la vida es perfecta, no quiero decir que se ajuste a mi ideal de la perfección, porque no tengo ninguno. Cuando digo que la vida es perfecta, simplemente estoy diciendo que no se puede comparar con nada, porque no hay ningún ideal. Lo único que hay es esto, y tiene que ser perfecto.

Tu perfección siempre se basa en la comparación, y mi perfección es simplemente constatar un hecho, no es una comparación. Tú comparas y dices, «sí, esto es perfecto y eso no es perfecto», porque tienes un criterio de lo que consideras perfecto.

Me contaron que un maestro sufí estaba en una cafetería hablando con algunas personas, y les contó un antiguo dicho sufí:

—La vida es perfecta, todo es perfecto, todo el mundo es perfecto.

Un jorobado que le estaba escuchando se levantó y dijo:

—¡Mírame! Yo soy la prueba de que la vida no es perfecta. ¡Mírame! ¿Acaso no es esto suficiente para contradecir tu idea de que la vida es perfecta? Mírame, mira lo feo que soy y el problema que tengo. Soy un jorobado.

El sufí le miró y le dijo:

—Pero tienes la joroba más perfecta que he visto jamás. Eres un jorobado perfecto.

Cuando empiezas a ver la vida tal como es y no tienes una idea preconcebida de cómo debería ser, todo es perfecto. Incluso la imperfección es perfecta. Lo que quiero decir cuando digo que la vida es perfecta es muy sencillo. Quiero decir que no trates de imponerle tus ideales a la vida, porque entonces conseguirás que sea imperfecta. Cuando impones un ideal, tú mismo estás creando la imperfección.

Si dices que un hombre tiene que medir dos metros y no los mide, estás creando un problema. O si dices que un hombre solo tiene que medir un metro veinte, y no los mide, estás creando un problema. La vida es sencilla. Hay gente que mide dos metros y otros que miden un metro veinte. Hay árboles que llegan hasta las nubes y otros que son pequeños. Pero todo es perfecto tal como es, todo es como debería ser, porque en mi mente hay un «debería». Solo escucho y veo la vida tal como es. No tengo ideas de cómo debería ser. Por eso digo que es como debería ser, porque no hay otra vida.

Mi mensaje es que hay que dejar de comparar y de juzgar; de lo contrario, vas a seguir siendo infeliz por culpa de tus juicios y tus comparaciones. Mira la vida sin convertirte en un juez. ¿Quién eres tú para juzgar? ¿Qué sabes tú de la vida? ¿Qué sabes incluso de ti mismo? ¿Quién eres tú para juzgar? El hecho de juzgar surge porque crees que sabes; juzgar es erudición.

Mira la vida desde un estado de no-saber, en un estado de no-saber. Mira la vida con asombro, y, de repente, todo será perfecto. Sí, a veces está nublado, pero es perfecto. A veces hace sol y es perfecto. Unas veces llueve y otras veces no llueve, pero todo es perfecto. Es como es, es una bendición. Estar en sintonía con esta bendición es ser religioso.

La tercera pregunta:

Osho,

A veces dices que la gente no lo ha entendido una vez más, o que han vivido en vano. Parece que hubiera una meta o una cuestión que podemos no entender o que podemos lograr. Sin embargo, luego dices que no hay ninguna meta, que todo es como es. Entonces, ¿cómo puedo no entenderlo?

¡Otra vez no lo has entendido! En el momento en que preguntas cómo, es que no lo has entendido. No es que haya que lograr algo, sino que lo tienes que reconocer. Y tampoco hay un «cómo», porque ya está ahí, solo tienes que mirar, solo tienes que estar en un espacio de silencio para poder mirar. Solo tienes que estar sin hacer nada un momento, sin ir a ninguna parte, sin intentar mejorar nada, relajado. Y en esa pausa, en esa relajación, lo verás. Solo tienes que reconocerlo, no tienes que hacer nada más, y lo reconoces porque, en el fondo, tú ya eres eso y siempre lo has sido.

Si preguntas cómo, no lo habrás entendido otra vez, porque cómo significa que tienes que hacer algo. Pero no necesitas ningún método, ningún camino, ninguna técnica. Tienes que renunciar a todas las técnicas, a todos los caminos y a todos

los métodos. Tienes que estar en un espacio de silencio absoluto para poder oír esa leve voz que hay en tu interior. Siempre
ha estado ahí, pero tus deseos hacen tanto ruido que no eres
capaz de escuchar tu propia música.

No preguntes cómo y olvídate de todos los métodos que
has ido acumulando cuando preguntas cómo. Déjate absorber
por ese espacio de silencio. Es una habilidad, no es una técnica. Cuando veas salir el sol por la mañana, quédate en silencio
y mira. ¿Acaso tienes que hacer algo? La luna está en el cielo,
simplemente túmbate en la hierba y quédate mirándola. Las
nubes blancas están flotando, quédate mirándolas. Los pájaros
cantan y los niños juegan... No hagas nada.

Quédate pasivo. La divinidad llega cuando hay pasividad.
Sé femenino. La divinidad llega cuando hay feminidad. ¿No
lo has comprobado? Buda es muy femenino, Krishna es muy
femenino. ¿Por qué? Solo es una metáfora. Los representan
con un aspecto femenino, agraciado, para mostrarnos que su
cualidad interna es la receptividad.

Cuando haces algo, estás siendo agresivo. Cuando no haces
nada, no eres agresivo. Y no puedes conquistar a Dios, solo
puedes dejar que te conquiste.

La cuarta pregunta:

Osho,

   ¿Qué significa respetar a un maestro? ¿Cómo te podemos respetar? ¿Tenemos que rendirte honores con algún ritual? ¿Pode-

mos hacer chistes contigo? En la danza sufí nos pidieron que pensáramos en algo que nos hiciera gracia. Y yo pensé en ti resbalándote, como si te resbalaras al pisar una cáscara de plátano. ¿Eso es una falta de respeto o está bien?

Por mi parte no hay ningún problema, pero no has sido respetuoso con la cáscara de plátano.

Acuérdate de que los plátanos no son budas y no te lo van a perdonar jamás...

La quinta pregunta:

Osho,
    ¿La meditación puede ser apasionada?

Sí, esa es la única forma de que haya meditación. La pasión es energía, la pasión es fuego, la pasión es vida.

Si meditas, pero solo lo haces a medias, sin pasión, sin intensidad, sin fuego, no ocurrirá nada. Si solo rezas por formalismo y no porque surge el amor en tu corazón, entonces no tendrá sentido, será absurdo.

Si no le rezas a Dios con pasión, no habrá una conexión entre Dios y tú. Solo la pasión se puede convertir en un puente, estar sediento, hambriento. Cuanto más sediento estés, más posibilidades tendrás. Si estás absolutamente sediento, si solo eres sed y todo tu ser se consume en la pasión, cuando hay esa intensidad, cuando la pasión está a cien grados, entonces ocurre algo.

No seas tibio. La gente vive una vida tibia. No son ni una cosa ni la otra, y así es como se convierten en personas mediocres. Si quieres trascender la mediocridad, vive una vida llena de pasión. Hagas lo que hagas, hazlo apasionadamente. Si cantas, canta apasionadamente. Si amas, ama apasionadamente. Si pintas, pinta apasionadamente. Si caminas, camina apasionadamente. Si escuchas, escucha apasionadamente. Si meditas, medita apasionadamente.

Y empezaras a conectar con Dios en cualquier sitio, dondequiera que haya pasión. Si pintas con una pasión absoluta, tu pintura será una meditación. No necesitas otra meditación. Si bailas con una pasión absoluta, hasta el punto de que el que baila desaparece y solo queda la danza, esto es meditar; no hace falta hacer nada más, no tienes que ir a ningún sitio, no tienes que hacer posturas de yoga. Esa es la postura de yoga: cuando desaparece el bailarín y solo queda la danza. Es energía pura, es la energía vibrando.

En ese estado conectas con la divinidad. ¿Por qué conectas con la divinidad en este estado? Porque el ego muere cuando hay mucha pasión. El ego solo puede existir dentro de una mente mediocre; solo los mediocres son egoístas. Las personas realmente grandes no son egoístas, no pueden serlo porque su vida tiene un enfoque diferente, una dimensión diferente: la dimensión de la pasión.

¿Te has fijado en estas dos palabras, *pasión* y *compasión*? La pasión se transforma en compasión. De la pasión a la compasión hay un salto cuántico, pero ese salto cuántico solo se da cuando estás hirviendo a cien grados y el agua se transforma en vapor. La misma energía de la pasión un día se transforma en compasión. La compasión no es lo opuesto de la pasión. Es una pasión adulta, es una pasión que ha florecido. Es la primavera de la pasión. Yo estoy completamente a favor de la pasión. Hagas lo que hagas, piérdete en lo que haces, abandónate, disuélvete. Y la disolución se convierte en la salvación.

La sexta pregunta:

Osho,

Esta mañana, cuando estaba sentada cerca de tu estrado después del discurso, me he sentido como si estuviese sentada a tus pies y nos estuvieses contando una maravillosa historia de cascadas, árboles y felicidad. Estabas sonriente y había tanta alegría. Sin embargo, poco antes de marcharte, me he quedado aturdida como si me hubieran dado un fuerte golpe en la cabeza con un palo muy grande. ¿Qué nos estás haciendo, Osho? ¿Nos estás contando historias maravillosas o nos estás dando un golpe en la cabeza? ¿Qué estás haciendo?

Esas historias solo son para prepararte para el golpe. Yo hago ambas cosas. Primero tengo que contarte historias, maravillosas historias de árboles, montañas y nubes, maravillosas historias de la otra orilla, maravillosas historias de lo que es ser un buda o un *bodhisattva*. Cuando compruebo que estás absorto en esas historias, te puedo golpear con fuerza sin que te enfades, y entonces lo hago. Las historias solo me sirven para preparar el terreno, pero el trabajo fundamental es darte con un martillo en la cabeza. Tengo que aniquilarte.

Lógicamente, para poderlo hacer, antes te tengo que convencer. Primero te tengo que seducir para que te acerques un poco más, así te podré golpear con el martillo, de lo contrario, te escaparás. Esas historias no te permiten escaparte, te mantienen a mi lado. Esas maravillosas historias son como un pegamento entre tú y yo, y cuando veo que ha llegado el momento adecuado, te golpeo. Y cuando golpeo, lo hago con pasión.

La séptima pregunta:

Osho,

A ti te gustaría que todos nos convirtiésemos en *bodhisattvas*. Eso significa que debemos tomar la firme decisión de ayudar a los demás a cruzar a la otra orilla. Sin embargo, yo no me siento capaz de tomar esta decisión. A veces siento amor por los demás, pero otras veces me tengo que dedicar a mí. ¿Debería esperar, o quizá esa decisión no es una declaración, sino, más bien, una fruta que madura por sí misma? En ese caso, ¿por qué Buda es un buda y no un *bodhisattva*?

En primer lugar, hay que comprender tres cosas. La primera es el estado normal de la mente del ser humano: quieres aferrarte al mundo, a esta orilla, y la otra orilla te parece una ficción. No confías en la otra orilla. Te aferras tanto a esta orilla que el problema ahora es cómo dejar de aferrarte.

En este momento, decidir que vas empezar a ser un *bodhisattva* no te ayudará. No te ayudará, y además podría ser peligroso. Solo es una nueva estrategia para aferrarte a esta orilla. Aún no te has liberado de ella. Es otra forma de volverte a aferrar al mundo. Y es muy engañoso porque lo haces en nombre de la religión, de la compasión y del amor por los demás, del servicio a la humanidad. Ahora encierra una ideología: «Estoy aquí para ayudar a la gente, por eso no me voy a la otra orilla». Pero no quieres ir a la otra orilla, no sabes si existe, no crees que exista la otra orilla. De esta forma estás cayendo en una trampa muy sutil.

Esta es la primera etapa de la mente normal. Se aferra al mundo, encuentra una y mil razones para aferrarse. Es muy difícil no aferrarse. La segunda etapa es la del *bodhisattva*, la de una persona que se ha desaferrado y está listo para volar a la otra orilla, ya no tiene raíces en el mundo. En la primera etapa es difícil desaferrarse, y en la segunda etapa es difícil aferrarse.

El sutra del diamante es para las personas de la segunda etapa, no para las de la primera. Antes tienes que desaferrarte, antes tienes que destruir todas tus raíces en este mundo. Cuando hayas destruido tus raíces, podrás ayudar a los demás, de lo contrario, no podrás hacer nada. No tienes nada que compartir. Aunque creas que «amas a la gente», todavía no tienes amor. Sigues deseando que los demás te amen. Sigues siendo un mendigo, todavía no has llegado al punto de compartir tu amor sin recibir nada a cambio, simplemente por la alegría de compartirlo.

Primero tienes que alcanzar la segunda etapa. Primero no tienes que tener absolutamente ningún ego. Tendrás que destruir todas las raíces que tienes en el mundo, no ser posesivo. Solo así podrá ser relevante para ti lo que dice Buda; pero ahora surge un problema. El primer problema es cómo desaferrarte, y el problema que surge ahora es como aferrarte al mundo un poco más.

Buda dice que cuando no tienes raíces es cuando tu presencia es más necesaria aquí, porque entonces tienes algo que compartir. Entonces tienes diamantes para compartir. Comparte antes de irte y quédate aquí todo el tiempo que puedas. Esta es la segunda etapa. La tercera etapa es la de un buda que ha llegado a la otra orilla.

Tú me preguntas: «¿Por qué Buda es un buda y no un *bodhisattva*?». La tercera etapa es más complicada. Estar en la otra orilla y seguir estando en esta es lo más difícil que hay. Estar en la otra orilla, pero seguir ayudando a gente es lo más difícil que pueda haber. Hay tres dificultades. La primera es dejar de aferrarte a esta orilla. La segunda es permanecer en esta orilla después de haber dejado de aferrarte a ella. Y la tercera es cuando no puedes permanecer en esta orilla porque ha llegado un punto que es imposible.

Todos los *bodhisattvas* tienen que convertirse en budas. No pueden quedarse aferrados a esta orilla, es ilegal. Llega un momento en que tienes que partir. Puedes quedarte un tiempo, una vida como máximo, pero no más, luego tendrás que partir. Puedes aferrarte durante una vida porque, aunque hayas destruido todas tus raíces, sigues teniendo un cuerpo, y eso te permite quedarte en el cuerpo. Pero solo podrás aferrarte una vida como máximo, luego tendrás que partir.

Y por último llega la tercera etapa, el buda. Un buda es alguien que se ha ido, pero que sigue ayudando a la gente. Pero en la tercera etapa solo podrás ayudar a la gente si antes has sido un *bodhisattva*; de lo contrario, no.

Hay dos palabras que debemos comprender. Una de ellas es *arhat* y la otra es *bodhisattva*. *Arhat* es una de ellas... Es el mismo estado —el mundo ha sido destruido, ya no está aferrado, ya no tiene ego—; sin embargo, pasa inmediatamente a la otra orilla. Recibe el nombre de *arhat*. Los demás no le interesan, cuando está listo simplemente pasa a la otra orilla. Un *arhat* no puede ayudar a los demás desde la otra orilla porque no sabe cómo hacerlo, nunca ha aprendido a hacerlo. Un *bodhisattva* está en el mismo estado que un *arhat*. Conoce, ha visto, se ha convertido en la verdad, pero se queda en esta orilla un poco más para seguir ayudando a la gente de todas las formas que pueda. Ha aprendido a ayudar.

Si has sido un *bodhisattva* y después pasas a la otra orilla... Al llegar a la otra orilla un *arhat* se convierte en buda y un *bodhisattva* también se convierte en buda. La otra orilla es la orilla de la budeidad, pero si en esta orilla has sido un *bodhisattva*, también puedes ayudar desde la otra orilla. Puedes buscar los medios y la formas de hacerlo. Y un buda sigue ayudando durante de muchos siglos.

Si estás abierto a Buda, tendrás su ayuda incluso ahora. Si estás apasionadamente enamorado de Buda, tendrás su ayuda. Todavía está gritando desde la otra orilla, pero es un grito lejano. Deberás prestar mucha atención, escuchar más atentamente de lo que me escuchas a mí, porque su voz viene desde la otra orilla.

Llegará un día que yo ya no estaré. Si aprendéis a escucharme atentamente, muchos de vosotros también podréis oírme desde la otra orilla.

Un buda es el estado supremo de la conciencia. Si has pasado por el estado del *bodhisattva*, seguirás estando accesible para el mundo, serás para siempre una ventana a la divinidad. Pero si no pasas por el estado del *bodhisattva*, desaparecerás en el infinito y no podrás prestar ayuda a nadie.

La última pregunta:

Osho,

Cuando hablas de alcanzar nuestra budeidad, dices que es algo repentino, como un relámpago, que no es un proceso. Pero lo que yo siento que me está ocurriendo es un lento proceso de sentirme más contenta y menos atrapada por el ego. ¿Me podrías decir qué diferencia hay entre este proceso y el «fulgor repentino» que tú tuviste? ¿Estar demasiado contenta con el proceso lento entraña algún peligro?

No, no entraña ningún peligro. La iluminación siempre es como un relámpago. Es un fulgor, es una explosión súbita. No puede llegar de forma paulatina porque no se puede dividir. No puede llegar fraccionada.

Entonces, ¿qué le ocurre a Deepta? Ella siente que paulatinamente está más contenta. Esto no es la iluminación, es el terreno donde ocurre la iluminación. Puedes preparar el terreno gradualmente; de hecho, hay que hacerlo así. No puedes preparar el terreno como un relámpago, de golpe. A veces lleva varias vidas preparar el terreno.

La preparación para la budeidad es paulatina, pero la budeidad ocurre como una explosión repentina dentro de ti. No tengas miedo; eso está bien. Vas por buen camino. Siéntete cada vez más contenta.

El día que estés absolutamente contenta, se producirá el fulgor.

Hemos terminado por hoy.

5. La nada absoluta

Y, ¿por qué? Porque estos *bodhisattvas*, Subhuti, no tienen una percepción de un yo, una percepción de un ser, una percepción de un alma, una percepción de una persona. Tampoco tienen una percepción de un *dharma*, ni una percepción de un no-*dharma*. Dentro de ellos no tiene lugar ni la percepción, ni la no-percepción.

¿Y por qué? Si esos *bodhisattvas*, Subhuti, tuvieran una percepción del *dharma* o del no-*dharma*, se aferrarían, por consiguiente, a un yo, o a un ser, o a un alma, o a una persona.

¿Y por qué? Porque un *bodhisattva* no debería aferrarse al *dharma* ni al no-*dharma*. De modo que el Tathagata ha enseñado este dicho con un significado oculto: «Aquellos para quienes el discurso del *dharma* es como una balsa deberán renunciar a los *dharmas* y, más aún, a los no-*dharmas*».

El Señor preguntó: ¿Tú qué crees, Subhuti, hay algún *dharma* que el Tathagata haya reconocido como la «suma, correcta y más perfecta iluminación» o hay algún *dharma* que el Tathagata haya demostrado?».

Subhuti respondió: No, según lo que yo le he entendido al Señor, no lo hay. ¿Y por qué? Este *dharma* que el Tathagata ha conocido plenamente o demostrado no se puede captar, no se puede hablar de él, ni es *dharma* ni es no-*dharma*. ¿Y por qué? Porque lo absoluto enaltece a las personas santas.

Recapitulando... En el último sutra, Subhuti preguntó: «¿Habrá seres que sean capaces de entender el *dharma* en la última época, cuando se produzca el colapso de la doctrina buena?».

Buda dijo: «¡No digas eso, Subhuti! Sí, incluso entonces habrá seres que entiendan la verdad. Un solo pensamiento de fe serena es suficiente para transformar a una persona. Subhuti, el Tathagata los conoce a través de su cognición de buda. Subhuti, el Tathagata los ve con su ojo de buda. El Tathagata los conoce plenamente, Subhuti».

Hay que explicar algunas cosas, y entonces será más sencillo entender el sutra de hoy. En primer lugar, la doctrina buena, el *dharma*. Buda dice que una doctrina es buena cuando no es una doctrina. Si es una doctrina, no es una buena doctrina. Buda llama filosofía a la buena filosofía; de lo contrario, no es filosofía. Si es filosofía, no es buena filosofía.

Una doctrina es un hecho establecido, fijo. El universo es un fluir, no puede estar contenido en una doctrina. Ninguna doctrina le hace justicia, ninguna doctrina le puede hacer justicia a la existencia. Todas las doctrinas se quedan cortas.

De modo que Buda dice: «Mi doctrina no es una doctrina, sino una visión. Yo no te he dado unas reglas fijas, no te he dado un sistema. Solo te he dado las llaves para abrir la puerta», dice. «No he hablado de lo que verás al abrir la puerta. No hay nada que se pueda decir sobre esto».

Imagínate que una persona ha vivido siempre en una cueva oscura y no conoce la luz, no conoce los colores y nunca ha visto el sol ni la luna. ¿Cómo puedes hablarle del arcoíris? ¿Cómo puedes hablarle de las estrellas? ¿Cómo puedes describirle las rosas? Es imposible. Cualquier cosa que le digas, si la entiende, la entenderá mal. Creará una doctrina, y eso no está bien.

Por eso Buda dice: «No te he dado una doctrina. Solo te he dado una llave para abrir la puerta y salir de la cueva oscura de tu ser para que tú mismo puedas ver de qué se trata, *yatha butham*, lo que es». Nunca se ha dicho nada sobre esto, por eso no puede ser una doctrina. Buda no es un filosofo, es un médico. Él mismo ha dicho: «Yo soy un médico, no soy un filósofo».

Un filósofo es alguien que le habla a un ciego del color y la luz, y lo único que hace es confundirle y desorientarle. Un ciego no puede comprender nada acerca de la luz. Buda dice: «No voy a filosofar sobre la luz, simplemente te voy a dar una medicina. Intentaré curarte los ojos para que tú mismo puedas ver».

Lo segundo que hay que entender es que Buda le dice a Subhuti: «No digas eso». ¿Por qué? Porque es una idea que la gente tiene constantemente, incluso las personas que poseen características espirituales más elevadas, como Subhuti, piensan que son especiales, que su época es especial, que viven en un momento especial y que no volverá a haber nadie que llegue a semejante altura. Es una actitud egoísta, ligeramente egoísta. Nos está indicando algo acerca de Subhuti: que todavía hay un pequeño ego.

A lo largo de los tiempos casi todo el mundo ha padecido esta enfermedad: creer que su época es especial. No hay ninguna época especial. La divinidad está a tu alcance en todo momento. Los hinduistas de la India dicen que nadie se puede iluminar en este momento porque estamos en el Kali Yuga, la ultima era, la peor de todas, y que nadie se puede iluminar. Los jainistas dicen que nadie se puede iluminar porque estamos en Pancham Kal, la quinta época. Hasta los budistas, que conocen perfectamente *El sutra del diamante*, dicen que nadie se puede iluminar en esta época, e incluso intentan interpretar las palabras de Buda para que parezca que nadie se puede iluminar.

El otro día estaba leyendo un comentario sobre *El sutra del diamante*. Este comentario decía: «Sí, Buda ha afirmado que habrá gente que entenderá una pequeña parte de la verdad y su mérito será muy grande, pero tener mérito no es iluminarte. El mérito solo es el terreno».

De modo que este intérprete, este comentarista, está diciendo: «En esta época no se podrá iluminar nadie, a lo sumo podrás alcanzar cierto mérito. Para iluminarte tendrás que esperar a la época correcta. Tu mérito te servirá, será la base, pero ahora mismo no puedes construir el templo». Esto es lo que suele decir la gente.

Lo que está diciendo Buda simplemente es que para un buscador cualquier época es parecida, así como para un no-buscador. En los tiempos de Buda hubo millones de personas que nunca se iluminaron. No es como la primavera, que florecen todos los árboles cuando llega. Si fuera así, se habría iluminado todo el mundo en la época de Buda, pero solo se iluminaron unos pocos. De modo que no es como una primavera, no depende del clima. La gente no se ilumina porque sea la época propicia.

Los que investigan y buscan encuentran. Los que no investigan y no buscan no encuentran, aunque la época sea propicia; eso da igual. El tiempo no importa, no es ni bueno ni malo. El tiempo no está a favor ni en contra de la iluminación. El tiempo te da la oportunidad de convertir tu vida en lo que tú desees.

El tiempo es imparcial. No te impone nada, solo te da libertad. Puedes iluminarte, iluminarte todo lo que quieras o puedes seguir tan poco iluminado como quieras. La existencia colabora contigo; sin embargo, por otro lado, es una idea que surge constantemente. He comprobado que en muchos textos sagrados de todo el mundo hay mucha gente que piensa: «¿Qué les pasará a los demás en el futuro?».

Es una idea que persiste incluso en los seres humanos corrientes. Los ancianos siempre están hablando de su época. En aquellos tiempos, en aquellos días dorados que vivió, todo era especial, ahora en el mundo no hay nada especial. No olvides que cuando seas viejo tú también vas a contarle esos mismos cuentos a los niños, y les dirás: «¡Aquella época era especial!».

Me han contado que un hombre de ochenta años fue a París con su mujer que tenía casi setenta y ocho, y visitaron algunos lugares. El anciano dijo:

—¡Cómo han cambiado las cosas! París ya no es lo que era. Yo vine hace cincuenta años, cuando tenía treinta años, y eso sí que era el auténtico París.

La mujer se rio. Las mujeres tienen los pies en la tierra, son más pragmáticas.

—Yo no lo veo así —le dijo a su marido—. Creo que lo que pasa es qué tú ya no eres el mismo. París está igual. Fíjate en los jóvenes, lo están pasando tan bien como lo pasaste tú cuando eras joven.

Para un hombre de ochenta años, París ya no tiene ningún interés, porque París es una ciudad famosa por su vida nocturna. Para una persona de ochenta años esto ya no tiene relevancia. No es tan ingenuo como para seguir disfrutando de esas cosas. Ya no es tan joven como para seguir siendo tan ingenuo. Sus sueños se han desvanecido. Y creo que su mujer tiene razón: «Tú ya no eres el mismo, pero París sigue igual».

A ti también te pasa. Empiezas a pensar que los niños eran más felices cuando eras pequeño, y que ahora las cosas han cambiado. Te dan pena los niños de ahora, pero no sabes que a ellos también les darán pena los otros niños. Siempre ha sido así. Y cada persona piensa que su época es especial, es revolucionaria.

He oído decir que las primeras palabras que Adán pronunció cuando él y Eva fueron expulsados del Jardín del Edén fueron estas: «Mira, estamos viviendo en... Estamos viviendo uno de los momentos más revolucionarios de la historia». Como es lógico, la expulsión del Jardín del Edén les debió provocar una enorme crisis, nadie ha vuelto a pasar por una situación parecida.

Buda dice: «No digas eso, Subhuti». ¿Por qué lo dice? Porque el tiempo siempre tiene la misma cualidad. No puedes alterar el tiempo y el espacio; no se pueden alterar. Ni siquiera puedes atrapar el tiempo, ¿cómo podrías alterarlo? No están contaminados. Puedes contaminar el aire y el mar, pero no puedes contaminar el tiempo, ¿o acaso puedes?

¿Cómo puedes contaminar el tiempo? Ni siquiera lo puedes atrapar. En cuanto consigues hacerlo, ya ha pasado. Cuando te percatas de este momento, este momento ya no existe. Se ha convertido en pasado, ya es historia. No puedes contaminar el tiempo. El tiempo es una de las cosas más puras que hay, siempre es puro.

Por eso Buda dice: «No digas eso, Subhuti. Sí, incluso entonces habrá seres que entiendan la verdad». Siempre habrá seres que entiendan la verdad, porque la verdad no es algo que ocurre unas veces sí, y otras veces no. La verdad siempre está ahí. Lo que llamamos verdad es eso: lo que siempre está ahí.

La verdad no tiene nada que ver con el tiempo, es eterna. Puedes encontrar la verdad de día o puedes encontrarla de noche, puedes encontrarla en la calle o puedes encontrarla en el Himalaya, puedes encontrarla si eres un hombre, una mujer, un niño, un joven o un anciano. Puedes encontrarla en cualquier momento y en cualquier sitio, porque la verdad siempre está a tu alcance, solo tienes que estar al alcance tú.

Y Buda dice: «[...] un solo pensamiento de fe serena puede transformar a una persona. Un solo pensamiento de fe serena...». ¿Qué significado tiene la palabra *fe* cuando la usa Buda? *Fe* normalmente significa «miedo», la fe solo es miedo. Cuando vas a una iglesia, a un templo o a un *gurudwara*, solo ves a personas con miedo, asustadas. Son personas que tienen miedo a la vida y tienen miedo a la muerte, y buscan refugio en algún dios. Están indefensas, buscan seguridad en algún sitio, echan de menos a su padre y a su madre, y proyectan un padre o una madre en el cielo.

No son personas maduras, no pueden vivir sin sus papás. Aunque su padre y su madre ya no vivan, siguen siendo niños. Necesitan agarrarse a una falda, necesitan a alguien. No saben vivir solos, no confían en sí mismos.

Cuando tienes miedo, el miedo te hace ser religioso, pero esa religión es mentira. Es una religión de monos, de simios, es una imitación. La imitación surge del miedo. ¿Qué quiere decir Buda cuando usa la palabra *fe*? Él emplea la palabra *shaddha*. En sánscrito el término *shaddha* es *shraddha*. En realidad, no quiere decir fe, sino confianza, confiar en uno mismo. Es una religión completamente distinta. Buda dice que esa es la religión correcta y que la otra religión es incorrecta.

Si te acercas a la realidad tembloroso y lleno de miedo, lo estarás haciendo de la forma equivocada. Si te acercas de una forma equivocada, todo lo que veas o sientas estará mal. Tus ojos están mal, tu corazón está mal. Cuando partes del miedo, no puedes conocer la verdad, solo puedes conocerla cuando no tienes miedo. Necesitas tener *shraddha*, confiar en ti, confiar en tu ser.

Deberías acercarte a la realidad con confianza y no con miedo. La base de la fe o la confianza es la entrega. Una persona miedosa nunca se entrega, siempre está a la defensiva, protegiéndose, peleando, siempre hay un antagonismo. Incluso su oración o su meditación es solo una forma de protegerse.

Un hombre de fe puede dejarse llevar, un hombre de fe puede entregarse, un hombre de fe se deja llevar por el río y no intenta empujarlo. Se deja llevar a donde le lleve el río. Tiene valor y confianza para dejarse llevar por la corriente.

Esta es mi experiencia y también lo que yo he podido verificar. Cuando viene a verme una persona miedosa, es incapaz de entregarse, aunque ella piense que es muy fuerte y que eso es lo que le impide entregarse. A nadie le gusta reconocer que es débil, especialmente a los más débiles. No quieren reconocer que son débiles, que son cobardes. Piensan que son fuertes y que eso es lo que les impide entregarse a nadie.

Yo he podido comprobar que cuanto más fuerte es una persona, menos le cuesta entregarse. Solo se puede entregar una persona fuerte, porque confía en sí misma, está segura de sí, sabe que puede hacerlo. No tiene miedo. Está dispuesta a explorar lo desconocido, está dispuesta a entrar en lo inexplorado. Le emociona el viaje a lo desconocido. Quiere probarlo a cualquier precio y asume los riesgos. Quiere vivir en peligro.

Un hombre de fe siempre vive en peligro. Su refugio es el peligro, su seguridad es la inseguridad, y su único amor es una búsqueda de profunda indagación. Quiere explorar, llegar hasta el extremo de la existencia, hasta el fondo de la existencia, hasta la cima de la existencia. Quiere conocerla, quiere saber: «¿Qué es eso que me rodea? ¿Qué es eso que llamamos "yo"? ¿Quién soy?».

Un hombre fuerte siempre está dispuesto a entregarse. Sabe que no hay nada que temer. «Pertenezco a la existencia, no soy un extraño. La existencia me ha dado la vida y no puede ser mi enemiga. La existencia me ha traído aquí, soy un producto de la existencia. La existencia tiene que cumplir su destino a través de mí».

Un hombre fuerte siempre siente *ese* destino: «Estoy aquí para llevar a cabo algo que la existencia necesita y que nadie, excepto yo, puede hacer, de lo contrario, ¿por qué me ha creado?». De modo que siempre está dispuesto a entrar en la oscuridad, a buscar, a indagar. Esto es lo que Buda denomina *shraddha*, fe. Es mejor traducirlo por «confianza».

«Un solo pensamiento de fe serena...». Y luego añade otra condición, fe «serena». Tu confianza puede no ser serena, y puede estar llena de confusión. Eso no sirve, porque no te llevará muy lejos. La fe tiene que ser serena. La fe tiene que nacer de la quietud, no del ruido de la mente. La fe no puede ser una creencia. La creencia siempre está llena de ruido.

Eliges una creencia frente a todas las demás. Y lógicamente hay conflicto porque es una elección. A tu alrededor hay miles de creencias intentando llamar tu atención: cristianos, hinduistas, musulmanes, budistas, jainistas..., miles de creencias. En la Tierra hay trescientas religiones y cada una tiene muchas sectas. Todas compiten por tenerte, por poseerte, y eso hace que tu mente empiece a tambalearse y a dudar. ¿Qué elijo, qué no elijo, con quién debo ir?

Y aunque lo decidas inmerso en todo ese ruido y esa confusión, una parte de tu mente seguirá diciendo: «No estás haciendo lo correcto». Y esa parte se vengará. Esa parte de tu mente se acabará manifestando y repercutirá en tu ser, haciendo que te sientas dividido.

Buda dice que necesitamos una fe serena. ¿Qué es una fe serena? Es una fe que no nace de una elección, sino del entendimiento.

El otro día recibí una carta de Chintana. Ella ha sido una monja católica y ahora está destrozada. No es capaz de decidir si debe quedarse conmigo o volver al convento. Todo lo que decida en este momento surgirá de ese caos. Si decide quedarse conmigo, una parte de su mente se enfrentará a ella. Si decide volver al convento, una parte de su mente seguirá deseando estar aquí.

Todo lo que elija estará mal. Es una elección que surge de la confusión, del miedo. Se estará reprimiendo. Si elige el convento, estará reprimiendo su amor por mí. Si me elige a mí, estará reprimiendo su deseo del convento..., de reclusión, de aislamiento, de protección, del bienestar y comodidad del convento.

¿Qué le aconsejaría Buda a Chintana? Buda le aconsejaría meditar, no elegir. No hay prisa. No hagas elecciones. Medita, reza, vuélvete más silenciosa. A consecuencia de esa serenidad, llegará un momento en que surja una elección. Pero no estás decidiéndote por algo que se enfrenta a otra parte de tu ser, sino que florece solo, como una flor de loto, como resultado de esa serenidad. Es un florecimiento total, todo tu ser florece. No estás eligiendo una alternativa frente a otra, es tu propio aroma. Entonces no estás dividido. Esto es lo que Buda denomina fe serena. Y dice que un solo pensamiento de fe serena es suficiente para transformar a una persona.

Y este es el consejo que yo también le doy a Chintana. Seguramente, hoy debe estar aún más preocupada porque es 25 de diciembre, y debe estar destrozada. Pero no le voy a aconsejar que me elija a mí ni que elija el convento. No elijas. Ten paciencia. Deja que Dios elija por ti. Medita. ¿Cómo puedes elegir? No tienes sabiduría suficiente para hacerlo. Reza y espera.

Y no te engañes, porque tu propia mente te puede engañar. Puedes tener una idea —en realidad, ya has escogido—, y luego esperar y promover esa elección por la puerta de atrás, creyendo que es Dios quien lo hace. No, cuando te digo que no elijas, estoy diciendo que no elijas. Olvídate de elegir. ¿Cómo puedes elegir?

Medita, serénate, quédate quieta, en silencio. Un día no habrá ningún pensamiento en tu mente, y, de repente, sentirás que se ha tomado una decisión, pero que no has sido tú, sino que ha sido Dios. Y, sea cual sea esta elección, siempre estará bien.

«Subhuti, el Tathagata los conoce a través de su cognición de buda. Subhuti, el Tathagata los ve con su ojo de buda, el Tathagata los conoce plenamente, Subhuti».

Aquí hay dos cosas que tenemos que entender. La primera es la palabra *tathagata*. Es una palabra muy extraña que tiene dos significados completamente opuestos, dos significados diametralmente opuestos. Es una palabra rara. El primer significado es *tath-agatha*, que significa «así vino». El segundo significado es *tatha-gata*, que significa «así se fue». Una significa «así vino», y la otra, «así se fue». Algunas personas han escogido el primer significado: «así vino». En este caso, se refiere a una persona que no ha venido espontáneamente, que no tenía ningún motivo para venir. Esto es lo que les gusta a los cristianos de Jesús, que fue enviado por Dios. Que no tenía ningún motivo, que no vino aquí a cumplir ningún deseo. Vino como un mensajero.

Esto es lo que les gusta a los musulmanes de Mahoma. Lo llaman Paigamber, el mensajero. No ha venido aquí a cumplir ningún deseo. Él está absolutamente satisfecho, no tiene ningún motivo para estar aquí. Hay personas que están aquí por una causa, no han venido sin un motivo, han venido porque tienen algún deseo. Querían venir, y por eso lo han hecho.

Buda ha venido, pero no es porque quisiera hacerlo, sino porque la existencia lo ha enviado. La existencia se ha encarnado en él. No tiene una causa, no tiene un motivo ni un deseo personal. Este es el primer significado de *tathagata*, «así vino».

Otras personas prefieren el segundo significado: «así se fue». Se refiere a alguien que ya se ha ido de aquí. Si profundizas en Buda, no encontrarás a nadie, ha dejado su morada. Ya no está dentro de su cuerpo, no está presente en su cuerpo. Está vacío. Es un bienaventurado, ha llegado perfectamente a la otra orilla. Su verdadera existencia está en la otra orilla, en esta orilla solo es una sombra que se mueve.

Yo, en cambio, opto por las dos cosas a la vez. Me gustaría interpretar la palabra *tathagata* como «así vino, así se fue», como el viento. El viento no tiene motivos para venir, no tiene una motivación. Está completamente entregado a la existencia. Va a donde le lleve la existencia. Va a donde haya necesidad. No tiene una meta propia. No dice: «Solo voy al norte. No voy a ir al sur, estoy harto del sur». Ni dice: «Voy a ir al este, soy un viento muy religioso». Ni dice: «Voy a ir al oeste, quiero disfrutar de la vida». No, el viento no dice nada. Va a donde lo necesiten. Así vino, así se fue.

Y luego se marcha de ese sitio, no se queda pegado. El viento viene y va. No dice: «Ahora que estoy aquí y me ha costado tanto llegar, no me voy a ir. Me quedaré aquí. Después de un viaje tan largo y de cruzar tantos mares y montañas, he llegado aquí. No me voy a ir, me voy a quedar. Si no, ¿para qué he venido?». No, el viento viene y se va.

Buda es como el viento. Así vino, así se fue. No se aferra. Sus idas y venidas son misteriosas. Sus idas y venidas son impredecibles, inexplicables, porque lo único que tiene explicación son los motivos y las causas. Sin embargo, en este estado de iluminación supremo, en esta pureza, en esta plenitud, las cosas son misteriosas y simplemente ocurren porque sí. Nunca se sabe por qué, ni hay necesidad de saberlo. Todo está bien y es una bendición. Venir es una bendición, irse es una bendición. Estar en el cuerpo es una bendición, salirse del cuerpo es una bendición. Tener un ser es una bendición, desaparecer en el no-ser es una bendición. Todo es una bendición.

Experimentar la iluminación es una bendición. No importa lo que ocurra, no tiene importancia. No hay elecciones, ni motivos, ni deseos. Las cosas ocurren por sí mismas, son muy misteriosas. Por eso no podemos explicar a un buda. Un buda se puede experimentar, de ahí la necesidad de ser un discípulo.

A veces mis seguidores me preguntan: «¿Es necesario convertirse en un discípulo?». Es necesario porque, si no te conviertas en un *sannyasin*, no podrás experimentarme. Es necesario porque, si no te conviertes en un *sannyasin*, no podrás acercarte a mí, y nunca tendrás esa experiencia orgásmica que puede suceder cuando sientes empatía por mí.

El *sannyas* es empatía. Es estar conmigo completa y absolutamente, abandonar todas tus defensas para poder acercarte a mi nada y que empiece a fluir hacia ti, para acercarte de manera que no haya límites y estemos superpuestos... El *sannyas* es necesario para poder tener esa experiencia. Es la manera de conocer a un buda, es la única manera.

Y también hay algo más que deberíamos entender, cuando dice: «He visto con el ojo de buda, lo he sabido por la cognición de buda». ¿Qué es el ojo de buda y la cognición de buda? Lo que se conoce en el yoga como el tercer ojo, y los hinduistas denominan *Shiva-netra*, el ojo de Shiva, es lo que las escrituras budistas llaman el ojo de buda.

Tienes dos ojos, que simbolizan la dualidad, la división. Cuando tienes una visión completa, cuando surge la tercera visión que no es divisible, empiezas a ver la unidad de la existencia. Es como romper un espejo y ver tu rostro reflejado en todos los fragmentos. No tienes solo una cara, sino que los fragmentos reflejan mil caras. Si vuelves a recomponer el espejo, verás una sola cara.

Solo hay una realidad, pero tenemos dos ojos, y esto hace que la realidad se divida. Por ejemplo, hay algo que llamas *amor* y otra cosa que llamas *odio*. En realidad, son solo una cosa. Amor y odio no son las palabras correctas para describirlo. Es una misma energía: es amor-odio. Tienes que eliminar la conjunción *y*. De hecho, entre las dos palabras ni siquiera debería haber un guion, es una única palabra: *amorodio. Díanoche* es una sola palabra, *vidamuerte* es una sola palabra, *sufrimientodicha* es una sola palabra, *dolorplacer* es una sola palabra, *materiamente* es una sola palabra. Todo está dividido en dos partes por el hecho de tener dos ojos, y luego nos pasamos los siglos de los siglos debatiendo.

El ser humano lleva cinco mil años debatiendo si el hombre es cuerpo o alma. No son dos cosas. El cuerpo no es más que la forma externa del alma, y el alma no es más que la parte más interna del cuerpo. No son dos cosas separadas. Dios y el mundo tampoco son dos cosas. El creador y la creación son lo mismo.

Esto es lo que se denomina el ojo de buda: llegar a un punto donde tus dos ojos se funden y se convierten en uno solo. Jesús dice: «Si tus ojos fueran uno, todo tu ser se llenaría de luz». Eso es la iluminación.

Estas palabras de Jesús son muy bellas: «Cuando conviertas a los dos en uno, y cuando conviertas a lo interno en lo externo, y a lo externo en lo interno, a lo de arriba en lo de abajo... Cuando conviertas lo masculino y lo femenino en una sola cosa, de manera que lo masculino no sea masculino, y lo femenino no sea femenino, entonces entrarás al reino de Dios».

O también: «Es imposible que un hombre monte dos caballos a la vez o tense dos arcos. Es imposible que un sirviente sirva a dos amos a la vez, o estaría honrando a uno y ofendiendo al otro. Pero si tus dos ojos son uno, todo tu ser se llenará de luz».

En la tradición budista, esa unidad de visión, esa visión no fragmentada, esa visión total, completa, es lo que se denomina ojo de buda. Y todo lo que se ve con el ojo de buda es cognición de buda. Y cuando tienes el ojo de buda y ves la vida con esa visión única, todo está unificado y puedes tener un conocimiento pleno, pero no antes de eso. Antes de eso, tu conocimiento siempre será parcial, fragmentado, desequilibrado.

Ahora viene el sutra:

> ¿Y por qué? Porque estos *bodhisattvas*, Subhuti, no tienen una percepción de un yo, una percepción de un ser, una percepción de un alma, una percepción de una persona. Tampoco tienen una percepción de un *dharma*, ni una percepción de un no-*dharma*. Dentro de ellos no tiene lugar ni la percepción ni la no-percepción.

Estas ocho cosas son las que se denominan las ocho barreras de la sabiduría. Conviene que lo entendamos. Para empezar, esta es la definición de un *bodhisattva*. ¿Quién es un *bodhisattva*? Un *bodhisattva* es aquel que ha superado las ocho barreras de las actitudes erróneas, los ocho enfoques erróneos de la vida.

La primera: *... no tienen una percepción de un yo...* Tenemos que entender antes estas cuatro palabras. Son casi sinónimos, pero solo casi: *yo, ser, alma, persona*. En un diccionario significan casi lo mismo, pero Buda les da una pincelada distinta, tienen matices distintos, ligeras diferencias.

En primer lugar, el yo significa el ego, mi, mío, yo, a diferencia de los cinco elementos que me constituyen. El ser humano está constituido por cinco elementos, por una combinación de esos cinco elementos. Si los separas, el ser humano desaparece. Buda dice que, aparte de esos cinco elementos, no hay nada más. Es como una carroza. Cuando separas todas sus partes, quitas las ruedas, los caballos y todo lo demás, si quieres saber dónde está la carroza, habrá desaparecido porque era una combinación de todas esas partes.

Esta es una de las mayores revelaciones de Buda, no hay ninguna religión que haya llegado hasta este extremo. Todas las demás religiones se detienen en alguna idea del yo, en alguna idea del ego. Por muy refinado, santo y virtuoso que sea, siempre queda una noción del ego. Puedes llamarlo yo, puedes llamarlo alma, puedes llamarlo *atma*, no importa el nombre que le des. Buda es muy específico en lo que respecta a esto, y dice que tu capa más profunda consiste en la nada. No hay ego.

La palabra *yo* es funcional, no se corresponde con una realidad. Es necesaria y Buda la usa. Nos sirve para comunicarnos, nos ayuda a designar algo, pero no corresponde a ninguna realidad.

De modo que el primer *yo* significa: «Estoy separado de los componentes». Buda dice que no estás ahí y que solo están los componentes. Eres vacío absoluto. La segunda barrera es el *ser*. El ser significa individualidad, la idea de que eres idéntico a ti mismo en diferentes momentos. Cuando dices: «una vez fui niño, ahora soy un joven, y pronto seré un viejo», tienes un concepto de que hay algo que perdura. Hubo un tiempo que eras niño y luego te has convertido en un joven, pero crees que sigues siendo el mismo. Y cuando seas viejo, seguirás siendo el mismo. Buda dice que estás cambiando en todo momento.

Está completamente de acuerdo con Heráclito. No puedes pisar dos veces el mismo río. El río siempre está fluyendo. De niño eras un individuo y ahora eres otro individuo. Cuando seas viejo, serás otro individuo. De hecho, estás cambiando cada día, en cada momento.

¿Por qué subsiste esta idea de que «soy lo mismo»? Porque es un cambio muy leve, pero tu vista no es tan sutil. Es como encender una vela por la tarde, que arda toda la noche, y cuando la apagas por la mañana, decir: «He apagado la misma llama». No es verdad. La llama ha estado cambiando constantemente, ha desaparecido y ha surgido una llama nueva en cada momento. El intervalo que hay entre las dos llamas, la que desaparece y la que surge, es tan pequeño, tan imperceptible, que no lo vemos. Por eso subsiste la idea de la individualidad, del ser.

Buda dice que la vida es un proceso, no es una cosa. Es un movimiento constante. La vida es un río. Buda dice que para ser fieles a la realidad, habría que eliminar los sustantivos de la lengua, porque solo son reales los verbos. El río no es verdad, lo que es verdad es que está *riando*. El árbol no es verdad, lo que es verdad es que está *arboleando*. El amor no es verdad, lo que es verdad es estar *amando*. La vida consiste en verbos, no en sustantivos.

La tercera idea es la del *alma*, la idea de una superfuerza que habita en el cuerpo, una fuerza separada de todo lo demás que unifica y vivifica. Buda también dice que no hay una superfuerza. Dentro de ti no habita nada. Tú no eres una casa en cuyo interior haya un huésped, un residente. Lo único que reside en tu interior es la nada absoluta.

Y la cuarta idea es la de *persona*, el ser. Creer en una entidad permanente que va migrando de reencarnación en reencarnación. Esto es lo que Buda denomina persona; crees que morirás, pero tu persona volverá a nacer inmediatamente en otro vientre. Hay una continuidad, pero no hay una persona. Hay una continuidad, pero no hay un ser. Hay una continuidad, pero no hay un alma.

La visión de Buda es tan singular, que ni siquiera en un país tan religioso como la India lo pueden entender. Creen que lo que Buda pretende es destruir los cimientos de la religión. Buda nos proporciona una visión completamente nueva, mucho más elevada que el concepto de alma, ser, etc., porque en esos conceptos se sigue escondiendo el ego con una forma nueva. Es una manera de que exista el ego y de que siga existiendo.

Buda dice: *Y, ¿por qué? Porque estos* bodhisattvas, *Subhuti, no tienen una percepción de un yo...* Cuando una persona mira en su interior, cuando tu conciencia se enfoca en tu interior para ver tu propio ser, no encuentra nada: *no tienen una percepción de un yo, una percepción de un ser, una percepción de un alma, una percepción de una persona.* Estas cuatro cosas se disuelven inmediatamente.

Los bodhisattvas *tampoco tienen una percepción de un* dharma... *Dharma* significa el elemento positivo de la vida, y no-*dharma* significa el elemento negativo de la vida. Buda dice que ni lo positivo ni lo negativo son verdad, desaparecen. La percepción del *dharma* no ocurre. No encuentras en tu interior una realidad positiva ni una realidad negativa. Solo encuentras la nada absoluta.

Tienes que saber que no puedes deducir que la nada sea sinónimo de no tener realidad, de negatividad. La nada solo quiere decir que no es positivo ni negativo. Han desaparecido ambos, ya no hay dualidad. Solo hay silencio absoluto. Cuando no encuentras nada, ni siquiera a ti mismo, te has liberado. No es que seas libre, sino que te has liberado de ti mismo.

Cuando los demás hablan de la libertad, siempre se refieren a seguir estando ahí, libres. Cuando Buda habla de la libertad, dice que te liberarás, que dejarás de estar ahí. ¿Cómo puedes existir si eres libre? Si tú sigues estando ahí siendo libre, estarás en una especie de prisión. *Tú* eres esa prisión. No puedes ser libre. Cuando no eres, hay libertad. Cuando eres, no hay libertad.

Y la séptima: *sin percepción*. Si no hay nada que ver, ¿cómo puedes considerarlo una percepción? No hay un yo, una positividad, una negatividad...; no hay nada que ver. Cuando no hay nada que ver, no puedes decir que has tenido una percepción. Una percepción necesita que haya algo que percibir. De modo que, en séptimo lugar, no hay ninguna percepción. Y entonces podrías decir: «¿De modo que existe la *no-percepción*?».

Buda dice que cuando no hay nadie que vea ni nada que ver, ¿cómo puede haber una no-percepción? Está destruyendo todas las raíces del ego, todos los sutiles caminos del ego. Estas son las ocho barreras. Cuando desaparecen todas, la persona se convierte en *bodhisattva*.

Y luego surge el problema: «¿Cómo permanecer en esta orilla?». Solo entonces... Entonces sí tendrás algo para compartir: tu no ser nada. Entonces sí tendrás algo para compartir: tu paraíso. Entonces sí tendrás algo para compartir: tu existencia absoluta. Pero ¿cómo puedes permanecer en esta orilla? ¿Cómo puedes quedarte un poco más?

Y Buda dice:

Y, ¿por qué? Si esos *bodhisattvas*, Subhuti, tuvieran una percepción del *dharma* o del no-*dharma*, se aferrarían, entonces, a un yo, o a un ser, o a un alma, o a una persona.

Si puedes ver lo que está dentro, significa que todavía estás afuera. Si ves algo, incluso a Krishna tocando la flauta o a Jesús crucificado con la sangre fluyendo de sus manos, o a Buda sentado tranquilamente debajo de su árbol bodhi, todo lo que veas en tu interior, recuerda que es porque todavía estás afuera. Esto es lo que dice Buda: «Si te encuentras conmigo en el camino, mátame inmediatamente».

Hay que llegar a un punto en el que no hay nada que ver. Cuando no hay nada que ver, también desaparece el que ve; esto es lo importante. Es muy difícil de entender. El que ve solo existe al mismo tiempo que lo visto. Por eso Krishnamurti repite una y otra vez: «El observador es lo observado». Si no hay nada que ver, ¿cómo puede haber alguien que ve? Cuando desaparece el contenido, el continente también desaparece. Existen a la vez, son las dos caras de una moneda.

Buda dice que la experiencia espiritual no existe, y que todas las experiencias son no-espirituales. Llega alguien y te dice: «Me está subiendo la *kundalini*». Gopi Krishna que está en Cachemira dice que le está subiendo la *kundalini*. Eso no es espiritual, la *kundalini* no es espiritual. Es un fenómeno físico, terrenal, que te puede provocar placer como ocurre también con el sexo. Es la misma energía moviéndose hacia arriba. No tiene nada que ver con la espiritualidad, al menos no con lo que Buda considera espiritualidad.

Y Gopi Krishna dice que ha trascendido porque le ha subido la *kundalini*. Siente una energía burbujeante subiendo por la columna vertebral. Pero una columna vertebral es una columna vertebral. Ahora cree que la *kundalini* le ha subido hasta el *sahasrar*, el séptimo chakra, y se ha vuelto creativo. De modo que ha empezado a escribir poesía. Esos poemas son una tontería. Si demuestran algo, es que la *kundalini* no existe. Nunca había leído tonterías como las que él escribe, parece que las hubiera escrito un niño. Incluso los niños escriben cosas mejores.

Solo puedo comparar sus poemas con lo que escribe Shree Chinmoy. Él también escribe poesía. Puede escribir mil poemas en una noche. Llamarlos poemas es un poco exagerado. Ni siquiera se puede llamar prosa, pero de poesía no tienen nada.

En cambio, estas personas creen que han alcanzado la creatividad espiritual porque les ha subido la *kundalini*. Alguien ve
una luz en su cabeza y cree que se ha iluminado «porque he
visto la luz. Cuando cierro los ojos veo una intensa luz». No
estoy diciendo que no puedas ver una luz y no estoy diciendo
que la *kundalini* no suba; de hecho, sube con mucha facilidad.
Aquí verás que hay muchos *sannyasins* en el mismo estado
que, según Gopi Krishna, es la *kundalini*. No es como para
vanagloriarse.

Toda experiencia tiene que ser inevitablemente externa,
porque eres el que experimenta, y la experiencia está ahí, frente a ti. Cuando desaparecen todas las experiencias, hay espiritualidad. Entonces ocurre algo. Cuando desaparecen las experiencias, desaparece también el experimentador. Tiene que
desaparecer acto seguido porque, si no hay experiencias, no
puede existir, no puede subsistir porque se nutre de ellas. Cuando la experiencia y el experimentador desaparecen, eres un
bodhisattva.

> Y, ¿por qué? Porque un *bodhisattva* no debería aferrarse al *dhar-*
> *ma* ni al no-*dharma*. De modo que el Tathagata ha enseñado este
> dicho con un significado oculto: «Aquellos para quienes el dis-
> curso del *dharma* es como una balsa, deberán renunciar a los
> *dharmas* y, más aún, a los no-*dharmas*».

Buda dice que hay que renunciar a todo, a los *dharmas*, a los
no-*dharmas*, a las experiencias, a las experiencias magníficas,

a las experiencias espirituales y, por último, al experimentador. Hay que renunciar a todo. Cuando no queda nada, ni un rastro de nada, ni siquiera la idea de que ahora no hay nada... Porque, si esta idea sigue estando presente —que ahora no hay nada—, ahí estará todo. La idea en sí contiene el mundo entero. Si dices: «Ahora no hay nada», significa que no lo has entendido otra vez. Ni siquiera puedes decir que no haya nada. ¿Quién está ahí para decirlo? ¿Quién es el que lo observa? Solo hay un completo silencio, silencio absoluto.

Buda dice que el *dharma*, la religión, es como una balsa. Las famosas palabras que le dijo a Majjhim Nikaya fueron estas: «Empleando la imagen de una balsa, hermanos, os enseñaré las reglas de lo que hay que dejar atrás, de lo que no tenéis que llevaros. Si alguien ha empleado una balsa para cruzar un amplio trecho cubierto de agua —a este lado hay un sinfín de dudas y miedos, y al otro lado estamos libres de miedos—, después no va a seguir cargándola sobre sus hombros. Aunque haya sido muy útil, ya no la necesita y la deja. Hermanos, empleando la imagen de la balsa, debemos dejar a un lado el comportamiento virtuoso, por no hablar del comportamiento no virtuoso».

Todos los métodos —yoga, tantra—, todas las técnicas, las meditaciones y las oraciones, son ayudas para llegar a la otra orilla. Cuando llegues, deberás abandonarlas. Puedes estarles agradecido, pero no vayas cargando con ellas porque sería una tontería.

Buda también dice: «El ejemplo de la balsa nos muestra que los *dharmas* deberían considerarse provisionales, como un medio para llegar a un fin. Lo mismo se puede decir del vacío: la negación de los *dharmas*. Esta conclusión se ha ilustrado en otros sitios con un analogía de la medicina, que puede curar una enfermedad. Si el remedio ha funcionado, hay que abandonarlo al mismo tiempo que la enfermedad, porque si lo sigues empleando te volverás a enfermar».

Buda dice: «Es lo mismo que ocurre con esa medicina llamada vacío, una vez que ha curado la enfermedad de creer en la existencia. Aferrarse al vacío es una enfermedad, como también lo es aferrarse a la existencia. Los que siguen empleando la medicina del vacío tras haber recuperado la salud, solo volverán a enfermar».

Acuérdate de que primero tendrás que renunciar a todo y vaciarte, y, a continuación, también tendrás que renunciar al vacío. Ese vacío solo es una medicina. Buda tiene razón cuando dice: «Soy un médico, no un filósofo». No te propone una doctrina a la que te puedas aferrar. Todo lo que te da es provisional, arbitrario, y un día tendrás que renunciar a ello y olvidarte.

Cuando desaparezca todo —el mundo y Dios, la materia y la mente, el cuerpo y el alma, tú y yo—, cuando desaparezca todo, y por último también la idea de que todo ha desaparecido, tú habrás llegado: te habrás convertido en un *bodhisattva*. Luego el problema consistirá en cómo quedarte en esta orilla y lograr permanecer aquí un solo instante.

Tendrás que tomar una gran decisión, crear un *chittopad*: «Hay otros que están dando tumbos en la oscuridad. Yo he llegado y debo compartirlo». Esto brota de ese *chittopad*, de la creación de una mente nueva, porque la mente antigua ha desaparecido y no puedes permanecer aquí sin la mente antigua, tienes que crear una nueva.

Debemos entender estas dos palabras, una es *pasión* y la otra es *compasión*. Las dos contienen pasión. La pasión es la antigua mente, la mente que desea, la mente que está llena de deseos. Cuando desaparezcan todos los deseos y ya no esté la antigua mente, tendrás que desarrollar la compasión inmediatamente, que es lo que te permitirá quedarte aquí. Durante un tiempo, podrás ayudar a algunas personas a levantar la vista para ver la otra orilla. Durante un tiempo, podrás dirigir a algunas personas e indicarles el camino.

> El Señor preguntó: ¿Tú qué crees, Subhuti, hay algún *dharma* que el Tathagata haya reconocido como la «suma, correcta y más perfecta iluminación» [...]?

Ese era uno de los métodos de Buda. A veces les preguntaba a sus discípulos: «¿Tú qué crees, Subhuti? ¿Crees que he alcanzado la verdad, el *dharma*, o que he predicado la verdad a la gente? ¿Qué opinas sobre esto?».

> [...] hay algún dharma que el Tathagata haya reconocido como la «suma, correcta y más perfecta iluminación», o hay algún *dharma* que el Tathagata haya demostrado?».
> Subhuti respondió: No [...].

Era muy fácil caer en la trampa de Buda, porque era una pregunta difícil. Normalmente, tenderías a responder con un sí. «En efecto, Buda lo ha alcanzado, de lo contrario, ¿quién?». Pero la propia idea de alcanzar algo es muy poco espiritual. Y Buda está diciendo que no hay nada que alcanzar ni nadie que alcanzar.

Y a Subhuti le habría resultado facilísimo decir: «Sí, Señor. Has predicado como no lo ha hecho nadie, has demostrado lo que nadie ha podido demostrar». Pero si no tenemos que alcanzar nada, ¿qué podemos demostrar? Si no hay nada ni nadie que alcanzar, ¿quién lo puede demostrar y qué es lo que puede demostrar?

La respuesta de Subhuti, sin embargo, no decepcionó a Buda:

Subhuti respondió: No, según lo que yo le he entendido al Señor, no lo hay. Y, ¿por qué? Este *dharma* que el Tathataga ha conocido plenamente o demostrado no se puede captar, no se puede hablar de él, no es *dharma* ni es no-*dharma*.

Así que, en primer lugar, dice: «No, no has alcanzado nada porque no hay nada que alcanzar, si lo he entendido correctamente. Y ¿cómo puedes demostrar que una cosa que está más allá de algo también está más allá de la nada? ¿Cómo lo puedes demostrar? Es algo que no se puede captar ni expresar, porque no es positivo ni negativo». El lenguaje solo puede captar lo que es positivo o negativo, pero no puede captar lo que trasciende ambas cosas.

Y por último, dice:

Y, ¿por qué? Porque lo absoluto enaltece a las personas santas.

Lo *absoluto* se refiere al más allá, a lo trascendental, a lo que está más allá del odio y del amor, a lo que está más allá de la vida y de la muerte, a lo que está más allá del día y de la noche, a lo que está más allá del hombre y de la mujer, a lo que está más allá del infierno y del cielo, a lo que está más allá de todas las dualidades. Eso es lo absoluto, y *lo absoluto enaltece a las personas santas.* Un absoluto, ese absoluto, esa trascendencia, te está enalteciendo.

La palabra en sánscrito para esto es *prabhaveeta* y es una palabra muy rica. Quiere decir muchas cosas, es una palabra rica en significados. Significa «enaltecido por», «glorificado por», «sacar la fuerza de», «deber tu luz a». La luna refleja la luz del sol, es *prabhaveeta*, solo es un espejo.

Un buda también es así. Un buda es un espejo vacío. Simplemente refleja la existencia tal como es, *yatha butham*. No dice nada. Un espejo no dice nada, no tiene nada que decir, simplemente refleja. No cambia las cosas, solo las refleja, *yatha butham*.

La existencia se refleja en Buda. Lo absoluto enaltece, lo absoluto se refleja. Buda no está haciendo nada.

Un verdadero maestro solo es un espejo que refleja lo que hay. No predica una filosofía, no propone una doctrina. Su filosofía es la existencia, su doctrina es la vida. No saca provecho de ello, no tiene una motivación. Él mismo no existe y así es como se ha convertido en un espejo.

Un *bodhisattva* está a punto de convertirse en un espejo. Si crea una mente nueva, un camino nuevo de compasión (*chittopad*), se quedará en esta orilla un poco más. Es algo milagroso porque, a decir verdad, ya no pertenece a este mundo. En su interior el mundo ya no existe, sin embargo, ocurre, este milagro ocurre.

La presencia de un buda en esta orilla durante unos días, o unos años, es un milagro, es el mayor milagro que hay.

Alguien fue a ver a Buda y le preguntó: «¿Por qué no haces un milagro?».

Y Buda respondió: «Yo *soy* el milagro».

Hemos terminado por hoy.

6. *Bodhisattva*: una flor llena de perfume

La primera pregunta:

Osho,

    ¿Qué es toda esta historia de los *bodhisattvas*? Yo no me creo una palabra. No existe tal cosa.

Efectivamente, es un sinsentido. Pero hay que entender la palabra *sinsentido*. Significa que está más allá del sentido. No necesitas creerlo, ni puedes creerlo, solo lo puedes experimentar. Es una experiencia sin sentido, pero es real, absolutamente real. No hay forma de creer en ella hasta que ocurra, y tampoco es necesario. Buda no está a favor de ningún tipo de creencia. Solo habla por su propia experiencia, es existencial. Es algo que está más allá de la mente.

Normalmente, usamos la palabra *sinsentido* para referirnos a lo que está por debajo de la mente. Pero hay algo que está más allá de la mente y también es un sinsentido. La mente no lo puede comprender. No podrás saber qué es este ser iluminado hasta que desaparezca la mente. Pero es verdad que no es una cosa, sino una experiencia.

Tú sabes lo que es el deseo, la pasión, el sexo, el amor, pero si se lo intentas explicar a un niño que no ha desarrollado aún el deseo sexual, te dirá que no tiene sentido. Intenta explicarle a un niño de cuatro años que te has enamorado y te mirará con asombro: «¿De qué estás hablando? ¿Qué es eso que llamas "amor"?».

Para un niño, es imposible comprender el romance, la poesía y el latir de tu corazón. Todavía no ha tenido esa experiencia, no la conoce. No ha tenido ese deseo. Buda llama a este deseo *wasana*. No ha surgido esa *wasana* en su interior. Y hasta que no surja, no podrás comunicarle nada relativo a ello.

La misma *wasana*, la misma energía que hay en el deseo, en el sexo, en el amor, un día se libera del deseo. Un día desaparece el deseo. Del mismo modo que apareció un día, otro día desaparece. Todo lo que nace muere; todo lo que empieza acaba. Cuando la vida transcurre de una forma muy natural y espontánea, se puede demarcar cada etapa concreta.

El sexo surge alrededor de los catorce años —la madurez sexual—, y el niño se emociona con algo desconocido y nuevo. El niño ha descubierto el viento del deseo, nace una gran pasión y un fuego en su interior. Ya no volverá a tener la inocencia que había antes de ese deseo. No volverá a ver las cosas con la misma inocencia.

Si su vida se desarrolla de forma espontánea y natural, justo catorce años antes de su muerte, ese deseo desaparecerá. El sexo dejará de tener relevancia exactamente catorce años antes de tu muerte. De repente, te darás cuenta de que ese sueño ya no existe, la pasión se ha calmado, la tormenta ha desaparecido, y hay silencio, silencio absoluto. En el deseo empleabas tu energía y el deseo ha desaparecido, entonces, ¿a dónde va esa energía?

Sigues generando energía con la comida, con la respiración, con el ejercicio, con la vida. Transformas la energía divina en energía humana. ¿Y a dónde va esa energía? El antiguo camino ya no existe, no puede ir hacia la sexualidad. ¿A dónde va? Buda tiene una palabra para esto, lo llama *karuna*, compasión.

La pasión ha dejado de tener importancia. Tienes energía, mucha energía a tu disposición, y tiene que ir a alguna parte, porque la energía no es estática, su naturaleza es dinámica. Empieza a rebosar en forma de compasión. Este es el estado del *bodhisattva*. Al desaparecer el sexo, desaparece también el deseo, desaparece el futuro. Cuando de repente estás aquí y ahora, y estás lleno de energía hasta el punto de que no puedes contenerla, empieza a rebosar, tu taza rebosa. Esto es la compasión.

Este es el estado de un *bodhisattva*. No es una cosa. Normalmente, a la gente no le sucede esto porque ha dejado de ser natural. Por eso, en todos los idiomas del mundo existe una expresión para referirse a un anciano al que le sigue interesando el sexo, y es viejo verde, porque es obsceno. ¿Y por qué es obsceno? ¿En un hombre joven no nos parece obsceno y en un anciano sí?

Es una expresión que viene desde la antigüedad, de un pasado remoto donde esto no solía ocurrir. Era una situación no deseada. No era normal, era anormal, significaba que algo iba mal. Antes de morir debería desaparecer este deseo. Si no, ¿qué has estado haciendo toda tu vida para no llegar al punto de que desaparezca el deseo? Te has perdido la oportunidad que te da la vida.

Recuerda que no tengo nada en contra del deseo. Estoy completamente a favor. Aprovéchalo cuando sea el momento. Hazlo con totalidad para que, cuando llegue el momento de que se acabe, lo puedas hacer también con totalidad. Si lo haces a medias, con poco entusiasmo, parcialmente, reprimiéndolo, nunca podrás salirte del laberinto, nunca te darás cuenta de que es una estupidez, nunca comprenderás que es todo ilusorio.

De manera que yo no estoy en contra del deseo. Estoy completamente a favor de la pasión, de vivirla y de hacerlo con totalidad y de todo corazón. Experimenta todo lo que quieras mientras sea el momento de hacerlo. El hecho de experimentar hará que te liberes de ello, y un día la fruta madura caerá del árbol. Cuando cae la fruta madura, el árbol se quita un peso de encima. Cuando te liberes de ese peso, ¿qué harás? Esa energía seguirá estando ahí y tendrás más aún, porque antes la empleabas para muchas cosas, pero ahora ya no. Cuando te relajas, te conviertes en una reserva de energía. Esa energía te empieza a rebosar sin ningún motivo.

Un *bodhisattva* es alguien que está tan colmado que necesita dar, tiene tanto que, cuando aceptas su amor, su ser, su iluminación, te lo agradece. Es como una flor llena de perfume que quiere liberar ese perfume en el aire. Es como una nube cargada de agua que busca una tierra sedienta que le dé la bienvenida y la absorba. Así es un *bodhisattva*: es una nube cargada de agua que se mueve de aquí para allá buscando un alma sedienta, buscando a alguien que lo reciba. Un *bodhisattva* te está muy agradecido por aceptar su regalo.

Un *bodhisattva* es un estado de conciencia. Es un sinsentido, es cierto. No es una cosa, es cierto, pero ocurre. No tiene lógica. Es ilógico, y te parece absurdo porque todavía no lo asocias con tu experiencia. Sin embargo, pronto muchos de vosotros entraréis en ese espacio. Veo a muchos de vosotros en la puerta. No os dais cuenta, pero yo os veo en la puerta listos para dar el último paso. Cuando ocurra, sabréis de lo que estaba hablando Buda.

El sutra del diamante no va dirigido al profano, va dirigido a los *sannyasins* o a los que están a punto de convertirse en *bodhisattvas*, y a los que ya lo son. De hecho, se debe predicar antes de que alguien se convierta en un *bodhisattva*, porque si no sabes qué hacer en ese momento, si no eres consciente de que hay una forma de liberarse de ese peso, de que tu dicha se puede liberar y no hace falta retenerla..., si no sabes nada de esto, te resultará difícil, muy difícil. Tu dicha se transformará en un dolor en el pecho, te provocará un dolor en el corazón. En vez de convertirse en un baile y en un canto, será doloroso.

¿Sabías que, cuando la dicha es muy intensa, duele? Cuando la luz es muy intensa, te deslumbra y te deja ciego. Cuando el amor es demasiado grande, no puedes soportarlo. Cuando la alegría es demasiado grande, tu corazón se puede parar, podría ser doloroso. Y no sabes nada de todo esto. Cuando te conviertes en un *bodhisattva*, sientes tanta alegría, es una alegría tan grande, es tanta la dicha que sientes, que te podrías morir o volverte loco debido a esa intensidad.

El budismo es la única tradición del mundo en la que los *bodhisattvas* no se vuelven locos. ¿Por qué? En el sufismo se vuelven locos, en el hinduismo se vuelven locos, muchos de ellos se vuelven locos. Los sufíes les han dado un nombre, *mastas*. Sin embargo, en la tradición de Buda no hay nada parecido. ¿Por qué? Porque Buda es muy consciente de todas las posibilidades y prepara el camino de una forma muy científica, dando indicaciones, dirección y sugerencias para todos esos momentos que vendrán.

En todo este tiempo, y desde hace veinticinco siglos, no hemos tenido noticias de ningún monje budista que se volviera loco. En el sufismo se vuelven locos, en el hinduismo se vuelven locos. Esto es porque a los sufíes y a los hinduistas no les enseñan a ser *bodhisattvas*, no reciben ninguna instrucción. En Occidente, el problema es aún mayor. El cristianismo no tiene ni la menor idea de lo que es esto. Por eso veneran a personas normales que no son santas como si lo fueran, y declaran a los verdaderos santos locos o poseídos por el demonio.

En muchos psiquiátricos occidentales hay personas que en realidad no están locas, pero que se han trastornado al convertirse en *bodhisattvas*. No necesitan tratamientos psiquiátricos, ni electroshocks ni tranquilizantes. Lo que necesitan es tener a un buda compasivo cerca. Lo único que necesitan es la presencia de un buda. La presencia de un buda les ayudará a volver, será una fuerza de atracción, un fuerza magnética, y los devolverá a su conciencia. Pero los están torturando, les están haciendo pasar cosas innecesarias pensando que están locos, y tratándolos como si lo estuvieran.

El budismo es una de las religiones más científicas del mundo. Tiene todos los mapas necesarios para el desarrollo de la conciencia. La etapa del *bodhisattva* es muy importante. Antes de convertirte en buda, debes pasar por la etapa del *bodhisattva*. Pero es un sinsentido, es cierto.

La segunda pregunta:

Osho,
    ¿En qué momento cuidar a los demás se puede convertir en una interferencia?

El cuidado se convierte en una interferencia en cuanto interviene la ideología, el amor se vuelve amargo, se convierte casi en odio, y tu protección se convierte en una prisión. La ideología es lo que marca la diferencia.

Por ejemplo, si eres una madre, cuida de tu hijo. Tu hijo te necesita, no puede vivir sin ti. Eres necesaria.

Necesita alimentarse, necesita amor, necesita cuidados, pero no necesita tu ideología, no necesita tus ideales, no necesita tu cristianismo, tu hinduismo, tu islamismo, ni tu budismo. No necesita tus sagradas escrituras, no necesita tus creencias. No necesita tus ideas de lo que debería ser. Si eliminas la ideología, los ideales, las metas y los fines, cuidar es maravilloso, cuidar es inocente. De lo contrario, lo estás haciendo por interés.

Cuando cuidas sin que haya una ideología, no quieres convertir a tu hijo al cristianismo, no quieres que sea una cosa u otra, no quieres que sea comunista ni fascista, no quieres que se convierta en un hombre de negocios, ni en médico, ni en ingeniero. No tienes ideales para él. Le dices: «Yo te voy a querer, y cuando seas mayor escoge *tú* lo que quieras ser. Tienes mi aprobación. Hagas lo que hagas, tendrás mi aprobación. Yo lo voy a aceptar y cualquier cosa que quieras ser será bien recibida. No te voy a querer más porque seas presidente del país, ni te voy a querer menos porque seas carpintero, no me voy a avergonzar de ti. No me voy a alegrar solo porque llegues a casa con una medalla de oro de la universidad, ni me voy a avergonzar porque llegues con un suspenso. No solamente vas a ser mi hijo si eres bueno, virtuoso, moral, esto y aquello, y, si no fuera así, dejaré de tener un vínculo contigo, y tú conmigo.

En cuanto introduces una idea, estás envenenando la relación. Cuidar es bonito, pero si lo haces con alguna idea, entonces hay un interés, es un trato, estás poniendo unas condiciones. Nuestro amor siempre es interesado, por eso hay tanto sufrimiento y el mundo es un infierno. No es que no nos cuidemos, *nos* cuidamos, pero siempre tenemos algún interés. La madre cuida, el padre cuida, el marido cuida, la mujer cuida, el hermano, la hermana...; todo el mundo cuida. No estoy diciendo que la gente no cuide, cuidan demasiado, pero el mundo sigue siendo un infierno.

Hay algo que está mal, hay un error fundamental. ¿Cuál es ese error fundamental? ¿Qué es lo que está mal? Poner condiciones cuando cuidas a alguien, y decir: «¡Haz esto! ¡Sé aquello!». ¿Alguna vez has amado a alguien sin poner condiciones? ¿Alguna vez has querido a alguien tal como es: sin querer mejorarlo, sin querer cambiarlo, con una aceptación total y absoluta? Entonces sabrás lo que es cuidar. Sentirás la satisfacción de hacerlo y ayudarás a la otra persona inmensamente.

Recuerda que si estás cuidando a alguien sin tener un propósito o una intención, la persona a la que cuidas te querrá para siempre. Pero si tienes algún propósito, esa persona nunca te podrá perdonar. Por eso los hijos son incapaces de perdonar a sus padres.

Pregúntaselo a los psiquiatras y a los psicoanalistas. Todos los casos que tratan son personas cuyos padres se ocuparon demasiado de ellos. Pero lo hacían fríamente, eran calculadores, como si se tratase de un trabajo. Querían cumplir algunas de sus ambiciones por medio de su hijo. El amor debe ser un regalo gratuito. En cuanto tiene una etiqueta con un precio, ya no es amor.

La tercera pregunta:

Osho,

¿Por qué no permites que haya alimentos no vegetarianos en el *ashram*?

Esta pregunta la hace Swami Yoga Chinmaya. Le debe de estar dando vueltas en la cabeza a la idea de comer carne. Debe de albergar profundamente una violencia escondida. Por otro lado, esta pregunta la hace un vegetariano, y aquí hay miles de personas que no son vegetarianas. Es absurdo, pero así son las cosas. El vegetariano no es un verdadero vegetariano, se está reprimiendo. Surge un deseo.

El hecho de que yo no quiera permitir que haya alimentos no vegetarianos en el *ashram* no tiene nada que ver con la religión, simplemente es una cuestión estética. No creo que no te vayas a iluminar por comer alimentos no vegetarianos. Jesús se iluminó, Mahoma se iluminó, Ramakrishna se iluminó; nunca ha sido un problema. Puedes comer alimentos no vegetarianos e iluminarte; no es una cuestión religiosa.

Para mí es una cuestión estética. No creo que Jesús tuviera mucho sentido de la estética porque siguió comiendo carne. No estoy diciendo que no fuera religioso, era muy religioso, tanto como Buda, pero le faltaba algo. Ramakrishna siguió comiendo pescado; simplemente no es estético, es bastante feo.

La iluminación no corre peligro, pero tu poesía, sí; tu sentido de la belleza, sí. Lo que corre peligro es tu humanidad, no tu suprahumanidad. Por eso en mi *ashram* no está permitido ni lo estará. Es una cuestión de belleza.

Si lo entiendes, entenderás muchas otras cosas. En este *ashram* está permitido el alcohol, pero no la carne. Porque el alcohol es vegetariano, es zumo de fruta fermentado, pero zumo de fruta. Y, a veces, estando un poco ebrio surge la poesía. Eso se puede hacer y está permitido. En la nueva comuna tendremos un bar: Omar Khayyam. Omar Khayyam fue un santo sufí, uno de los sufíes iluminados.

Pero la carne no está permitida porque es muy feo. Imagínate tener que matar a un animal para alimentarte, la idea en sí es muy poco estética. No es que me oponga a ello por el hecho de matar a un animal, la parte esencial del animal seguirá viva, no la puedes matar, y lo que no es esencial va a morir, tanto si lo matas como si no. De modo que eso es irrelevante, no es algo que yo tenga en cuenta. La cuestión no es haber matado a un animal y que matar no sea bueno; no, no es eso. La cuestión es que *tú* has matado a un animal. ¿Solo para alimentarte? ¿Habiendo tantos manjares vegetarianos? Si no hubiera comida vegetariana, sería distinto, pero *sí* la hay. Entonces, ¿por qué? ¿Por qué acabar con una vida. Si eres capaz de matar a un animal, ¿por qué no te vuelves caníbal? ¿Qué inconveniente hay en matar a un ser humano? La carne del cuerpo humano es más parecida a la tuya. ¿Por qué no empezamos a comer seres humanos? Esto también es una cuestión estética.

Los animales son nuestros hermanos y hermanas porque el ser humano desciende de ellos. Son nuestra familia. Matar a un hombre es matar a un animal evolucionado, y matar a un animal es matar a un ser que todavía no ha evolucionado, pero que lo hará en el futuro. Es lo mismo. Puedes matar a un niño que está en el primer curso o puedes matar a un joven que está en el último año de la carrera, eso no cambia nada. Los animales están evolucionando hacia seres humanos, y los seres humanos fueron animales una vez. Solo es una cuestión de estética. ¿Por qué no matas a tu mujer y te la comes? Es tan bonita y tan dulce.

Un amigo fue a ver a un caníbal, la comida estaba lista y el amigo nunca había probado nada parecido. Nunca habría imaginado que pudiera haber una comida tan sabrosa y deliciosa. Cuando se estaba yendo, le dijo al caníbal:

—Me ha encantado tu comida. Nunca había disfrutado tanto comiendo. La próxima vez que venga, haz los mismos platos.

Y el caníbal dijo:

—No creo que sea posible porque solo tengo una madre.

¿Por qué no comerte a tu madre? ¿Por qué no comerte a tu marido y a tu hijo. ¡Qué delicia! No es una cuestión religiosa, vuelvo a insistir, es simplemente una cuestión estética. Para un hombre estético, la vida seguirá siendo hermosa, no se convierte en algo horrible ni en una pesadilla.

Pero es una pregunta que ha surgido en la mente de Chinmaya, y esto quiere decir algo. Los vegetarianos de la India en

realidad no son vegetarianos. Han nacido en una familia vegetariana y les han impuesto el vegetarianismo desde el primer
momento. Lógicamente, tienen curiosidad, quieren probar otras
cosas, y es normal que piensen: «El resto del mundo no es vegetariano; deben de estar disfrutando». El vegetariano cree que
se está perdiendo algo. Por eso ha surgido esta pregunta.

Esto no tiene nada que ver con la meditación. Puedes comer carne y meditar. Puedes comer carne y amar. Tampoco
tiene nada que ver con el amor. Pero estás dejando entrever
algo de ti: que eres muy bruto, que eres muy primitivo, anal-
fabeto, incivilizado, y no tienes una idea de lo que debería ser
la vida. El vegetarianismo nació por un sentido estético. Pero
se quedó entremezclado con la religión y por eso se ha perdido.
Hay que sacarlo del contexto religioso.

Hay gente que me pregunta... Un jainista me pregunto:
«¿Cómo puedes decir que Jesús estaba iluminado? Él comía
carne». Esta pregunta es relevante porque él cree que los que
comen carne no se pueden iluminar. Te puedes iluminar aunque comas carne, igual que también te puedes iluminar aunque
no seas poeta. No es ningún impedimento. Hay personas que no
tienen un sentido de la belleza, que no ven la belleza de una
rosa, y, en cambio, se pueden iluminar; hay personas que no
ven la belleza de la luna y se pueden iluminar; hay personas
a las que no les gusta la música de Beethoven y se pueden iluminar. Pero Jesús nos muestra algo que es cruel. Seguramente,
no podía haber sido de otra manera porque vivía rodeado de
personas que comían carne. Para él debía de ser muy difícil ser

vegetariano. Debía de ser casi imposible. Sin embargo, tenemos que hacer ese esfuerzo.

Acuérdate de que mi enfoque es un enfoque integrador. Tiene que haber meditación, poesía, estética, religión, música y arte. El ser humano debería evolucionar de una forma integral en muchas dimensiones. Luego, cuando todos tus pétalos se hayan abierto, llegará el florecimiento supremo y en tu vida habrá más alegría y bendiciones.

San Francisco era mucho más estético que Jesús. Como es natural, hay historias de San Francisco que cuentan que los pájaros se sentaban en sus hombros y los peces saltaban del río para verle. Sentía afinidad por el mundo animal. Hablaba con los árboles, llamaba «hermanos» a los pájaros, y «hermano» al sol y a la luna. Esto no le ocurrió a Jesús ni le ocurrió a Mahoma. No les podía ocurrir.

Sin embargo, sigo diciendo que estaban iluminados, aunque a su iluminación le faltara algo: sensibilidad estética. ¿Por qué prescindir de ella? ¿Por qué no tenerlo todo? ¿Por qué no estar iluminado de todas las formas posibles, en tu totalidad?

La cuarta pregunta:

Osho,
    ¿Qué significa entregarme a ti?

Tienes que entregarme lo que no tienes y crees que tienes. En realidad, no tienes un ego, un yo, un ser. Realmente no lo tienes. Vives creyendo estar separado de la existencia, pero esa separación no existe. No podrías estar separado ni un solo instante. No podrías vivir como si fueras una isla. Formas parte de un todo. El todo interviene en todo tu ser, te carga constantemente de energía, pero tú sigues pensando: «Estoy separado».

Tienes que entregarme ese «yo». En realidad no lo tienes, así que no me estás entregando nada, solo es una ilusión. Te lo voy a repetir: solo te quiero quitar lo que no posees. Y quiero devolverte lo que es tuyo. Quiero devolverte tu realidad, te has olvidado de ella, y quiero llevarme tu irrealidad.

Recuerda que cuando entregas el ego no pierdes nada, solo ganas: ganas la realidad. Es como estar dormido y soñando, y cuando llego yo y te despierto. Aunque pierdas tu sueño, ¿realmente has perdido algo? En primer lugar, el sueño no exis-tía, no era real. Era un sueño, solo era un sueño, y ahora abres los ojos y es de día, sale el sol, los pájaros cantan y los árbo-les se alegran por la llegada del nuevo día.

Te doy lo que es y te quito lo que no es. Te despierto. No has perdido nada. No te olvides de que yo no gano nada con tu entrega. No seas tacaño. No pienses que voy a ganar algo con tu entrega, no gano nada. Cuando te despiertes, tu sueño habrá desaparecido, pero no me lo habré llevado yo. Si fuera así, nunca se me habría ocurrido deciros que me entregarais vuestros egos, porque me habrían sepultado, me habrían ma-tado.

Un hombre muy aburrido fue a ver a su amigo. El amigo estaba asustado por la experiencia que había tenido con esta persona en otras ocasiones. Le aburrió solemnemente con su charla, no paró de hablar durante horas y horas, y cuando se iba a marchar, le dijo: «Qué raro. Antes de venir me dolía la cabeza y ahora se me ha ido».

Y el sufrido amigo, la víctima, dijo: «No te preocupes, ahora me duele a mí. No se ha ido a ningún sitio».

Cuando entregas el ego, yo no me lo quedo. Cuando entregas tu dolor de cabeza, yo no saco ningún beneficio. No seas tacaño pensando que yo estoy acumulando grandes tesoros por toda la gente que se ha entregado a mí. Yo no obtengo nada. Lo que me entregas no vale nada. Pero tú ganas cuando te entregas. Ganas la realidad, vuelves a recuperar tu autenticidad.

La quinta pregunta:

Osho,

Cuando te oigo hablar de Buda, Sariputra, Subhuti, Ananda, y Mahakashyapa, cada vez siento con más claridad que tú estabas allí cuando vivió Buda, y que le entiendes y le veneras no solo porque compartieras la misma conciencia con él, sino porque estuviste en contacto directo con él cuando estaba en el cuerpo. ¿Es cierto?

Sí, Pramod, pero no se lo digas a nadie. Guarda el secreto. Y no vuelvas a preguntar nunca más por esto.

La sexta pregunta:

Osho,

¿Tú que crees? ¿Tengo la menor idea de lo que estás hablando, o tener la menor idea sería un error?

Sí, Subhuti.

La séptima pregunta:

Osho,

Buda dice que somos el resultado de lo que pensamos. Todo se basa en nuestros pensamientos, está creado por nuestros pensamientos. Si un hombre habla o actúa con un pensamiento puro, estará rodeado de felicidad. ¿Qué relación tiene esto con la no-mente? Si logramos pensar con pureza y controlar nuestros pensamientos, encontraremos la felicidad, en cambio, parece que hay una contradicción entre la no-mente y controlar el pensamiento.

En primer lugar, puede haber tres mentes. Una es la mente malvada, que vive de una forma destructiva, piensa en destruir y disfruta haciendo daño a la gente. Buda dice que este tipo de mente solo provoca sufrimiento. Cuando quieres hacer sufrir a los demás, en última instancia, te estás haciendo sufrir a ti. Cuando vas contra la existencia, la existencia va contra ti, porque es un espejo y te refleja.

Si insultas, te empezarán a llover los insultos. Si cantas una bella canción, la canción volverá y te llenará de felicidad. Todo lo que hagas vendrá multiplicado de vuelta. La mente malvada provoca sufrimiento, la mente malvada crea el infierno. A la mente malvada le encanta torturar, destruir, asesinar. Tamerlán, Gengis Kan, Adolf Hitler, Joseph Stalin, todos ellos son mentes malvadas.

Luego está la mente santa, contraria a la mente malvada, diametralmente opuesta. Es creativa, le gusta que la gente sea feliz. Ayuda, presta servicio, es una gran portadora de felicidad a los demás. Le encanta ver feliz a la gente. La consecuencia de esta mente, la mente santa, es la felicidad.

Hay algo que quizá no hayas percibido. Cuando hay felicidad, un poco más allá, en algún sitio, está la infelicidad. Cuando hay infelicidad, en algún sitio cerca del límite está la felicidad. Van juntas. De la mente malvada surge el sufrimiento y el infierno, pero, en algún punto, del infierno surge el cielo. De la mente santa surge la felicidad, pero de la felicidad surge la infelicidad, porque no están separadas. No son dos fenómenos distintos.

¿Cómo puedes ser feliz si no eres infeliz? Si te olvidas de la infelicidad, también te olvidas de la felicidad. Si no sabes lo que es una enfermedad, una dolencia, no podrás saber lo que es la salud, el bienestar. Es imposible. A veces la enfermedad es necesaria para que nos demos cuenta de que estamos sanos.

No puedes escribir con tiza blanca en una pared blanca. No es que no sepas escribir, sabes escribir, pero no lo podrá leer nadie, ni siquiera tú. Para escribir con tiza blanca, necesitas una pizarra. La pizarra te sirve de telón de fondo. La tiza blanca se convierte en el dibujo. Así es la vida. Tu felicidad es como la tiza blanca, necesita un fondo negro. Un hombre santo vive feliz, pero su felicidad es un dibujo, y la infelicidad es el telón de fondo. Si no hubiera infelicidad, no sería capaz de saber qué es la felicidad, si no hay contraste no hay forma de saberlo.

En última instancia, la mente santa y la mente malvada no son dos mentes, sino solo dos caras de la misma moneda. El santo y el pecador existen al mismo tiempo. Un santo se puede convertir un pecador en cualquier momento, y un pecador se puede convertir un santo en cualquier momento. No están lejos, no son vecinos lejanos. Viven muy cerca, están muy próximos. Sus fronteras se funden y se confunden.

La tercera mente es la no-mente, que no es ni santa ni pecadora, ni feliz ni infeliz. Ha desaparecido la dualidad. Entonces solo hay silencio, serenidad. Hay paz, se ha acabado el revuelo. No te olvides de que en la felicidad también hay revuelo, la felicidad es como una fiebre. Una cosa es que te guste, pero es febril, es como una fiebre. ¿No lo has comprobado? Cuando te sientes feliz, te empiezas a cansar. Te gusta durante un rato, pero no puedes seguir siendo feliz todo el tiempo. Llega un punto que te hartas. Es agotador.

Cuando eres demasiado feliz no puedes dormir por la noche, no consigues relajarte. La felicidad se convierte en una tensión. Las dos cosas son agotadoras. Cuando te cansas de la felicidad, empiezas a ir hacia la infelicidad. Cuando te cansas de la infelicidad, empiezas a ir hacia la felicidad. Y así va moviéndose el péndulo de la vida de un lado a otro. La no-mente es algo completamente distinto. No tiene nada que ver con la mente, no es feliz ni infeliz, no es santa ni pecadora.

¿Conoces esta anécdota? Cuando Bodhidharma se fue a China, el emperador Wu le hizo varias preguntas. Una de ellas fue:

—He construido muchos monasterios, muchos templos a Buda. He entregado todos mis tesoros para divulgar el mensaje de Buda. ¿No crees que esto es santidad?

Bodhidharma se rio y dijo:

—¿Qué tiene eso que ver con la santidad? Eso es un acuerdo. Estás haciendo planes para el otro mundo, porque esperas ir al cielo. Pero la santidad no es eso, es tan poco santo como cualquier otra cosa.

¿Qué quería decir Bodhidharma? Estaba diciendo que tus supuestas acciones santas conllevan cosas que no son tan santas, porque el deseo que hay en el fondo no es santo.

El emperador estaba avergonzado, sorprendido, enfadado, y le dijo:

—Entonces, ¿tú qué crees, que Buda no es un santo?

Bodhidharma se rio y dijo:

—Buda no es un santo ni es una persona. Él es vacío absoluto. ¿Cómo puede haber santidad ahí? Sería una especie de suciedad. Él está en silencio absoluto, es el vacío.

En el estado de no-mente no hay santidad ni no santidad. Buda no es un santo ni es un pecador. Ha trascendido la dualidad. Buda es trascendencia.

De modo que, aunque puedas pasar de tener una mente malvada a tener una mente santa, recuerda que la verdadera transformación no es eso. Solo es una cuestión de grados, todavía no has ido más allá de la mente. Solo la no-mente te puede liberar.

Así que no intentes convertirte en un santo. Los santos no son santos. No intentes convertirte en un santo porque todo ese esfuerzo no es más que una película del ego, es la mente jugando a otro juego, a un juego muy sutil. Olvídate de la tontería de ser santo o no santo. Despídete del santo y del pecado, de los dos. Despídete del día y de la noche, de los dos. Despídete del cielo e del infierno, de los dos.

Y entonces surgirá un mundo nuevo que ni siquiera habías imaginado. Habrá serenidad absoluta, habrá paz, no habrá agitación, no habrá ni una onda. En ese estado encontrarás la budeidad. No habrá dolor y tampoco placer, porque el placer es lo mismo que el dolor, y el dolor es lo mismo que el placer.

Entonces, ¿qué es lo que hay? Buda no dice nada, no se puede decir nada porque todo lo que puedas decir forma parte de la dualidad. Si dices que es dicha, pensarás que no es sufrimiento. Si dices que es luz, pensarás que no es oscuridad. Si dices que es verano, pensarás que no es invierno. Si dices que es como una flor, pensarás que no es una espina. Cualquier cosa que pienses formará parte de la dualidad.

Buda se queda callado y no dice nada. Es algo que solo se puede expresar por medio del silencio. Es silencio. ¿Cómo puedes expresar el silencio con sonidos?

La octava pregunta:

Osho,

Hace algunos años, gracias al yoga y la meditación, experimenté la cumbre de la oración. Todo mi ser sentía la dicha, todo era divinidad, amor, y gratitud. Por algún motivo me salí de esto y ahora vuelvo a estar en el oscuro valle. En algún momento se han torcido las cosas. Me siento culpable y me cuesta volver a levantarme. Por favor, ¿podrías comentarlo?

Cuando tu silencio y tu dicha han sido provocados por algo, es inevitable que desaparezcan. Lo que tiene una causa no puede ser eterno. Tú lo has logrado a través del yoga y la meditación, pero no ha sucedido espontáneamente. Ha sido artificial, arbitrario. Tan arbitrario como conseguirlo por medio de sustancias químicas, porque su efecto se acaba pasando.

Cuando tomas una cierta cantidad de LSD, sientes el éxtasis, todo es dicha y felicidad, la vida está llena de belleza y esplendor, los árboles son más verdes y las rosas son más rojas,

y todas las caras están radiantes. La vida es luminosa, psico-
délica. Pero el efecto del LSD se pasará. Mañana los árboles
volverán a estar polvorientos, ya no tendrán ese verdor, esa
luminosidad. No estarán iluminados por dentro. Verás los ros-
tros de la gente y tendrán de nuevo esa cara apagada y aburrida. Todo estará lleno de polvo, todo será normal.

Puedes conseguirlo con el yoga, puedes conseguirlo con el
ayuno o con cualquier otra técnica. Las técnicas están bien para
tener un atisbo, pero solo es un atisbo, no se convierte en tu
estado, no se convierte en tu conciencia.

De modo que no te preocupes, no pasa nada. Lo tenías que
perder, no has hecho nada mal. El único inconveniente es tu
actitud. Creías que podías conseguir algo eterno con el yoga
y con la meditación, y eso no es posible. No puedes crear nada
que sea eterno. Todo lo que se crea, en algún momento desaparece, se va.

Lo eterno llega sin ser creado. Lo eterno es algo que sucede, no es algo que tú hagas. Cuando estés más allá de todas las
técnicas y todos los métodos, cuando renuncies a todas las técnicas y métodos, cuando descubras que solo necesitas una cosa,
ser, ya no necesitarás nada más, ya no necesitarás ninguna
ayuda, todos los seres serán budas desde el principio... Cuando lo entiendas, cuando entiendas que no tienes que convertirte en algo porque ya lo eres, que ya eres lo que buscas, te
relajarás.

Esa relajación no debería ser un método. No se trata de relajarse con una postura de yoga. Lo que te relaja es esta com-

prensión, lo que te relaja es comprenderlo. Te relajas, todo el esfuerzo desaparece. Vives tu vida normal, cortas leña y vas al pozo a por agua, cocinas, comes, duermes y amas, y vives una vida normal sin anhelos, sin desear nada extraordinario.

Y un día te lo encuentras, pero no es nada que tú hayas hecho. De repente, un día está ahí. Un día abres los ojos y está ahí, y entonces ya no se va. Pero tiene que llegar espontáneamente, de lo contrario, si eres tú quien lo está manejando, vendrá y se irá, solo será un atisbo.

Me preguntas: «Hace unos años, gracias al yoga y la meditación, experimenté la cumbre de la oración». Son cumbres inventadas, son sueños e imaginaciones que has logrado tener. «Todo mi ser sentía la dicha...». Pero tú estabas ahí. Tú sentías la dicha, *tú* estabas ahí. No habías desaparecido... «[...] todo era divinidad». Todo lo que dices es una interpretación. La mente estaba funcionando, y decía: «Todo es divinidad». Lo debes haber visto o haber leído en algún sitio. Tu mente estaba interpretando «todo es divinidad, amor, y gratitud». Eran ideas que estaban flotando en tu mente.

Pero tú estabas ahí, tu memoria estaba ahí, tu pasado estaba ahí. De lo contrario, dirías: «¿Todo es divino?». Si realmente lo es, ¿qué sentido tiene decir que es divino? Si todo es divino, *es* divino, no hace falta decirlo. Cuando lo dices, significa que es una pose, que lo estás imponiendo.

Efectivamente, debes haber sentido una felicidad provocada por la meditación y el yoga, debes haber sentido algún tipo de felicidad, y le has impuesto a esa felicidad toda tu filosofía:

que esto es Dios, que esto es la divinidad, el amor y la gratitud. Y has disfrutado de tu sueño unos días, pero solo era un sueño.

«Por algún motivo me salí de esto...». No es por algún motivo, es muy sencillo. Si te has salido, es porque no puedes vivir soñando toda la vida, nadie puede vivir soñando. Un sueño no dura para siempre, si no, ¿cuál sería la diferencia entre la realidad y un sueño? Un sueño solo dura un momento. Un día te acabarás despertando y, cuando abras los ojos, el sueño ya no estará ahí y habrás vuelto a tu vida normal.

«[...] me salí y ahora vuelvo a estar en el oscuro valle». Tú estabas en las cumbres soleadas y estás en los valles oscuros. Hay algo en común: tú. No importa que sean valles oscuros o cumbres soleadas, lo que importa es que estás tú, que está tu ego. El ego está en el valle oscuro, el ego está en la cumbre soleada, y el ego va creando todos esos sueños.

Te voy a decir una cosa. Incluso el valle oscuro es un producto de tu sueño y tu imposición, es un producto de tu idea. No hay valles oscuros. Si todo es divino, ¿cómo puede haber valles oscuros? Si hay valles oscuros, ¿cómo puede ser todo divino? No hay valles oscuros ni cumbres soleadas, eso es un truco del ego. El ego se mueve en diferentes polaridades, va de un extremo al otro. Cuando te percates de que el dulce sueño es un sueño y la pesadilla también, de que ambos son sueños, despiértate y renuncia a ambos sueños. Entonces entrarás, por primera vez, en contacto con la realidad.

Pero debes saber que, cuando la realidad está ahí, tú no estás. Este es el único criterio que debes seguir, no hay otro. El único criterio es que, si lo que estás experimentando es la realidad, tú no estarás ahí, no puedes estar ahí. Estarás completamente ausente. Habrá dicha, pero tú no estarás. No habrá nadie que diga: «Estoy sintiendo la dicha». Estará Dios, pero tú no estarás. No habrá nadie que diga: «Todo es divino». No debes olvidarte de esto.

Y es algo que solo puede suceder, no lo puedes hacer. No puedes crearlo. Lo que ha sido creado es artificial, dura un tiempo y luego desaparece. Una cosa creada no vale mucho. Piensa en lo que estás haciendo. ¿Qué haces cuando estás haciendo yoga? Hacer el pino, ¿y cómo puedes iluminarte haciendo el pino? ¿Cómo? ¿Por hacer el pino? ¿Tan fácil es?

Hacer el pino te puede provocar un shock en la cabeza, es un tratamiento de shock. Cuando llega mucho flujo de sangre a la cabeza, te logras detener un momento, logras detener el pensamiento. Hay mucha sangre porque, cuando haces el pino, la gravedad provoca que la sangre fluya a la cabeza. La cabeza no puede contener tanta sangre; es como una inundación. Y el pensamiento se detiene por unos instantes. En el momento en que se detiene, sientes: «Estoy contento, soy dichoso, todo es divino». Pero ¿cuánto tiempo puedes estar haciendo el pino? Y aunque aprendas a hacerlo durante mucho tiempo, la mente también aprenderá a pensar, aunque esté inundada de sangre. No pasa nada, poco a poco la mente también aprenderá a pensar. Y entonces podrás hacer el pino y pensar al mismo tiempo.

Cuando yo era pequeño, solía hacer el pino durante mucho tiempo. Se convirtió en una costumbre hasta el punto de que un día me quedé dormido. Eso es prácticamente imposible. Cuando se lo conté a un anciano de mi pueblo que era un yogui, me dijo: «Es imposible, nunca me ha ocurrido. Quedarte dormido haciendo el pino...». Porque para dormirte necesitas que disminuya el flujo sanguíneo que va a la cabeza. Por eso usamos almohadas para dormir, para elevar un poco la cabeza y que no fluya tanta sangre; de lo contrario, la cabeza seguirá funcionando. Cuanto más intelectual sea una persona, más alta tendrá que ser la almohada que utilice, necesitará usar dos, tres, cuatro almohadas. Basta un poquito de sangre para que el proceso del pensamiento comience. Hay que cortar el suministro por completo.

El anciano dijo: «Eso es imposible». Pero a mí me ocurrió. No solo me quedé dormido, sino que me caí de mi *shirshasana*, o *asana* invertida. Se había vuelto tan habitual. No solo se puede dejar de pensar, sino que incluso se puede dormir y soñar. Si te pasas mucho tiempo haciendo el pino, al final te acostumbras y no volverás a sentir la felicidad que sentiste la primera vez.

¿Y qué haces cuando meditas? ¿Cómo te puedes iluminar a través de la meditación, con el yoga, o haciendo ayunos y dietas? No; esto es algo que va mucho más allá, va más allá de las estrellas. Todas esas pequeñas cosas son muy terrenales. Sí, te pueden ayudar a purificarte, a limpiarte, pero no harán que te ilumines. Te darán unos instantes de felicidad, pero no puedes considerarlo dicha porque *tú* sigues estando ahí. En ocasiones, pueden aportarte mucha luz, pero esa luz no es la luz eterna. Para alcanzar lo eterno solo puedes ser femenino, no puedes ser un hacedor. Tienes que estar en una especie de inactividad, de pasividad. Tienes que esperar pacientemente. Sé normal y espera.

No te estoy diciendo que no practiques yoga, está bien para tu cuerpo. No te estoy diciendo que no medites, está muy bien y es una limpieza. Pero no creo que alcances la divinidad practicando yoga o meditación. La divinidad no se puede crear, pero te limpiarás y habrá más posibilidades de que llegue Dios.

Por otro lado, Dios llega sin que te des cuenta. Cuando no lo estás buscando, cuando estás sentado sin hacer nada y sin deseos, cuando en tu mente no queda ni un resquicio del deseo de ser otra cosa, otra persona, de iluminarte ni nada de eso. Simplemente estando ahí sentado sin hacer nada, de repente, ocurre. Siempre es repentino. Es algo que te llueve del cielo. Pero entonces tú ya no estás, la iluminación está y tú no, la divinidad está y tú no.

La última pregunta:

Osho,

He vivido en la comuna de Action Analysis durante dos meses, y luego otros dos años en varias comunas de Francia. Todas han fracasado, y el odio pudo más que el amor. Yo creía que vivir en un grupo donde las decisiones y las propiedades fueran colectivas, y donde hubiera libertad sexual, me permitiría ser más yo mismo. ¿Qué opinas de la forma de vida de las comunas?

El problema no es dónde vivas, el problema eres *tú*. Puedes irte a una comuna y llevarte todos tus problemas ahí. Y las demás personas que se han ido a vivir a la comuna son como tú, también tienen sus problemas. En algún momento tendrán que aflorar todos esos problemas. Las cosas externas no sirven, son una distracción. El verdadero cambio es algo que se produce en tu interior, con comuna o sin ella. El verdadero cambio ocurre en lo más profundo de tu ser. Tu vida solo puede cambiar si ocurre ahí. Si no, no cambiará.

Dices: «Todas han fracasado...». Han fracasado porque tú sigues siendo el mismo. En realidad no han fracasado. El fracaso solo refleja que no estás contento porque no han cumplido tus expectativas. ¿Y cuáles eran tus expectativas? Creer que bastaba con vivir en una comuna para solucionar todos tus problemas.

Irte a vivir a una comuna o irte y vivir a una cueva del Himalaya no te va a ayudar. Tienes que abordar la vida de una forma realista. Tienes que analizar tus problemas, buscar sus raíces, quemar la semilla de esos problemas, y solo así... Entonces, estés donde estés, te ocurrirá.

Estabas buscando un cielo. Eso es lo que todo el mundo lleva haciendo desde hace siglos. Sin embargo, no intentan transformarse a sí mismos, anhelan el cielo, pero crean un infierno dondequiera que vayan; *son* un infierno. No se trata de encontrar el cielo en ningún sitio. No lo vas a encontrar a no ser que lo encuentres en tu interior.

Anubodhi me ha mandado un bella parábola:

Conocí a un hombre que había ganado un viaje con todos los gastos pagados al cielo y al infierno. Le preguntaron dónde prefería ir primero:

—Preferiría ir antes al infierno —respondió. Y así lo dispusieron.

Al llegar al infierno se encontró con un maravilloso espectáculo. Había una gran sala de banquetes con largas mesas repletas de todo tipo de manjares. Las personas estaban sentadas a ambos lados de las mesas con los tenedores preparados para lanzarse sobre la comida, cuyo delicioso y tentador olor llenaba el aire, pero nadie había empezado a comer.

Al hombre le pareció raro y, cuando lo observó con detalle, se dio cuenta de que todos ellos tenían una extraña parálisis a la altura del codo. Por más que lo intentaran, no podían meterse la comida en la boca.

—De modo que esto es el infierno —pensó el hombre—. Vivir en un universo generoso y abundante donde tienes todo lo que podrías querer y desear, y morirte de hambre en medio de tanta abundancia porque no puedes alimentarte. Se dio la vuelta y les pidió que lo llevaran al cielo.

En el cielo vio la misma sala de banquetes con las mismas mesas largas, y los mismos deliciosos manjares. Al mirar más de cerca, vio que la gente tenía la misma parálisis en el codo.

—¿Esto es el cielo? —preguntó casi en voz alta.

Pero al acercarse más, pudo apreciar una diferencia. Entre el cielo y el infierno había una pequeña diferencia que lo cambiaba todo. Lo que vio en el cielo es que se estaban alimentando unos a otros.

También estaban paralizados, pero se alimentaban unos a otros. No pudieran llevarse la comida a su propia boca, pero podían alimentar a la otra persona, y esa persona, a su vez, los alimentaba a ellos.

Esta es la única diferencia, pero es una diferencia que está en el interior: ha nacido la compasión. Mientras no seas un *bodhisattva*, estés donde estés, siempre estarás en el infierno. Cuando la pasión se transforma en compasión, entonces el cielo está donde tú estás. Es el único paraíso que hay.

Hemos terminado por hoy.

7. El que habita en la paz

Entonces el Señor dijo: Sí, Subhuti... Porque el Tathagata ha enseñado que los *dharmas* especiales de los budas simplemente no son los *dharmas* especiales de un buda. Por eso se llaman *dharmas* especiales de los budas.

El Señor preguntó: ¿Tu qué crees, Subhuti, que al vencedor del río se le ocurre pensar: «Yo he alcanzado el fruto del vencedor del río»? Subhuti respondió: En absoluto, Oh, Señor. ¿Y por qué? Porque no ha ganado ningún *dharma*, Oh, Señor. Por eso se le llama un vencedor del río. No ha ganado objetos para la vista, ni sonidos, ni olores, ni sabores, ni cosas que se puedan tocar, ni objetos mentales. Por eso se le llama un vencedor del río. Oh, Señor, si a un vencedor del río se le ocurriera pensar: «Yo he alcanzado el fruto del vencedor del río», esto significaría que, en su interior, se está aferrando al yo, se está aferrando al ser, se está aferrando al alma, se está aferrando a la persona.

El Señor preguntó: ¿Tú qué crees, Subhuti, crees que al *arhat* se le ocurre pensar: «Yo he alcanzado el estado de *arhat*»?

Subhuti: No, en absoluto, Oh, Señor. Y ¿por qué? Porque no hay un *dharma* que se denomine *arhat*. Por eso recibe el nombre de *arhat*... Y ¿por qué? Oh, Señor, yo soy quien el Tathagata [...] ha señalado como el más notable de los que viven en paz. Oh, Señor, yo soy un *arhat* libre de ambición. Y, sin embargo, Oh, Señor, no se me ocurre decir: «Soy un *arhat* y no tengo ambiciones».

Oh, Señor, si se me ocurriera decir que me he convertido en un *arhat*, el Tathagata no habría declarado: «Subhuti, hijo de buena familia, el más notable de los que viven en paz, no vive en ningún sitio, y por eso dicen que es un morador de la paz, que habita en la paz».

A casi todos vosotros os parecerá absurdo *El sutra del diamante*, os parecerá una locura. Es irracional, pero no es antirracional. Está más allá de la razón, por eso es tan difícil expresarlo con palabras.

Un día, se alojó en mi casa un sacerdote americano que bebía whisky, fumaba como un carretero y comía palomitas si parar. Curioseando en mi biblioteca, encontró por casualidad *El sutra del diamante*. Lo examinó de arriba abajo durante quince minutos, y luego me dijo: «Este hombre, Buda, debía de estar loco. Y no solamente él, sino todos sus discípulos».

Entiendo lo que quería decir. Buda te puede parecer un loco porque está intentando enseñarte algo que no se puede expresar, está intentando captar algo que esencialmente es indefinible. Por eso dice cosas tan raras; efectivamente *son* raras. Son raras porque la forma de decir o expresar estas cosas no tiene lógica. A primera vista, al menos, no tienen sentido.

Si nunca has tenido una experiencia del más allá, es muy difícil que entiendas lo que está intentando hacer Buda. Solo entendemos lo que hemos experimentado, aunque no sea del todo, por lo menos parcialmente. Pero nuestro entendimiento se basa en la experiencia.

Ocurrió una vez...

Esa día Charlie fue al colegio por primera vez. Al volver a casa, su madre le preguntó:

—¿Qué tal en el colegio, Charlie?

—Bastante bien, aunque todavía no he visto mis presentes.

—¿Tus presentes? —preguntó la madre—. ¿A qué te refieres?

—Cuando entré a la clase, el profesor me dijo: «Hombrecito, siéntate aquí con todos los presentes». Y me quedé toda la mañana sentado, ¡pero no he visto ningún presente!

Los niños entienden lo que entienden. Y en lo que respecta a Buda, a sus declaraciones, vosotros también sois como niños. Sus declaraciones hablan de la experiencia suprema. Tendrás que tener muchísima paciencia hasta que tu conciencia empiece a entender algo. Sus declaraciones tienen una enorme importancia. Si comprendes una sola, será radical para ti, te transformará desde tus propias raíces.

Una padre llevó a su hijo pequeño a la ópera por primera vez. El director agitaba su baqueta y la soprano empezó a entonar un aria. El niño lo observó todo atentamente y al final preguntó:

—¿Por qué le pegaba con un palo?

—No le estaba pegando con un palo —explicó el padre.

—Entonces, ¿por qué ella gritaba tanto?

Muchas veces se te pueden pasar estas ideas por la cabeza: «¿Qué está diciendo Buda? Qué locura, no tiene sentido». Está más allá del sentido. Tienes que coger impulso para subirte a algo que está más elevado que tú. Tienes que estirar los brazos hasta el más allá. Si te llega un solo fragmento de lo que él ha dicho, tu vida no volverá a ser igual.

Pero es difícil. Estamos arraigados a la tierra. Somos como árboles con raíces en la tierra. Buda es un pájaro volando en el cielo. Estos árboles arraigados a la tierra quieren entender el mensaje del pájaro que ya no tiene raíces en la tierra, que está volando en el cielo y conoce la dimensión y la inmensidad del cielo. Tiene una comprensión diferente, una visión diferente. Y hay una enorme distancia entre las dos.

Solo unos pocos tendrán atisbos de lo que está intentando hacer Buda. Está intentando transmitir un mensaje de inmenso valor. Si no lo entiendes, acuérdate de que eres *tú* quien no lo entiende. No empieces a decir que Buda está loco, como el sacerdote que bebía whisky, fumaba como un carretero y comía palomitas sin parar. Ten cuidado, no digas eso. Es más fácil decir que Buda está loco, porque así no tienes que asumir la obligación de tener que comprender, y puedes cerrar *El sutra del diamante* y olvidarte de él.

Si dices: «Va más allá de mi comprensión», significa que al menos lo estás intentando. Si dices: «A lo mejor yo soy muy infantil, muy niño. No lo entiendo, tengo que desarrollar más mi comprensión. No puede ser que Buda esté loco», entonces te lo estás cuestionando y empiezas a crecer.

Recuerda que nunca debes tomar una decisión sobre el otro. Aunque Buda esté loco, arriésgate. No tienes nada que perder. Si está loco, tú también habrás tenido que traspasar tus límites para intentar entenderlo. Y si no está loco, habrás encontrado algo muy valioso, te habrás encontrado con un gran tesoro.

Los sutras:

> Entonces el Señor dijo: Sí, Subhuti... Porque el Tathagata ha enseñado que los *dharmas* especiales de los budas simplemente no son los *dharmas* especiales de un buda. Por eso se llaman *dharmas* especiales de los budas.

Fíjate qué absurdo, pero es importante, es muy significativo. ¿Cuáles son los *dharmas* de un buda, las características especiales de un buda? Su característica especial es que no tiene características, que es completamente normal, y si te lo cruzaras por la calle, no lo reconocerías.

No es un artista, no es un político, no es un actor. No tiene un ego que tenga que desarrollar. No está ahí para convencer a nadie de su importancia. Está completamente ausente, esa es su presencia. Esa es la razón por la que sus declaraciones te parecen tan absurdas. Su característica es que vive como si estuviera muerto, camina sin que en su interior haya nadie caminando, habla sin que en su interior haya nadie hablando, hay un silencio absoluto, un silencio inquebrantable.

Los monjes zen sostienen que Buda nunca pronunció una palabra; sin embargo, Buda habló sin parar durante cuarenta y cinco años. Si hay alguien capaz de ganarle, soy yo, nadie más. Pero yo también sostengo que nunca he dicho una palabra. Los monjes zen tenían razón. Estoy de acuerdo con ellos por mi experiencia personal. Yo voy diciendo cosas, pero en mi interior hay un silencio absoluto, y lo que digo no altera ese silencio. El silencio sigue ahí mientras hablo, no se forma ni una sola onda.

En cierto sentido, estoy aquí absolutamente presente, y en otro sentido, estoy absolutamente ausente, porque dentro de mí no surge algo que diga «yo». No estoy diciendo que no utilice esa palabra, hay que hacerlo porque es práctica, pero no representa una realidad. Simplemente es útil, es adecuada, es una táctica del lenguaje, pero no corresponde a una realidad.

Cuando digo «yo», simplemente estoy usando una palabra para referirme a mí, pero, si miras en mi interior, no encontrarás ningún «yo». Yo llevo mucho tiempo mirando y no lo he encontrado. Cuanto más miro, más se evapora ese «yo». El «yo» solo existe cuando no miras en tu interior. Solo puede existir si no miras. En cuanto miras, el «yo» desaparece.

Es como iluminar una habitación oscura y que desaparezca la oscuridad. Tu mirada interior es una luz, una llama. Ahí no hay oscuridad, y tu «yo» solo es una oscuridad condensada.

La característica esencial de un buda, el *dharma* del buda, su cualidad singular, es que no es, no tiene atributos, es indefinible, cualquier definición que quieras dar de él es injusta porque lo está demarcando, delimitando, y no está limitado. Es vacío puro. No es nadie.

Buda es tan normal que, si te lo cruzaras por la calle, no lo reconocerías. Puedes reconocer a un rey porque sabes cuáles son las reglas para reconocerlo, y el rey también sabe cuáles son las reglas que tú reconoces. Se prepara, lo ensaya. Está empeñado en demostrarte que es especial. Buda no hace nada parecido. No está intentado demostrarle nada a nadie. No está buscando que lo reconozcas. Ha llegado a casa. No necesita tu atención.

Recuerda que la atención es una necesidad psicológica. Esto tiene que quedar muy claro. ¿Por qué necesita la gente que le presten tanta atención? Antes que nada, ¿por qué todo el mundo quiere que los demás le presten atención? ¿Por qué quieren ser todos tan especiales? Porque les falta algo en su interior. No sabes quién eres. Solo lo sabes porque los demás te reconocen. No tienes un acceso directo a tu ser, y solo puedes hacerlo a través de los demás.

Si alguien te dice que eres bueno, te sientes bueno. Si alguien te dice que no eres bueno, entonces te deprimes mucho porque no eres bueno. Si alguien te dice que eres guapo, te alegras. Si alguien te dice que eres feo, te deprimes. No sabes quién eres. Tu vida se basa en las opiniones de los demás, eres una colección de opiniones. No sabes reconocer a tu ser de una forma directa e inmediata. Por eso has creado un ser prestado. Y, a consecuencia de esto, necesitas que te presten atención.

Cuando la gente te atiende, te sientes querido, porque, cuando nos amamos, nos prestamos atención. Cuando dos personas están completamente enamoradas, se olvidan del mundo. Están profundamente comprometidos el uno con el otro. Se miran a los ojos. Durante esos momentos, todo lo demás desaparece, no existe. En esos momentos de pureza, ellos no están aquí. Viven su plenitud en algún lugar remoto más allá de las nubes, en el cielo, y están volcados en el otro.

El amor es atento, pero nadie encuentra el amor. Muy pocas personas lo han encontrado, porque el amor es Dios. Hay millones de personas que viven sin amor porque viven sin Dios. No han encontrado el amor. ¿Cómo puedes reemplazar lo que te falta? La mejor sustitución es que la gente te preste atención. Te engañas a ti mismo creyendo que te quieren.

Esto es lo que le ocurre a un líder político: se convierte en primer ministro o en presidente del país y, por supuesto, todo el mundo le tiene que prestar atención. Eso le hace sentirse bien. Es una forma indirecta de sentirse querido, pero nadie le quiere. Cuando ya no está en el cargo, a nadie le importa dónde está.

¿A quién le importa Richard Nixon, a quién le interesa si está vivo o está muerto? Solo tendrás noticias de él cuando muera. Entonces los periódicos tendrán que decir algo de él. De repente, te darás cuenta: «¡Ah!, pero ¿seguía vivo?». ¿A quién le importa un político cuando ya no está en el poder? Pero, cuando está en el poder, la gente le presta atención. Aunque le están prestando atención al poder, el político cree que es a él.

Un político es alguien que está buscando amor, pero no ha sabido amar ni ha sabido ser amado. Lo que está buscando es amor, pero le ha dado un giro y un cambio muy sutil. Lo ha transformado en querer llamar la atención. Quiere ver su foto todos los días en los periódicos. Si un día no la ve, se siente rechazado.

Está satisfaciendo su deseo de amor, pero ese deseo no se puede satisfacer así. Cuando llega el amor, llega acompañado de la atención, pero la atención no te trae el amor. La atención se puede conseguir de muchas formas. Si haces una maldad, la gente te prestará atención. Un político y un criminal tienen las mismas necesidades.

Un criminal también busca lo mismo: atención. Asesina y luego su foto sale en todos los periódicos, su nombre se oye en la radio, sale en la televisión. Está contento porque ahora todo el mundo lo conoce, todo el mundo está hablando de él, ahora es alguien en el mundo. Los famosos y la gente de mala fama buscan lo mismo.

Buda es el amor absoluto. Amaba la existencia y la existencia le amaba. Eso es el *samadhi*, tener una relación orgásmica con el todo. Él ha conocido el orgasmo absoluto, un orgasmo que no es físico y tampoco mental, sino de la totalidad, no es parcial. Ha llegado a conocer ese éxtasis. Ahora no tiene que pedirle a nadie que le preste atención.

Aunque te lo cruces por la calle, no lo reconocerás, porque solo reconoces a los políticos, los criminales y gente así. Puedes reconocer a un loco porque va armando alboroto por la calle, pero no reconocerás a Buda. Buda pasa en silencio, sin que se oiga ni un susurro. Esa es su principal característica —estar como si no estuviera—, y por eso no tiene características.

A eso se refería Buda cuando dijo: *Sí, Subhuti... Porque el Tathagata ha enseñado que los* dharmas *especiales de los budas simplemente no son los* dharmas *especiales de un buda. Por eso se llaman* dharmas *especiales de los budas.*

Lo más extraordinario de Buda es su absoluta normalidad. Su normalidad es lo que lo hace extraordinario. Ser normal es lo más extraordinario del mundo.

El otro día leí una historia preciosa sobre san Francisco, que fue un buda.

San Francisco de Asís estaba en su lecho de muerte. Se puso a cantar, y cantaba tan alto que todo el vecindario le estaba oyendo. El hermano Elías, un ostentoso pero importante miembro de la orden franciscana, se acercó a san Francisco y le dijo:

—Padre, debajo de tu ventana, en la calle, hay bastante gente.

Había mucha gente allí. Temían que hubiera llegado el final de la vida de san Francisco, y muchos de los que le amaban se habían congregado en torno a su casa.

El hermano Elías dijo:

—Me temo que no podemos hacer nada para que dejen de oír tu canto. La falta de control en un momento tan determinante podría deshonrar a la orden, padre. Todo el mundo te tiene merecidamente en muy alta estima, y esto podría repercutir de forma negativa. Quizá hayas perdido de vista, debido a tu situación, que tienes una obligación con todos los que han venido a proclamarte santo. ¿No sería más edificante para ellos que, ejem..., murieras con más dignidad cristiana?

—Me tienes que perdonar, hermano —dijo san Francisco—, pero siento tanta alegría en mi corazón que no me puedo contener. ¡Tengo que cantar!

Y murió cantando. Es la única persona de toda las historia del cristianismo que ha muerto cantando. Hay muchos seguidores del zen que han muerto cantando, pero no pertenecen al cristianismo. Él es el único maestro zen entre los santos cristianos. No le importaba nada la dignidad cristiana.

¿Qué estaba ocurriendo? El hermano Elías quería demostrarle a la gente que san Francisco era un santo. Pero ahora le daba miedo que pensaran que no era santo, sino un loco o algo parecido. Un santo, por definición, tiene que estar triste. Los cristianos solo creen en los santos tristes. Creen que Jesús nunca se rio, porque eso está por debajo de la dignidad cristiana. ¿La risa? ¿Algo tan humano, tan normal? Lo único que saben hacer es poner a Jesús por encima de la humanidad, pero entonces le tienen que quitar todo lo humano y se convierte en algo muerto e inerte.

El hermano Elías estaba preocupado. Era el momento final, san Francisco se estaba muriendo y esto iba a empañar su nombre. La gente pensaría que no era un santo o que estaba loco. Le preocupaba porque quería demostrarlo. De hecho, no estaba preocupado por san Francisco, sino por él mismo y por la orden. «De ahora en adelante será una vergüenza para nosotros. ¿Que le vamos a decir a esta gente? ¿Qué le ocurrió en sus últimos momentos?». Estaba preocupado por sí mismo. Si el maestro está loco, ¿qué dirán de sus discípulos? Él también era su discípulo.

Pero hay dos planos o dimensiones diferentes simultáneas. Elías está preocupado por la opinión del público. Quiere demostrar que su maestro es el más grande, el más santo, y solo hay una forma de hacerlo: estar serio, tomarse la vida en serio, no reírse ni ponerse a cantar ni a bailar. Eso es demasiado humano, demasiado normal. Se lo podrías perdonar a un simple mortal, pero no a alguien de la categoría de san Francisco.

Pero san Francisco tenía otra visión, él era normal. Y le dijo:

—Me tienes que perdonar, hermano, pero siento tanta alegría en mi corazón que no me puedo contener. ¡Tengo que cantar!

De hecho, no es que cantara, sino que se había convertido en una canción. Por eso no podía contenerse, no podía controlarse. No quedaba nadie que pudiera controlarlo. Si surge una canción, surge una canción. No estaba en sus manos, era imposible porque el controlador había desaparecido. El yo, el ego, ya no existía. San Francisco como individuo ya no existía. En su interior solo había silencio absoluto. La canción había nacido de ese silencio. ¿Qué podía hacer Francisco? Esto es lo que dijo:

—No puedo contenerme. ¡Tengo que cantar!

Se murió cantando. Y no puede haber una muerte mejor. Si puedes morir cantando, eso demuestra que has sabido vivir cantando, que tu vida ha estado llena de felicidad y la muerte es un *crescendo*, es la culminación.

San Francisco era un buda. La característica del buda es ser normal, no tener ideas acerca de uno mismo, de cómo hay que ser, ser espontáneo, ocurra lo que ocurra. Vivir sin calcular, esa es su autenticidad. Podrías decir que es su característica, pero ¿qué clase de característica es esta? Simplemente, no tiene carácter, no está constreñido por la camisa de fuerza del carácter. No tiene una armadura, no vive del pasado, no sabe qué es la dignidad cristiana. Vive en el presente, como un niño.

Sí, Subhuti... Porque el Tathagata ha enseñado que los dharmas *especiales de los budas simplemente no son los* dharmas *especiales de un buda. Por eso se llaman* dharmas *especiales de los budas.*

Ser normal es lo que lo hace extraordinario, no ser nadie es su ser alguien, la ausencia es su presencia, la muerte es su vida.

El Señor preguntó: ¿Tu qué crees, Subhuti, que al vencedor del río se le puede ocurrir pensar: «Yo he logrado el fruto del vencedor del río»? Subhuti respondió: En absoluto, Oh, Señor. Y ¿por qué? Porque no ha ganado ningún *dharma*, Oh, Señor. Por eso se dice que es un vencedor del río. No ha ganado objetos para la vista, ni sonidos, ni olores, ni sabores, ni cosas que se puedan tocar, ni objetos mentales. Por eso se dice que es un vencedor del río. Oh, Señor, si a un vencedor del río se le ocurriera pensar: «Yo he logrado el fruto del vencedor del río», esto significaría que, en su interior, se está aferrando al yo, se está aferrando al ser, se está aferrando al alma, se está aferrando a la persona.

Buda ha hablado de las cuatro fases del buscador. La primera la denomina *vencedor del río. Vencedor del río* es alguien que ha entrado en un campo búdico, que se ha convertido en un iniciado o se ha vuelto *sannyasin*. ¿Por qué lo llaman *vencedor del río*? Porque ya no está esperando en la orilla, ya no está estático, ha empezado a moverse con el río de la vida. Ya no lucha contra el río. Ese ego que solía luchar con el río y que solía ir en contra de la corriente ya no está ahí.

De nuevo, esto te volverá a parecer absurdo. El río ha ganado, por eso le llaman *vencedor del río*. Ha renunciado al conflicto. Se ha entregado y por eso ha salido victorioso, por eso recibe el nombre de vencedor del río. Estas palabras son raras, primero estaba intentado ganar al río. Es lo que hace todo el mundo: intentar llevar una vida de acuerdo a sus deseos, planes y proyecciones, intentar imponerle a la vida un patrón que tú mismo has creado con tus sueños y tus deseos. Todo el mundo va a contracorriente, todo el mundo se pelea con la vida, con la naturaleza, con Dios. La vida de un ser humano normal es una vida de conflicto.

Pero ¿contra quién estás luchando? Estás luchando contra tu propia fuente. Estás luchando contigo mismo. Y esta lucha te llevará a estar cada vez más profundamente frustrado porque no puedes ganar, esa no es la forma de ganar. Serás derrotado porque tú solo eres una pequeña parte, mientras que la existencia es muy grande, es enorme. No puedes ganar. Solo puedes ganar yendo a favor de ella.

No puedes ganar yendo en contra, solo yendo a favor. Si te apoya, puedes ganar. Si no te apoya, podrás seguir creyendo que tienes el poder, pero siempre te derrotará. Solo es una cuestión de tiempo. Llegará un punto que estés cansado, frustrado, agotado por la pelea, y tendrás que dejarlo, pero lo estás dejando porque te ha derrotado. En esa derrota no hay alegría. ¿Cómo puede haber alegría en una derrota? Las personas que tienen entendimiento saben que, si te puedes entregar antes de que llegue la derrota, habrá felicidad.

La entrega y la derrota son muy diferentes y muy parecidas. El derrotado parece que se ha entregado, y el que se ha entregado parece que ha sido derrotado, pero solo es aparente, solo es en la superficie. En el fondo, son dos mundos aparte. El derrotado está enfadado, iracundo, frustrado, en el infierno. El entregado, el que se ha entregado, no sufre. Está exultante, extático. Ha entendido que la lucha no tenía sentido, que estaba abocada al fracaso, que estaba destinada a fracasar.

Es como si mi mano izquierda quisiese pelear con la derecha. Es como si mis dedos quisiesen luchar contra mi cuerpo. ¿Cómo pueden ganar? Están condenados al fracaso de antemano. El hombre que lo sabe se entrega y dice: «Que lo decida Dios. Que se haga tu voluntad. Que venga tu reino». Dice: «Yo ya no existo. Puedes fluir a través de mí. Déjame ser un bambú hueco, una flauta de caña. Si quieres, puedes cantar a través de mí; si no quieres, deja que el silencio pase a través de mí». Se convierte en un canal. Empieza a fluir con el río. Dice: «Deja que el río de la vida tome posesión de mí. No voy a luchar. Ni siquiera voy a nadar. Voy a flotar y a dejarme llevar por el viento».

Llegar a esta comprensión acerca de la vida es ser un *vencedor del río*. Pero es una palabra rara. Dicen que entregarse es ganar porque la lucha conduce al fracaso y a la derrota. La entrega conduce a la conquista, a la victoria.

La vida es paradójica. ¿Y qué culpa tiene Buda? La vida *es* paradójica. Los que se entregan acaban siendo los vencedores. Y los que siguen luchando un día se dan cuenta de que se han quedado sin energía por luchar y no ven señales de victoria por ninguna parte.

Recuerda que Alejandro Magno fracasó, pero san Francisco no. Napoleón fracasó, pero Jesús no. Gengis Kan y Tamerlán fracasaron, pero Buda no. La verdadera historia no debería enfocarse en los fracasos: Gengis Kan, Tamerlán, Alejandro Magno. La verdadera historia debería enfocarse más en Buda, en Jesús, en san Francisco, en personas reales que han ganado. Pero ganaron gracias a su entrega.

Imagínatelo, imagínate la belleza y la bendición que hay cuando no luchas, cuando te dejas llevar por el río, cuando fluyes con él. El río te lleva hasta el océano, va hacia el océano. Armas mucho revuelo innecesario. Y el río ya está yendo. Solo tienes que dejarte llevar y llegarás al océano, al infinito. Esta entrega absoluta a la existencia es lo que Buda llama el fruto del vencedor del río.

La segunda fase se llama el que vuelve una vez, y la tercera, el que nunca vuelve, y la cuarta, *arhat*. El vencedor del río renuncia a tres ataduras. La primera es el ego, la individualidad, la idea de un yo separado. Lógicamente, es el origen de la lucha. La segunda es vivir según la norma y el ritual. Hay muchas personas religiosas, pero solo viven según la norma y el ritual. No saben nada de religión. Un ritual no es religión, una norma no es religión.

La religión es un tipo de vida completamente distinto: una vida consciente, de amor, de compasión. Pero si miras a tu alrededor, verás a millones de personas que van a la iglesia, a los templos, a las mezquitas, a los *gurdwaras*, para rezar y hacer diferentes cosas, pero todo es un ritual y la religión es inexistente.

Me contaron una antigua historia india...

Un hombre estaba celebrando la tradicional ceremonia *shraddh* en honor a su padre que acababa de fallecer. *Shraddh* es una ceremonia que se celebra cuando muere el padre de una persona, se reza para que tenga un buen tránsito y se reza por él.

Durante esta ceremonia, el perro de la familia entró en la sala de oraciones. Temeroso de empañar la ocasión, el hombre se levantó rápidamente y ató el perro a un poste de la veranda exterior.

Años más tarde, cuando él murió, su hijo, a su vez, celebró la ceremonia del *shraddh*. Tuvo mucho cuidado de no olvidar ningún detalle, y para ello tuvo que buscar a un perro en el vecindario, porque recordaba que debía ser una parte muy importante. «Mi padre se levantó en mitad de las oraciones para hacerlo, después de atar al perro en el poste vi que estaba tan feliz, y luego siguió rezando». No se iba a olvidar de nada, la ceremonia tenía que ser perfecta.

En este momento, la familia no tenía ningún perro, así que tuvo que salir a buscar un perro vagabundo por el vecindario. Cuando encontró uno, lo ató con cuidado al poste de la veranda, y después terminó la ceremonia con la conciencia tranquila. En esa familia siguen observando esta norma desde hace siglos. De hecho, el ritual del perro sagrado se ha vuelto lo más importante de esta ceremonia.

Y así es como funcionan las cosas. La gente vive en la inconsciencia. Tus padres hicieron algo, y sus padres, y los padres de sus padres hicieron algo. Esto le confiere un aura de santidad. Lo sigues repitiendo, pero no tiene importancia qué significado tenga.

Jesús llamó a Dios «mi Padre, *Abba*». Tú sigues llamándole padre, pero eso no tiene sentido. No tienes su mismo corazón, solo es un ritual superficial. No tienes el mismo corazón para llamar «*Abba*» a Dios. La palabra *Abba* no es importante, pero el sentimiento que tienes en tu corazón... Cuando está ese sentimiento, no es necesario usar esa palabra, basta con el sentimiento. Pero cuando ese sentimiento no está, será un ritual muerto.

Me contaron que...

Después de acostar a la niña de cuatro años, ella juntó las manos y se puso a rezar. Por equivocación empezó a rezar la oración para bendecir la mesa. Cuando se dio cuenta, miró hacia arriba con una gran sonrisa, y dijo: «Bórralo, Jesús». Y luego empezó a rezar la oración de la noche.

Los rituales son así. No nacen de ti, te los imponen desde fuera. Se van repitiendo y se vuelven mecánicos. Buda dice que el *vencedor del río* tiene que renunciar a varias cosas. Una de ellas es el ego, la segunda es vivir según unas normas y rituales, y la tercera es la duda, la confusión.

Una mente que duda no se puede relajar. Una mente que duda no se puede entregar. Una mente que duda nunca será total, una parte estará luchando, y la otra estará diciendo que no. Una mente que duda no tiene un sí absoluto, y esto es fundamental para convertirte en un *vencedor del río*, hay que decir sí a la vida, un sí incondicional, decir sí con todo tu ser. Eso mismo ya es una oración. Te puedes sentar en silencio y decir sí a la existencia, ya está. No hace falta nada más, no necesitas ningún ritual.

Un *vencedor del río* tendrá que renunciar a estas tres cosas. Luego la segunda fase se llama el que vuelve una vez. *El que vuelve una vez* significa alguien que morirá y volverá a venir. Tendrá que renunciar a la ambición, a la sensualidad y a la hostilidad. Pero volverá otra vez.

La tercera fase se llama el que nunca vuelve, alguien que no volverá. Tendrá que renunciar a su deseo de vivir, a su deseo de vivir otra vida, a su deseo de ser. Y la cuarta fase se llama el estado de *arhat*, el que está ausente, no es nadie, es la nada. Se ha convertido en un buda.

Buda le preguntó a Subhuti por las cuatro fases. Le pregunta: *¿[...] al vencedor del río se le puede ocurrir pensar: «yo he logrado el fruto del vencedor del río?»*. Es una pregunta sencilla, pero muy significativa. Subhuti respondió: *En absoluto, Oh, Señor. Y ¿por qué? Porque no ha adquirido ningún* dharma*, Oh, Señor.*

Si dices «me he entregado», no te habrás entregado porque ¿cómo *te* puedes entregar? Te tienes que entregar a *ti*. Tienes que entregar tu «yo». No puedes decir «yo me he entregado». Si es algo que tú haces, entonces no es entrega.

La gente me dice: «¿Cómo nos podemos entregar a ti?». Y yo les respondo: «No puedes. *Tú* eres lo que te impide entregarte. Quítate de en medio y habrá entrega».

Entregarse no es algo que tengamos que hacer, no es algo que podamos hacer, es no hacer. Entregarse es una comprensión. El «yo» siempre está en modo lucha. Si no hay lucha, el «yo» no existe, solo existe gracias a la lucha, sobrevive gracias a la lucha, depende de ella. O estás luchando con alguien o, si consigues cambiarlo, empezarás a luchar contigo mismo. Esto es lo que hacen los frailes en los monasterios. No luchan contra el mundo ni luchan contra nadie, porque han renunciado al mundo, pero luchan contra sí mismos.

El cuerpo dice: «Tengo hambre», y ellos dicen: «No». Esto es luchar. El ego encuentra una forma de seguir estando. El ego dice: «Mira, controlo mi cuerpo perfectamente. Yo soy el amo y el cuerpo es mi esclavo». Tus ojos están cansados y dicen: «Queremos dormir», pero tú dices: «No. He decidido quedarme despierto toda la noche. Esa será mi meditación. Estoy haciendo una meditación especial y no puedo dormir». Y entonces te sientes bien. Pero estás luchando.

Tu cuerpo busca un poco de comodidad y duermes encima de una piedra, tu cuerpo busca un poco de sombra y te quedas bajo el sol ardiente, tu cuerpo quiere ropa nueva y te quedas desnudo en la nieve. Son formas de luchar. Como ya no puedes luchar contra el mundo, te has dividido en dos.

El ego vive gracias a la fricción, y le sirve cualquier fricción. El marido pelea con su mujer, la mujer pelea con su marido. Solo es una forma de alimentar el ego. Cuanto más luchas, más fuerte es el ego. Y cuando más fuerza acumula el ego es al luchar contigo mismo, porque es la lucha más difícil. Matar a alguien es una cosa, pero matarte lentamente, de forma continuada durante muchos años, es un trabajo difícil, es un suicidio lento y el ego se siente bien. Por eso los monjes religiosos tienen un ego tan grande; entre la gente normal de la calle no encontrarás semejante ego. Si quieres ver grandes egos, si quieres ver cómo son, vete al Himalaya y los encontrarás en las cuevas.

La persona que se ha entregado no dice: «Me he entregado», solo puede decir que ha ocurrido: [...] *Evidentemente, no. Oh, Señor. Y ¿por qué? Porque no ha adquirido ningún* dharma*, Oh, Señor. Por eso se le llama* vencedor del río. Porque has renunciado al «yo», por eso se dice que eres un capitulante. No puedes decir «yo me he entregado». Si lo haces, no habrás entendido esta cuestión.

No ha ganado objetos para la vista, ni sonidos, ni olores, ni sabores, ni cosas que se puedan tocar, ni objetos mentales. Por eso se le llama un vencedor del río. No ha ganado ningún objeto. De hecho, más que ganar algo, ha renunciado a la idea de ganar. Por eso se le llama *vencedor del río*. Ha renunciado a la lucha, a la guerra que llevaba tantas y tantas vidas luchando. Ha renunciado a todo ese plan, ya no le interesa.

No puede enseñarte algo y decirte: «¡Mira! He ganado esto. Esta es mi victoria». No te puede enseñar el reino que ha ganado. No ha ganado nada visible. En realidad, en lugar de ganar algo visible ha renunciado al ego, ha perdido su ego. Pero perder el ego es una gran victoria. Esta victoria es algo que no te puedes atribuir.

Oh, Señor, si a un vencedor del río, *se le ocurriera decir: «Yo he alcanzado el fruto del* vencedor del río», *esto significaría que, en su interior, se está aferrando al yo, se está aferrando al ser, se está aferrando al alma, se está aferrando a la persona».* En cuanto piensas «he ganado, me he entregado», vuelves a crear un nuevo «yo», vuelve a surgir un yo, y vuelves a mirar a través del ego. Vuelves a percibirlo.

La palabra *percepción* es maravillosa. Viene de *per-cap* y de *capio*, que significa «agarrar, tomar, captar, capturar». Siempre que percibes que estás ahí de alguna forma, has vuelto a capturar al ego, y el ego te ha vuelto a capturar. Vuelves a estar atrapado. Te has olvidado de lo que estabas intentando hacer, has dejado de ser un *vencedor del río.*

Buda también le pregunta sobre el que vuelve una vez y sobre el que nunca vuelve, pero lo he dejado de lado porque es lo mismo, y no he querido añadirlo al sutra. Finalmente:

El Señor preguntó: ¿Tú qué crees, Subhuti, crees que al *arhat* se le ocurre decir, «yo he alcanzado el *arhat*»?

Subhuti: No, en absoluto, Oh, Señor. Y ¿por qué? Porque no hay un *dharma* que se denomine *arhat*. Por eso recibe el nombre de *arhat*... Y ¿por qué? Yo soy, Oh, Señor, el que el Tathagata... ha señalado como el más notable de los que viven en paz. Yo soy, Oh, Señor, un *arhat* libre de ambición. Y, sin embargo, Oh, Señor, no se me ocurre decir: «Soy un *arhat* y no tengo ambiciones».

Oh, Señor, si se me ocurriera decir que me he convertido en un *arhat*, el Tathagata no habría declarado que «Subhuti, hijo de buena familia, el más notable de los que viven en paz, no vive en ningún sitio; por eso dicen que es un morador de la paz, que habita en la paz».

Cuando captas la idea, es fácil. La idea es que, cuando empiezas a moverte por el mundo de la verdad, no puedes atribuirte nada. Si te atribuyes algo, lo estarías negando.

Un día un hombre fue a ver a Buda y le preguntó: «¿Has alcanzado la liberación?». Y Buda le contestó: «No puedo atribuirme nada porque he alcanzado la liberación».

Fíjate qué belleza. Dice: «No puedo atribuirme nada porque *he* alcanzado la liberación. Si me lo atribuyo, eso sería una prueba irrefutable de que no la he alcanzado». Pero tiene una complicación, porque si Buda dice: «No he alcanzado la liberación», está mintiendo. Si dice: «He alcanzado la liberación», eso no es posible porque no hay ningún «yo» que la haya alcanzado. Es algo que solo ocurre cuando desaparece el «yo». Date cuenta de la dificultad que surge, de la impotencia del lenguaje.

Buda le pregunta: «¿Tú qué crees, Subhuti, *crees que al* arhat *se le ocurre decir: "Yo he alcanzado el* arhat*"?*».

Arhat no es un estado. No es un objeto, no puedes agarrarlo, no puedes poseerlo, no puedes acumularlo. Es una libertad, no es algo que puedas poseer. Es libertad. Es ir soltando tus cadenas hasta que un día desaparezcan todas y haya desaparecido incluso la última cadena: la idea del «yo». No habrá nadie presente. Esta conciencia es lo que se denomina *arhat*. Buda le pregunta: «¿Al *arhat* se le ocurre decir: "He alcanzado el estado de *arhat*"?».

Por eso se le llama arhat*... Y ¿por qué? Yo soy, Oh, Señor, el que el Tathagata [...] ha señalado como el más notable de los que viven en paz.* Ahora Subhuti se pone como ejemplo. Dice: «Habéis declarado que he alcanzado la liberación. Habéis declarado que me he convertido en un *arhat*. Habéis declarado que vivo en paz». Es la forma particular que tiene Buda de decir que no hay nadie dentro: habitar en la paz.

Habitar en la paz significa que no hay nadie, porque si hubiera alguien no habría paz. Si hay alguien, continúa el ajetreo. La casa solo está en silencio cuando no hay nadie en ella. Si hay alguien en casa, aunque solo sea un rato, seguirá habiendo ajetreo. Aunque solo haya una persona, porque cambiará las cosas de sitio o hará algo. Si está profundamente dormido, roncará. Siempre ocurrirá algo. Cuando no hay nadie en absoluto, hay paz.

Buda dice que el estado del *arhat* es cuando hay paz absoluta, hasta el punto de que allí no hay nadie. Cuando Buda decía: «Ahora, Subhuti, vives en paz», lo que estaba diciendo era: «Ahora, Subhuti, ya no estás». Es lo mismo.

Subhuti dice: «Has declarado que Subhuti vive en paz, has declarado que Subhuti se ha convertido en un *arhat*, y debe ser verdad, Señor. ¿Cómo podrías decir algo que no fuera verdad?». Pero yo no puedo decir: «*... no se me ocurre decir, "soy un* arhat *y no tengo ambiciones"*. Si lo dijera, entonces tú estarías equivocado. Si digo que *yo* soy un *arhat*, significa que ha surgido el ego, entonces me he vuelto a aferrar al yo y vuelvo a estar atrapado en la vieja trampa. Si se me ocurre pensar que *yo* vivo en paz, no habrá paz porque ha vuelto el "yo", ha vuelto el habitante». Entonces no podrás vivir en paz y tendrá que suceder algo, una desgracia, un sueño, un deseo, y empezará de nuevo el mundo entero. El ego es la semilla del mundo. Esa pequeña semilla contiene todo el mundo. Cuando sientes «yo soy», inmediatamente aparece a continuación el mundo por completo.

Subhuti dice: [...] *no se me ocurre decir, «soy un* arhat *y no tengo ambiciones». Oh, Señor, si se me ocurriera decir que me he convertido en un* arhat, *el Tathagata no habría declarado que «Subhuti, hijo de buena familia, el más notable de los que viven en paz, no vive en ningún sitio; por eso dicen que es un morador de la paz, que habita en la paz».* Cuando uno desaparece, cuando el habitante ya no está, se alcanza la paz.

La nada es el sabor del mensaje de Buda. Hay que llegar a ese punto en el que no eres, en el que prevalece la ausencia, pero entonces no habrá nadie que pueda atribuírselo, nadie que pueda decirlo ni jactarse de ello.

Para entender a Buda tendrás que tener algunos atisbos de no ser. Aunque entiendas lingüísticamente lo que está diciendo, eso no es suficiente porque no te llevará muy lejos. Tendrás que tener algún atisbo, y *es* posible.

A veces, cuando estés sentado tranquilamente, sin hacer nada, quédate en silencio. Sin un mantra que te distraiga, sin usar el nombre de Dios, sin una postura especial de yoga, sin necesidad de contemplar ni de meditar. Simplemente sentado en tu cuarto, o al lado de un árbol, o junto al río, o tumbado en la hierba mirando las estrellas o con los ojos cerrados. Cuando estás ahí como una balsa de energía que no va a ninguna parte, empezarás a tener atisbos. Por un momento sentirás que estás y no estás.

Eres, eres absolutamente, y, sin embargo, no eres. No eres y eres por primera vez. Entonces entenderás por qué Buda es tan paradójico. Solo eres cuando no eres. Cuando todo está ausente, hay una enorme presencia. Cuando el ego ha desaparecido por completo, tú eres la totalidad y el todo. Desapareces como gota y te conviertes en el océano. Por un lado, desapareces y, por el otro, apareces... por primera vez.

La iluminación es una muerte y una resurrección. Y ocurren al mismo tiempo, son simultáneas. En un momento ocurre la muerte y le sigue inmediatamente la resurrección. Pero es algo que debes experimentar, saborear. Estas palabras no son meras palabras, no son solo doctrinas o filosofías, son experiencias existenciales.

Entiendo vuestra dificultad. He recibido muchas preguntas: «Cuando hablas de los sufíes, nuestro corazón baila, pero con *El sutra del diamante* nuestro corazón no baila». Esto es más elevado, es más exclusivo. Puedes entender a los sufíes porque están más cerca de ti. Hablan del amor. Por lo menos has oído la palabra *amor*, tienes alguna referencia de lo que es el amor. Es posible que no entiendas el amor de los sufíes, no sepas a qué se refieren, en cambio, por lo menos sabes algo del amor, al menos sabes lo que significa, y cuando oyes hablar del amor, tu corazón se derrite. Pero estas palabras de Buda son mucho más elevadas.

Aunque no a todo el mundo le ocurre. He recibido algunas preguntas diciendo que están entusiasmados. Depende. Si se lo preguntas a Prasad, su corazón baila tanto con *El sutra del diamante* que le va a dar un infarto. O también se lo puedes preguntar a Pradeepa.

Debes tener en cuenta que yo hablo para mucha gente. Son personas distintas con enfoques distintos. A veces te sirve y otras veces no. Si no te sirve, tendrás que tener paciencia, porque cuando te sirve a ti, no le sirve a otra persona. Y entonces esa persona tiene que tener paciencia. Estoy hablando para mucha gente, no solo para ti, hablo para millones de personas que no están aquí, pero les llegan estas palabras.

Si algunas veces sientes que es demasiado difícil para ti o te parece que es inalcanzable, ten paciencia. Escucha. Es posible que tu corazón no esté bailando, pero quizá sea más elevado o más profundo que el corazón.

Hay cosas que tienen que ver la cabeza, cosas que tienen que ver con el corazón, y cosas que están más allá. Esto tiene que ver con el más allá. Y el más allá es muy complicado. Sabes algo de la cabeza, sabes algo del corazón, pero no sabes nada del más allá.

Estas palabras, sin embargo, son excepcionales. *El sutra del diamante* es el diamante más valioso de la literatura mundial. Nadie ha hablado así, nadie ha volado tan alto. Pero si crees que no puedes volar tan alto, no te cierres. Haz un esfuerzo. Si puedes ir un poco más allá de donde estás ahora mismo, si puedes avanzar algunos pasos hacia lo desconocido, será muy enriquecedor para ti.

Hemos terminado por hoy.

8. La naturaleza no conoce el aburrimiento

Primera pregunta:

Osho,
    ¿Por qué provienen de Oriente todos los grandes maestros?

Porque la humanidad todavía no está completa. Oriente es introvertido y Occidente es extrovertido. El ser humano está dividido, la mente es esquizofrénica. Por eso todos los grandes maestros provienen de Oriente y todos los grandes científicos provienen de Occidente. Occidente ha desarrollado la ciencia, pero se ha olvidado completamente del alma interna; le interesa la materia, pero no ha prestado atención a la subjetividad interna. Solo se enfoca en el objeto. Por eso todos los científicos provienen de Occidente.

A Oriente le preocupa demasiado el alma interna y se ha olvidado de la objetividad, de la materia, del mundo. Aunque esto haya conducido a tener grandes maestros religiosos, no es una situación muy favorable, no debería ser así. El hombre debería ser uno. No debería seguir inclinándose hacia uno de los lados. Debería fluir, no debería ser extrovertido ni introvertido. Tendría que ser capaz de ser ambas cosas. Cuando lo externo y lo interno están en equilibrio, tenemos la mayor experiencia extática.

Una persona equilibrada es aquella que no se inclina demasiado hacia lo interior, ni demasiado hacia lo exterior. Puede ser un científico y un místico al mismo tiempo. Esto es algo que ocurrirá, es lo que va a ocurrir. Estamos preparando el terreno para que ocurra. Me gustaría que hubiera un hombre que no fuera ni oriental ni occidental, porque el enfrentamiento entre lo oriental y lo occidental es terrible. Y el enfrentamiento entre lo occidental y lo oriental también. Toda la Tierra nos pertenece, y nosotros pertenecemos a la Tierra. El hombre solo debería ser hombre, el hombre solo debería ser humano, completo, entero. Y de esta totalidad nacerá un nuevo tipo de salud.

Oriente ha sufrido y Occidente también. El sufrimiento de Oriente lo puedes ver por la pobreza y el hambre que hay en todas partes. El sufrimiento de Occidente lo puedes ver por la tensión, el miedo y la angustia que hay en la mente del hombre occidental. Occidente es muy pobre en lo interior y Oriente es muy pobre en lo exterior. La pobreza es negativa. No importa que sea interior o exterior, no debería existir. El ser humano debería ser rico por dentro y por fuera. El ser humano debería poseer riqueza en todas sus dimensiones.

Imagínate que alguien que pudiese ser Albert Einstein y Buda Gautama al mismo tiempo. Imagínate esa posibilidad, porque *es* posible. De hecho, si Albert Einstein hubiera vivido más tiempo, se habría convertido en un místico. Habría empezado a pensar en lo interior, porque le estaba comenzando a interesar el misterio interior. ¿Hasta qué punto te puede seguir interesando el misterio exterior? Si realmente te interesa el misterio, un día acabarás encontrándote también con lo interior.

Mi idea es un mundo que no sea oriental ni occidental, interior ni exterior, extrovertido ni introvertido, que sea equilibrado, un mundo completo. Pero eso no es lo que ha ocurrido en el pasado, por eso es relevante tu pregunta.

Tú preguntas: «¿Por qué provienen de Oriente todos los grandes maestros?». Porque a Oriente le ha obsesionado más lo interior que lo exterior. Lógicamente, hace muchos siglos que te obsesiona lo interior, habrá un Buda, un Nagarjuna, un Shankara, un Kabir. Es natural.

Si te obsesiona más lo exterior que lo interior, habrá un Albert Einstein, un Eddington, un Edison; es natural. Pero esto no favorece la totalidad de un ser humano. Falta algo. Cuando un hombre desarrolla su mundo interior, pero no desarrolla su mundo exterior, en lo exterior sigue siendo un niño, está abobado. Y lo mismo le ocurre a una persona que ha crecido y ha madurado mucho en lo que respecta a las matemáticas, la física y la química, pero todavía no ha nacido por dentro, todavía está en el útero.

Mi mensaje es renunciar a los dos hemisferios —Oriente y Occidente—, renunciar a los hemisferios de lo interior y lo exterior. Fluir. Que tu vida sea un movimiento, un fluir. Estar abierto tanto a lo exterior como a lo interior.

Por eso yo te enseño el amor y la meditación. El amor es el camino para salir, y la meditación es el camino para entrar. Alguien que está enamorado y es meditativo, está más allá de la esquizofrenia, está más allá de cualquier tipo de división. Se ha vuelto uno, está integrado. De hecho, tiene alma.

La segunda pregunta:

Osho,

¿No te aburres y te cansas de contestar las mismas preguntas todos los días, mientras nosotros seguimos aquí sentados con los oídos tapados, los ojos cerrados, la boca sellada, y sin captar nunca el mensaje de que no hay respuestas? Tú me sorprendes constantemente cuando entras portando el frescor de una gota de rocío al despuntar la luz por la mañana, pero yo sigo estando ciega, sorda y coja, alejada de compartir tu esplendor, excepto por breves instantes.

En primer lugar, yo no soy, de modo que no puedo estar aburrido ni cansado. Para aburrirte, primero tienes que ser. Cuanto más seas, más te aburrirás; cuanto menos seas, menos te aburrirás. Por eso, los niños no se aburren como las personas mayores. ¿No te has dado cuenta? Los niños no se aburren casi nunca. Juegan con los mismos juguetes, corren detrás de las mismas mariposas, recogen las mismas caracolas. No se aburren.

¿Alguna vez le has contado un cuento a un niño? Después de oírlo, te dice: «Cuéntamelo otra vez. Y otra vez». Y siempre que lo ves, te vuelve a decir: «Cuéntame esa historia. Me ha encantado». ¿Por qué no se aburre un niño? Porque no es. O es, pero de una forma muy rudimentaria; todavía no se ha desarrollado el ego. El ego es el factor que genera el aburrimiento.

Los animales no se aburren, los árboles no se aburren, ¿qué novedades hay en la vida de los animales y los árboles? Los rosales dan las mismas rosas todos los años y el pájaro canta la misma canción por la mañana y por la noche. El cuco no sabe muchas notas, solo sabe una. Y la repite, es muy monótono. Pero no hay ni un solo animal que se aburra, no hay ni un solo árbol que se aburra. La naturaleza no conoce el aburrimiento. ¿Por qué? Porque todavía no hay un ego.

Buda no se aburre y Jesús no se aburre porque han renunciado a su ego. La naturaleza todavía no ha evolucionado, y Buda ha renunciado a su ego. Buda y la naturaleza son casi iguales. Digo casi porque solo hay una diferencia, que es de suma importancia, pero solo difieren en una cosa. Esa diferencia es la conciencia. La naturaleza no tiene ego, pero no es consciente. Buda no tiene ego, pero es consciente.

Si sabes que no estás ahí, ¿quién es el que se aburre, quién es el que se cansa? Por eso puedo llegar y contestar a vuestras preguntas todas las mañanas. Yo no me aburro. No me puedo aburrir. No me he aburrido ni un instante desde hace veinticinco años. Se me ha empezado a olvidar lo que era aburrirse, lo que se sentía.

En segundo lugar, las preguntas no son iguales. No pueden ser iguales porque las han hecho personas distintas, ¿cómo pueden ser las mismas preguntas? Sí, pueden tener las mismas palabras, pero las preguntas no son iguales. Cada persona es tan diferente, ¿cómo puede hacer la misma pregunta que otra persona? Aunque use las mismas palabras, aunque construya la pregunta igual, en cambio... Me gustaría que supieras que no pueden ser iguales.

Quien hace esta pregunta es Anand Shaila, y no podría hacerla otra persona. En todo el mundo no hay nadie más que pueda hacer esta pegunta. Para preguntar esto, tiene que haber una Shaila. Y Shaila solo hay una, no hay más.

No te olvides de que cada individuo tiene su singularidad. Es una falta de respeto decir que todas las preguntas son iguales. Yo respeto todas vuestras preguntas. No son iguales. Cada una tiene su propio matiz, su propio color, pero tienes que tener una vista muy penetrante para darte cuenta, o no lo verás.

Cuando miras a tu alrededor, ves que todos los árboles son verdes, pero ¿crees que siempre es el mismo verde? En ese caso no sabes diferenciar los colores. Si llamas a un pintor y se lo preguntas, te dirá: «Son distintos tonos de verde. Hay muchos verdes distintos, muchas tonalidades, muchos matices. No hay dos árboles que tengan el mismo verde». Mira a tu alrededor y lo verás, cada verde es diferente.

Lo mismo ocurre con las preguntas. Incluso si la misma persona repite varias veces la misma pregunta, esta no será igual, porque tú siempre estás cambiando. Nada es estático.

No puedes pisar dos veces el mismo río, no puedes encontrarte dos veces con la misma persona. Mañana Shaila no podrá hacer esta pregunta porque ella ya no será la misma persona. El Ganges habrá fluido, habrá corrido mucha agua. Lo que es relevante en este momento es posible que mañana ya no lo sea, y quizá surja otra cosa en la conciencia.

No hay dos personas que hagan la misma pregunta, ni siquiera una persona puede preguntar lo mismo dos veces porque la persona ha cambiado. Una persona es como una llama, cambia constantemente. No obstante, tienes que mirar profundamente. Nunca me he encontrado con la misma pregunta. Me entusiasman todas vuestras preguntas. Siempre me pregunto cómo se os ocurre hacerlas.

«¿No te aburres y te cansas de contestar las mismas preguntas todos los días, mientras nosotros seguimos aquí sentados con los oídos tapados, los ojos cerrados, la boca sellada, y sin captar nunca el mensaje de que no hay respuestas?». Justamente, lo que me estimula es que estés ahí sentado «con los oídos tapados, los ojos cerrados, la boca sellada, y sin captar nunca el mensaje». Es una gran aventura. Tu persistes y yo también. La pregunta es: «¿Quién ganará?». ¿Vas a permanecer siempre cerrado, o llegará un día que te compadezcas de mí y me escuches, y abras tus oídos y tu corazón un poco? Es una lucha. Entre el maestro y el discípulo hay una lucha, una pelea constante.

Y el discípulo no puede ganar. Nunca ha ocurrido que haya ganado. Lo puede posponer, lo puede retrasar, pero no puede ganar. Y cuanto más lo retrases, más seguro puedes estar de que vas a ser vencido. Estoy invadiendo tu ser de diferentes maneras. Solo tienes que seguir ahí sentado con los oídos cerrados, los ojos cerrados y el corazón cerrado, sigue ahí, eso es todo. Quédate ahí. Llegará un día que escuches mi mensaje.

¿Cuánto tiempo puedes permanecer cerrado? Dicen que si un hombre persiste en su locura se vuelve sabio. Tú sigue. Un día me escucharás a tu pesar. Por eso sigo hablando todas las mañanas y todas las tardes, un año tras otro.

Y dices: «[...] sin captar nunca el mensaje de que no hay respuestas». Solo entenderás ese mensaje cuando en tu mente no haya preguntas, no antes. ¿Cómo puedes captar el mensaje de que no hay respuestas si sigues teniendo preguntas? La misma pregunta presupone que hay una respuesta. La pregunta es la búsqueda de una respuesta. La pregunta da por hecho que hay una respuesta, si no, ¿cómo puede haber una pregunta? La pregunta no existe por sí misma, depende de una respuesta o de la posibilidad de una respuesta.

El día que comprendas que ya no tienes preguntas, podrás recibir el mensaje de que ya no hay respuestas. Y ese día te darás cuenta de que ni tú has preguntado, ni yo he respondido. Solo ha habido un silencio absoluto. Todas las preguntas y las respuestas han sido como un sueño.

Pero, dado que haces una pregunta, yo te tengo que contestar. Es la única forma de que te liberes de todas las preguntas. Ten en cuenta que mis respuestas no son respuestas, sino recursos. Mis respuestas no responden a tus preguntas porque sé perfectamente que no hay preguntas. Todas las preguntas son falsas. Las has soñado. Pero te contesto por respeto porque me estás preguntando. Te contesto por respeto, y mi respuesta es un recurso que te ayudará a darte cuenta de que la pregunta va desapareciendo poco a poco.

Un día te despertarás y no habrá preguntas. Ese día comprobarás que yo no te he dado ninguna respuesta. No te puedo dar una respuesta porque en la existencia no hay ni una sola pregunta. La existencia existe sin preguntas. Es un misterio..., y no es un problema que haya que resolver, sino un misterio que hay que amar, que hay que vivir.

Shaila dice: «Tú me sorprendes constantemente cuando entras portando el frescor de una gota de rocío al despuntar la luz por la mañana, pero yo sigo estando ciega, sorda y coja, alejada de compartir tu esplendor, excepto por breves instantes». Esos breves instantes son suficientes. Esos breves instantes te dan esperanza. En esos breves instantes entraré en tu ser. Esos breves instantes serán cada vez más largos. Un día te darás cuenta de que esos breves instantes han ganado. Aunque tú y yo solo estemos en contacto un instante, eso es más que suficiente. Ese pequeño atisbo se convertirá en un fuego en tu interior. Esa chispa quemará toda tu mente hasta las raíces, incluidas las raíces.

La tercera pregunta:

Osho,

No me gustan estos sutras de Buda. Son áridos, difíciles y complicados. ¿La verdad no es sencilla?

La verdad es sencilla y difícil al mismo tiempo. De hecho, es difícil porque es sencilla. Es muy sencilla; sin embargo, tu mente es tan complicada que no lo entiendes, no consigues captarlo. La verdad es tan sencilla que no te plantea ningún desafío. Es tan sencilla que puedes pasar a su lado sin darte cuenta de que has pasado al lado de la verdad.

La verdad es sencilla porque es muy obvia. Pero que sea sencilla no significa que sea fácil. La sencillez es muy compleja. Si te adentras en ella, te perderás y quizá no vuelvas a encontrar la salida. La sencillez tiene profundidad, no es superficial. Para alcanzar la sencillez, tendrás que perder muchas cosas, y es difícil perder todas esas cosas.

Por ejemplo, ¿por qué te parecen difíciles estos sutras de Buda? Porque son ilógicos. Si dejas de ser lógico, te parecerán sencillos. La dificultad se origina en tu mente, no en los sutras de Buda. Él es un hombre muy sencillo. Simplemente está constatando un hecho. El problema surge porque tú no puedes aceptar un hecho tan sencillo. Tienes tus propias ideas, y esas ideas están interfiriendo.

Tú dices: «¿Cómo es posible? Si este hombre tiene razón, entonces toda mi lógica está mal». Y *eso* es algo que no puedes aceptar. Tu educación y tu aprendizaje han sido a través de la lógica, sin embargo, él está mencionando cosas ilógicas. No tiene otra alternativa. Cuando las cosas son tan elevadas, cuando hay tanta plenitud, la lógica no existe. ¿Y él qué puede hacer? Todo se vuelve paradójico cuando hay tanta plenitud. Cuando hay mucha plenitud, los opuestos se tocan, las contradicciones se complementan. ¿Qué puede hacer? Tiene que defenderlas. El problema surge porque tú quieres interpretar esas verdades de acuerdo con tu lógica.

Imagínate que un alumno de física de secundaria dijera:

—No estoy de acuerdo con la fórmula de Albert Einstein.

—¿No? —le preguntaría el profesor—. ¿Y por qué no?

—En primer lugar, porque es aburrida y me quedo dormido cada vez que lo explicas. En segundo lugar, porque no hay un equilibrio. Fíjate en ella. $E = mc^2$. A un lado de la ecuación solo hay una variable, y al otro lado hay tres. No es muy artístico. ¿Por qué no pasa una de las variables al otro lado de la fórmula para que sea todo más simétrico? Por eso no me gusta nada.

Está haciendo una buena pregunta. No es simétrica. «¿Qué clase de ecuación es esta? Las dos partes no son iguales. No es artístico. Si hubiese puesto una de las variables al otro lado estaría mejor y todo sería más simétrico».

Este alumno no es consciente de lo que está diciendo, sin embargo, lo que dice tiene una lógica. Pero la fórmula de Einstein no está ahí para entretenerte, está ahí para explicar una realidad. Si te aburre, eso solo demuestra que no eres muy listo y que no entiendes la agudeza de su pensamiento. Se dice que solo doce personas entendieron la teoría de la relatividad de Einstein. ¿Solo doce personas en todo el mundo?

La verdad es sencilla, pero cuando entras en detalles, cuando quieres captar su realidad, se vuelve difícil. Por ejemplo, san Agustín supuestamente dijo: «Todo el mundo sabe lo que es el tiempo. Yo sé lo que es el tiempo, pero si alguien me dijera: "¿Qué es el tiempo? Intenta explicármelo", no sabría qué contestar».

Tú sabes lo que es el tiempo, vives de acuerdo al tiempo. Te levantas a las seis de la mañana y te acuestas a las once de la noche, y a la una almuerzas. Vas a la oficina, vuelves a casa. Empleas el tiempo, sabes lo que es, pero ¿cómo podrías explicarlo? En cuanto intentas explicarlo, se te escapa. Nunca lo has visto, nunca lo has tenido en tus manos. No puedes agarrarlo. ¿Qué es?

San Agustín tenía razón, el problema surge cuando intentas explicarlo. La luz es muy sencilla, está por todas partes, baila en los árboles, todo el cielo está lleno de luz. Pero intenta explicárselo a un ciego, y se aburrirá y te dirá: «Deja de decir tonterías». Para empezar, te costará mucho trabajo explicarlo con palabras. O si quieres olvídate del tema de la luz, porque es una cuestión científica y a lo mejor no te interesa.

Has amado y sabes lo que es el amor. Seguro que has amado a alguien, por lo menos a tu madre, a tu padre, a tu hermana, a una mujer, a tu esposa, a tu marido, a tus hijos. ¿Puedes explicar lo que es el amor? Cuando lo intentas, te quedas sin palabras. De repente dejas de ser inteligente, como si te hubieran matado de golpe. Te quedas paralizado. ¿Qué es el amor? ¿Podrías definirlo?

Todo el mundo ha experimentado el amor en mayor o menor medida, pero nadie lo puede definir. No todo el mundo ha experimentado el nirvana, solo ocurre de vez en cuando, y Buda está intentando explicarte lo que es.

La verdad es sencilla, pero en cuanto la intentas explicar, se vuelve difícil. De todas formas, no has venido aquí solo a divertirte. Y tampoco tengo nada en contra de la diversión, está bien en un momento determinado. Pero para alcanzar la iluminación necesitas algo más que diversión. La diversión es una necesidad muy básica. La iluminación es la necesidad más elevada. Si solo vas de una diversión a otra, estarás siendo muy superficial, nunca crecerás, seguirás siendo un inmaduro. A veces tienes que bajar a las profundidades de la vida, del amor, de la luz, y de Dios. A veces tienes que volar a la eternidad para poder tener un atisbo de lo que es. Solo eso te hará madurar.

Entiendo que te cueste trabajo. Dices: «No me gustan estos sutras de Buda». En ese caso, tendrás que aprender a disfrutar. Aprende a disfrutar de las cosas más elevadas. Algunas cosas son más elevadas. Si quieres disfrutar de la música clásica hindú, tienes que aprender. No puedes disfrutarla sin más, tiene que haber una preparación, tiene que haber una receptividad. No es algo vulgar. Tienes que tener algunos conocimientos, tiene que haber una comprensión profunda de los sonidos y el silencio, porque la música está compuesta de sonidos y silencio. No es solo sonido, también hay silencios.

Cuanto más silencio contiene la música, más elevada y profunda es. Cuando la música despierta tu silencio, cuando te llega al corazón y despierta tu silencio interno, cuando desapa-

rece tu mente al escucharla, cuando tus pensamientos se detienen... Sin embargo, para ello tendrás que aprender, tendrás
que tener una cierta disciplina, tendrás que ser más meditativo,
y un día serás capaz de disfrutarla. Pero no puedes culpar a la
música si no estás preparado y quieres disfrutarla en este momento.

No digas que los sutras de Buda son aburridos, di que todavía no puedes entender esa plenitud, di que no puedes mirar
tan alto, di que no puedes escalar el Everest de la conciencia.
Buda está hablando desde la cima más alta. Tendrás que salir
un poco de tu oscuro agujero. Tendrás que escalar montañas,
y solo así podrás entender esos luminosos sutras.

Es difícil porque no estamos preparados para llegar a ese
entendimiento en absoluto, y algunas veces te puede parecer
aburrido. Pero lucha contra el aburrimiento, destrúyelo, salte
de él. Tienes que ir con Buda para ver lo que él ha visto. Cuando lo veas, te llenará.

La cuarta pregunta:

Osho,
    ¿Lo único que nos impide volver a casa es dudar de que ya
estamos en casa, y lo confirma toda la gente que hay a nuestro
alrededor?

Sí, Shobha. La duda es lo único que nos lo impide: dudar
de que no somos lo que deberíamos ser, dudar de que Dios no

está en nuestro interior. ¿Cómo puede estar Dios en nuestro interior? Te han enseñado que Dios está ahí en el séptimo cielo sentado en su trono dorado, rodeado de ángeles tocando el arpa y cantando aleluya.

No está aquí, sino que está muy lejos. Es grande, es enorme, es eterno, es esto y aquello. ¿Cómo puede estar dentro de tu corazón? Tu corazón es tan pequeño. ¿Cómo puede estar ahí dentro? Eres fea y horrorosa y te juzgas constantemente de mil maneras. ¿Cómo puede estar Dios ahí dentro? Si él está ahí, entonces, ¿dónde está el demonio? La duda...

Cuando alguien te dice que Dios está dentro de ti, no lo aceptas. Muchas veces has oído a Jesús decir a sus seguidores: «El reino de Dios está dentro de ti». Pero ni siquiera los cristianos le escuchan, ni sus propios seguidores. Incluso sus seguidores más próximos, los más cercanos, le preguntan por un Dios que está en el cielo, y Jesús les dice: «Está en vuestro interior», pero ellos siguen hablando de un Dios que está en el cielo, y dicen: «Cuando hayamos muerto todos, ¿cómo nos distribuiremos en el paraíso? ¿Quién estará a la diestra de Dios? ¿Qué posición ocuparemos allí? ¿Dónde estará cada uno de nosotros? ¿Cuál será la jerarquía?». Y Jesús les sigue diciendo: «Él está en vuestro interior», pero no le creen porque no nos han enseñado a confiar en nosotros mismos.

Te han alejado de tu propio ser desde el día que naciste. Todo el mundo te juzga: tus padres, tus profesores, tus sacerdotes, tus políticos. Todo el mundo te juzga. Todo el mundo te dice: «¡Tú! No estás bien tal como eres. Tienes que cambiar. Tienes que alcanzar algún tipo de perfección».

Te ponen metas para aplastarte y condenarte con todas esas metas y esos ideales perfeccionistas. ¿Cómo puedes entender el mensaje de que Dios ya está en tu interior, de que ya estás en casa, de que, para empezar, nunca has salido, y de que todo está bien tal como está? Relájate y lo entenderás. No hace falta buscar ni indagar, simplemente relájate y lo entenderás.

Surge la duda. «¿Dios está dentro de mí? ¿Cómo es posible si mi padre me decía que yo era el niño más feo del pueblo? Y mi madre me decía: "¿Por qué no te habrás muerto? Eres una desgracia para la familia, eres una vergüenza para la familia. Nos arrepentimos de haberte tenido"». Y tu profesor te decía que eras bobo, que eras tonto, que eras idiota. Y el sacerdote te decía que ibas camino del infierno, que eras un pecador.

El otro día, precisamente, estaba leyendo algo sobre un místico hindú al que habían invitado a una iglesia cristiana. Después del sermón, el sacerdote cristiano empezó a gritar a todos los congregados con todas sus fuerzas:

—¡Vosotros, pecadores! Arrodillaos y rezad. Rezad de rodillas.

Todos se arrodillaron, excepto este místico, el místico hindú. El sacerdote lo miró y le dijo:

—¿No vas a participar con nosotros en la oración?

—Pensaba hacerlo —respondió—, pero yo no soy un pecador. Y tampoco me parece que aquí haya pecadores. Iba a participar en la oración, pero ahora me resulta imposible. No puedo arrodillarme. Yo no soy un pecador. Dios está dentro de mí, no puedo faltarle al respeto de esa manera. Solo rezó porque Dios está en mi interior. Y en mi oración no pido nada, simplemente es una oración de agradecimiento, de gratitud por todo lo que me ha dado. Le agradezco que me haya elegido para residir en mí, que me haya honrado con su presencia, que yo forme parte de él, que él me pertenezca. Estoy dispuesto a rezar y a arrodillarme, pero no porque yo sea un pecador, porque eso no es verdad.

Os han enseñado que sois pecadores y que iréis al infierno, a menos que Jesús os salve. Os han reprochado tantas cosas que, cuando este mensaje oriental estalla dentro de vuestro ser, empezáis a dudar. «¿Yo? Eso es imposible. ¿Dices que nunca he abandonado mi casa? Eso será verdad para Buda, será verdad para Jesús, pero ¿yo? Yo solo soy un pecador».

Nadie es un pecador, incluso cuando estás en el agujero más negro de tu vida, sigues siendo divino. No puedes perder tu divinidad, no es posible. Es tu propio ser. Es lo que te constituye.

Shobha ha preguntado: «¿Lo único que nos impide volver a casa es dudar que ya estamos en casa, y lo confirma toda la gente que hay a nuestro alrededor?». Sí, todos los que te rodean lo confirman. Por eso siempre digo que el amor solo existe cuando alguien acepta tu divinidad. Cuando confirma el hecho de que eres divina.

Si alguien confirma la mentira de que no eres divina, eso no es amor. Da igual que sea tu madre o tu padre. Si alguien te hace sentir que deberías autocondenarte, te está envenenando. Si alguien te dice que no te acepta tal como eres, y que Dios solo te amará si cumples ciertas condiciones, entonces te está destruyendo y es un enemigo, ten cuidado con esa persona.

La quinta pregunta:

Osho,

El otro día crucé la verja de entrada con un *sannyasin* indio y el guarda le echó sin darle explicaciones. Cuando se lo conté a Laxmi, me dijo, en pocas palabras, que me metiera en mis asuntos. Cuando veo que están tratando injustamente a alguien, mi reacción inmediata es intentar ayudar. ¿Realmente no es asunto mío lo que le ocurra a los demás?

Esta pregunta la hace Ma Deva Tulika.

Esto es muy importante para todos los presentes y para todos aquellos que, de un modo u otro, tienen una relación conmigo. Todo lo que ocurre en esta comuna ocurre de acuerdo a mis decisiones. Yo sé quién era esa persona a la que echaron en la puerta. Y el hombre al que echaron sabe por qué le han echado. No es un asunto de tu incumbencia.

Tienes que entender muy bien una cosa, todo lo que ocurre aquí... Aunque yo no salga de mi habitación y solo lo haga por la mañana y por la tarde, aunque nunca me pasee por el *ashram*, sé exactamente lo que ocurre, y todo ocurre de acuerdo a mis decisiones. Por favor, no interfieras.

Hay algunas otras personas como Tulika que siempre están interfiriendo en nuestro trabajo. Tú no eres nadie para juzgar lo que está bien o lo que está mal. Si ya lo sabes, entonces no haces nada aquí, ya te has iluminado, vete a casa.

Decidir lo que está bien o lo que está mal no es algo que te concierna a ti. Este no es un sitio normal, de modo que las cosas normales no funcionan aquí. Estamos llevando a cabo un experimento extraordinario. Yo sé cuáles son las necesidades de cada persona. Si creo que hay que negarle la entrada a alguien, hay que hacerlo. Si creo que no hay que dar explicaciones, no hay que dar explicaciones. Es el recurso que estoy empleando para su vida y para su trabajo.

Pero tú no deberías meterte en esto. Si lo haces, solo vas a perder la oportunidad de crecer. Los guardas tienen un deber y saben lo que están haciendo. Y yo me comunico con ellos y sé lo que hacen. Tú simplemente olvídate.

No es un sitio normal. Nos ocupamos de todo, y si hay que darle un golpe en la cabeza a alguien, se lo damos. No deberías impedirlo. De lo contrario, te estarás interponiendo en su crecimiento, lo retrasarás a él y te retrasarás a ti. Y te puedes alterar innecesariamente.

Hay varias personas... Padma Sambhava es otra. Siempre me escriben para decirme que ha ocurrido algo o que alguien ha hecho otra cosa y no debería ser así. Aquí tú no eres quién para decidir lo que habría que hacer o no. Desde el momento en que empiezas a formar parte de mi comuna, debes dejarlo todo en mis manos, o será imposible trabajar.

Yo conozco a la persona que han rechazado y sé por qué lo han hecho, y él también lo sabe por qué lo han hecho. No hay ningún motivo para tener que dar una explicación. Si tuviera que justificar todas y cada una de las cosas, entonces mi trabajo consistiría en dar explicaciones. Aquí vienen miles de personas, ¿y a todo el mundo hay que darle un motivo y una explicación de cada cosa? Laxmi tiene razón.

Ten en cuenta que Laxmi nunca hace nada por iniciativa propia. Ella es la persona perfecta para este trabajo y por eso ha sido elegida. No podría elegir a Tulika para trabajar porque tiene su propia idea de lo que está bien y lo que está mal. Sin embargo, Laxmi no. Ella simplemente escucha y ejecuta. Hace lo que le digan.

Tendrás que aprender todas estas cosas porque pronto seremos una comuna más grande, vendrán miles de personas, y esto tiene que quedar claro. No deberías seguir repitiendo siempre lo mismo. Siempre estás mandando preguntas: «Alguien ha hecho esto...». Yo me ocupo de eso y, si creo que no está bien, no se permitirá. Ni siquiera tienes que notificármelo. Me estás haciendo perder el tiempo.

Te alteras mucho... Hay gente tan absurda que renuncia al *sannyas* porque han visto algo que consideran injusto. Pero están perdiendo su oportunidad. No es asunto de ellos. Tú estás aquí para tu propio crecimiento. Esta aceptación tiene que ser total, solo así podré hacer mi trabajo, solo así te podré ayudar. No hace falta que me hagas sugerencias. En cuanto lo haces, te desconectas de mí.

Esto no va a ser una democracia. Nadie te va a preguntar qué es lo que habría que hacer o no. Debes tener claro desde el principio que no va a ser una democracia. No os vamos a pedir que votéis. Formas parte de esto sabiendo, desde el principio, que todo lo que yo decida es absoluto. Si eso no es lo que tú buscas, puedes irte tranquilamente.

Se le impide entrar a ciertas personas, pero a nadie se le impide irse. Te puedes ir. ¿Alguna vez has visto que se le impidiera irse a alguien? Te puedes ir tranquilamente... Eres libre, es tu decisión. Si quieres quedarte, tendrás que estar aquí totalmente. Si crees que este no es tu sitio, que no cumple tus ideales, que no concuerda con tus ideas, eres libre de irte.

Este sitio nunca va a ser lo que tú quieras. Es un sitio para tu transformación, no para estar de acuerdo contigo. Este sitio será una transformación para ti. Y esto es solo el principio. ¿Quién eres tú para saber lo que está bien y lo que está mal? ¿Y quién eres tú para pedir una explicación? ¿Qué tienes que ver tú en esto?

Si el indio que no ha podido entrar quiere venir a preguntar qué ha ocurrido, lo hará. No lo hace porque ya lo sabe, ya ha sido informado de por qué no ha podido entrar. Mientras estaba aquí, estaba molestando. Pero no podemos preguntar cosas sobre todo el mundo. Y tampoco es bueno que todo el mundo sepa que estaba molestando. Es una falta de respeto hacia él. Le han informado y él lo ha entendido, porque sabe lo que estaba haciendo.

Y, de repente, apareces *tú*. Y crees que estás haciendo un gran trabajo, una buena obra. Crees que estás salvando a alguien de una injusticia. Pero tú no sabes toda la historia. Y tampoco hace falta que la sepas, porque no va a ver una persona encargada de contarte las historias de todo el mundo. Solo debes decidir acerca de lo que te afecta a ti. Tienes que entrar en sintonía con muchas cosas. Si crees que no puedes hacerlo, eres libre de irte.

Espero que esta sea la última pregunta. Estoy recibiendo muchas preguntas. Una persona que ha participado en un grupo, me ha escrito: «¿Por qué hay tanta violencia en el grupo de encuentro?». Y esta pregunta la hace una facilitadora de grupos, una mujer que ha sido facilitadora de grupos. Participó un par de días en un grupo de encuentro, y lo dejó. Y fue ella quien me lo pidió. Yo no quería ofrecerle un grupo de encuentro, le estaba ofreciendo otros grupos, pero ella me dijo: «Quiero hacer el grupo de encuentro». Así que yo le dije «de acuerdo». Pero cuando digo «de acuerdo», deberías saber lo que quiero decir. Lo que quiero decir es que es tu propia decisión.

Cree que sabe algo porque es facilitadora de grupos. Ha estado facilitando grupos y por eso cree saber algo. Y en ese mismo instante yo supe que no iba a poder participar en ese grupo, porque es el mejor grupo de encuentro del mundo en este momento. En ningún otro sitio hay tanta libertad.

En Occidente, el grupo de encuentro está más limitado porque el facilitador del grupo tiene unas limitaciones. Solo quiere llegar hasta un cierto punto. Cuando ve que las cosas se complican y es posible que no pueda controlarlas, o que vayan demasiado lejos, o que quizá no sepa qué hacer para que vuelvan a su cauce, lo evita.

Aquí no creemos en los límites.

Yo solo le sugiero el grupo de encuentro a personas que veo que comprenden que hay que ir más allá de los límites: límites de sexo, límites de violencia, rabia, ira. Tienen que romper todas esas limitaciones. Cuando se rompen los límites, se abre una puerta.

Esta mujer se asustó mucho y ahora está en contra de este grupo, y me pregunta: «¿Por qué permites que haya tanta violencia?». No es asunto tuyo. Si no puedes hacerlo, no hace falta que lo hagas. Hay otros grupos menos violentos como el zazen o el vipassana. Aquí tenemos juguetes para todos los gustos. Puedes elegir.

Pero no me sigas escribiendo. Ya estoy informado de todo lo que ocurre aquí. No ocurre nada sin que yo lo sepa, de modo que no hace falta que me informes, yo ya lo sé. Es una absoluta pérdida de tiempo.

En el momento en que te entregas y te conviertes en un iniciado, en un *sannyasin*, tu entrega tiene que ser total. Vive algunos meses con ese grado de entrega total, y te darás cuenta de que esa entrega es alquímica porque te transforma.

Los nuevos llegan y dicen: «¿Qué ocurre? ¿Los viejos *sannyasins* no intervienen? El guarda le está impidiendo en-

trar a alguien, ¿y los viejos *sannyasins* pasan de largo? Pero
¿qué le ocurre a esta gente? ¿Acaso no entienden que eso no
está bien? ¿Se han vuelto apáticos o indiferentes?».

No; han aprendido, han aprendido igual que tú. Poco a poco,
han aprendido que todo lo que sucede tiene un propósito, es
un recurso. Todo tiene un significado oculto. Y solo yo conozco
ese significado oculto. De modo que no vayas a ver a Laxmi,
porque ella no sabe nada. Ella simplemente me pregunta lo
que hay que hacer y lo hace. No puedes preguntarle a Sant en
la puerta: «¿Qué estás haciendo?». Él simplemente hace lo que
le mandan.

Si vas a formar parte de esta comuna, tendrás que entenderlo. Tienes que relajarte y dejar de juzgar. Luego, tras unos meses de relajación y aceptación, serás capaz de entender. Eso es
lo que les ha ocurrido a los *sannyasins* más viejos: ahora lo
entienden.

La sexta pregunta:

Osho,

Siempre he creído que me merecía un pequeño premio al final del día: unas cervezas, cigarrillos o drogas. Ninguna de estas
cosas me satisfacen, pero sigo deseando algo, algún tipo de gra-
tificación. ¿A qué se debe este anhelo y cómo puedo satisfacerlo?

No puedes satisfacerlo de ninguna forma. El deseo tiene un
mecanismo sutil que hay que entender. Así es como funciona

el deseo. El deseo le pone condiciones a tu felicidad: «Si consigo este coche, esta mujer, esta casa, seré feliz». Cuando satisfaces un deseo eliminas esa condición para poder ser feliz. Y, cuando te liberas, te sientes bien. En realidad, lo único que has hecho es eliminar un obstáculo innecesario para ser feliz, pero no transcurrirá demasiado tiempo antes de que vuelvas a pensar: «Si me invento otro impedimento y consigo eliminarlo, volveré a sentir el mismo alivio que sentí cuando eliminé el anterior». Por eso, aunque se cumplan los deseos, vuelven a crear nuevos deseos.

¿Lo entiendes? Primero pones una condición, diciendo: «No voy a ser feliz mientras no esté con esa mujer. Solo puedo ser feliz con esa mujer». Cuanto más difícil sea, más entusiasmo y empeño pondrás. Cuanto más difícil sea, mayor será el desafío. Cuanto más difícil sea, más pondrás a todo tu ser en juego, estás dispuesto a arriesgarte. Y entonces, por supuesto, aumenta la esperanza y el deseo de poseer a esa mujer, porque es muy difícil y complicado. Sin lugar a dudas, debe estar muy bien, por eso es tan difícil y complicado conseguirlo. Y vas persiguiendo tu deseo hasta que finalmente logras estar con esa mujer.

El día que lo consigues, desaparece la condición «si pudiera estar con esa mujer, seré feliz». Es una condición que habías puesto tú. Ahora que tienes a esa mujer, sientes alivio. Ya no tienes que perseguirla; lo has conseguido, tienes el resultado en tus manos y te sientes bien; te sientes bien porque sientes un alivio.

Un día vi al mulá Nasrudín caminando mientras iba dolorido y sufriendo.

—¿Qué te pasa? —le pregunté—. ¿Te duele el estómago, tienes dolor de cabeza o algo así? ¿Qué te pasa? Te veo muy agobiado.

—Nada —me contestó—. Es que me aprietan los zapatos porque me quedan pequeños.

—¿Y entonces por qué los usas?

—Porque el único alivio que tengo al final del día es quitarme los zapatos. Dios mío, es tan... Disfruto tanto —dijo—. Y es lo único que me hace feliz, por eso no quiero desprenderme de estos zapatos. Son una talla más pequeña. En realidad, es un infierno, pero por las noches me siento como si estuviera en el cielo. Cuando llego a casa, me quito los zapatos, me dejo caer en el sofá y estoy en éxtasis. Es maravilloso.

Esto es lo mismo que haces tú. Creas un dolor, una angustia, una persecución, un frenesí, y luego llegas a casa un día, te quitas los zapatos, y dices: «Esto es maravilloso. Estoy en éxtasis». Pero ¿cuánto puede durar? El alivio solo dura unos instantes. Y luego empiezas a anhelar otra cosa.

Esa mujer no te sirve porque ya la tienes. No puedes poner esa condición otra vez. Ahora no puedes decir «si pudiera estar con esa mujer, sería feliz», porque ya la tienes. Entonces empiezas a mirar a la mujer de otra persona, «si pudiera estar con esa mujer...». Ya te has aprendido el truco. Primero tienes que poner una condición para ser feliz, luego tienes que perseguir esa condición desesperadamente hasta que un día llega el alivio. Pero no tiene sentido. Un persona con un poco de entendimiento se dará cuenta de que no hace falta poner ninguna condición, puedes ser feliz sin necesidad de poner condiciones. ¿De qué te sirve ponerte unos zapatos que te queden pequeños, que te hagan sufrir? ¿Solo para sentir un alivio al final? ¿Por qué no sentir ese alivio todo el tiempo? El problema es que entonces no sentirás alivio. Para que ocurra, tiene que haber un contraste. Serás feliz, pero no lo notarás.

Esta es la definición de un hombre verdaderamente feliz. Un hombre verdaderamente feliz es alguien que no sabe nada de la felicidad, que nunca ha oído hablar de ella. Alguien que es tan feliz, tan incondicionalmente feliz, ¿cómo puede saber que es feliz? Solo alguien que no es feliz dice: «Soy feliz, las cosas están yendo muy bien». Es una persona infeliz. Una persona feliz no sabe nada de la felicidad. La felicidad simplemente está ahí y siempre lo ha estado. Es como respirar.

¿No te sientes muy feliz por respirar? Pues haz una cosa, tápate la nariz. Haz unos ejercicios de yoga, aguántate la respiración, y sigue aguantando. Empezarás a sentir que te mueres. Sé un verdadero discípulo del yoga y sigue aguantándote. Entonces saldrá todo el aire de golpe y sentirás una gran alegría. Es una bobada, pero es lo que hace todo el mundo. Por eso quieres tener un compensación por la noche.

La felicidad está aquí y ahora, no hace falta poner condiciones. La felicidad es natural. Date cuenta de esto. No pongas condiciones a tu felicidad. Sigue siendo feliz sin motivo alguno. No hace falta buscar una razón para ser feliz. Simplemente sé feliz.

Los árboles son felices y no toman cerveza ni fuman cigarrillos por las noches, pero son totalmente felices. Mira... El viento sopla y es feliz, el sol es feliz, la arena es feliz, el mar es feliz, todas las cosas son felices, excepto el hombre, porque no ponen condiciones. Simplemente sé feliz.

Si no puedes ser feliz, no te pongas condiciones imposibles de cumplir para hacerlo aún más difícil. El mulá tenía razón..., basta con una insignificancia. Yo lo comprendo. Es mucho más inteligente de lo que parece. Simplemente usando un pequeño recurso..., unos zapatos que te aprieten, cualquier recurso, nadie te lo puede impedir, y por la noche serás feliz. Emplea recursos —invéntate tus propios recursos— y sé todo lo feliz que quieras.

En cambio, dices: «Cuando tenga esa casa, seré feliz». Estás poniendo una condición muy grande. Eso te puede llevar muchos años, te cansarás y te agotarás, y cuando consigas el palacio de tus sueños, estarás a punto de morir. Es lo que suele ocurrir. Has desaprovechado tu vida y ahora esa gran casa se convierte en tu tumba. «Hasta que no tenga un millón de dólares —dices— no voy a ser feliz». Entonces tendrás que trabajar y desperdiciar toda tu vida. El mulá Nasrudín es mucho más inteligente. Pon condiciones pequeñas y sé todo lo feliz que quieras.

Si lo entiendes, te darás cuenta de que no hace falta poner condiciones. Tienes que darte cuenta de que las condiciones no te dan la felicidad, solo te proporcionan un alivio. Pero el alivio no puede ser permanente, no hay ningún alivio que lo sea. Solo dura unos momentos. ¿No lo has comprobado muchas veces? Querías comprarte un coche, el coche está en tu porche y tú eres inmensamente feliz. Pero ¿cuánto te dura esa felicidad? Mañana el coche tendrá un día y ya será viejo. Pasado mañana tendrá dos días y todos tu vecinos lo habrán visto y admirado, y entonces se acabó. Ahora ya nadie habla de tu coche. Por eso las fábricas de coches sacan modelos nuevos cada año, para que puedas tener nuevas condiciones.

La gente solo anhela cosas para sentir un alivio, pero ese alivio está en tus manos. ¿Conoces esta historia?

Un mendigo estaba sentado debajo de un árbol cuando se averió el coche de un hombre rico. El hombre rico salió del coche mientras el chófer lo reparaba. El mendigo estaba descansando tranquilamente debajo del árbol, soplaba una brisa y hacía un día maravilloso. El hombre rico fue y se sentó junto al mendigo, y le preguntó:

—¿Por qué no trabajas?

El mendigo dijo:

—¿Para qué?

—Si trabajaras, ganarías dinero —dijo el hombre rico.

—¿Para qué? —le contestó el mendigo.

El hombre rico empezó a enfadarse un poco, y le dijo:

—Si tuvieras dinero, podrías tener muchos ahorros en el banco.

—¿Para qué? —le preguntó el mendigo.

El hombre estaba cada vez más molesto, y le dijo:

—¿Para qué? Para poder jubilarte cuando seas viejo y descansar.

—Pero si ya estoy descansando —dijo el mendigo—. ¿Por qué voy a esperar a ser viejo y para qué tengo que hacer todas esas tonterías: ganar dinero, tener ahorros en el banco y, finalmente, descansar? ¿No te das cuenta de que ya estoy descansando? ¿Para qué voy a esperar?

¿Para qué esperar a que sea de noche? ¿Para qué esperar a la cerveza? ¿Por qué no beber agua y disfrutar mientras la bebes?

¿Conoces la historia de Jesús, de cuando convirtió el agua en vino? Los cristianos no la han entendido. Creen que realmente convirtió el agua en vino. Pero eso no es verdad. Seguramente, les contó a sus discípulos el mismo secreto que os he contado yo a vosotros. Les debió decir: «Bebedla con tanta alegría como si se hubiese convertido en vino».

Puedes beber agua con tanta alegría que incluso te puedes embriagar. Inténtalo. Te puedes embriagar con agua. Solo depende de ti, no depende de la cerveza ni del vino. Y si no lo entiendes, pregúntaselo a un hipnotizador, pregúntaselo a nuestro Santosh. Él sabe de lo que estoy hablando. Si le das agua a una persona que ha sido hipnotizada y le dices que es vino, se embriagará con el agua.

Los médicos conocen los placebos, y, a veces, obtienen resultados sorprendentes. Hicieron unos experimentos en un hospital. Les dieron una medicina a un grupo de veinte pacientes que tenían una enfermedad, y a los otros veinte que tenían la misma enfermedad solo les dieron agua; simplemente querían saber si el agua funcionaba. Ni el médico ni los pacientes sabían a quién le habían dado agua, y a quién le habían dado la medicina, porque si el médico lo supiera, esto influiría en su comportamiento. No tendría la misma seriedad al dar solo agua, y eso haría que el paciente sospechara algo. De manera que nadie sabía nada, ni el médico ni el paciente... Nadie. El secreto estaba guardado bajo llave.

Lo milagroso es que se curaron el mismo número de pacientes con el agua que con la medicina. Transcurridas dos semanas, se curaron diecisiete personas de los veinte pacientes de cada grupo. Y lo más sorprendente es que los que solo habían tomado agua estuvieron más tiempo sanos que los que habían tomado la medicina. Los que habían tomado la verdadera medicina volvieron a estar enfermos al cabo de unas semanas.

¿Qué había ocurrido? ¿Cómo pudo ser tan efectiva el agua? Lo que realmente funciona es creer que se trata de una medicina, y no la medicina en sí. Y, como el agua solo es agua, no te puede hacer daño. La medicina sí te puede hacer daño. Por eso las personas que habían recibido la medicina tuvieron que volver al médico al cabo de un tiempo. Empezaron a imaginar un nuevo deseo, una nueva enfermedad, problemas nuevos, porque todas las medicinas afectan a tu sistema, de una forma u otra. Provocan una reacción. El agua no provoca ninguna reacción. Es pura hipnosis.

Puedes beber agua con tanto placer, con tanta esperanza, que se convierta en vino al beberla. Cuando ves a los seguidores del zen tomando té con tanta ceremonia y ritual, con tanta conciencia, incluso tomar se vuelve extraordinario. Un té normal se transforma. Un acto normal se puede transformar. Un paseo por la mañana puede ser embriagador. Si un paseo por la mañana no es embriagador, significa que te pasa algo. Ver una rosa puede ser embriagador. Y, si esto no te embriaga, nada lo hará. Mirar a un niño a los ojos puede ser embriagador.

Aprende a vivir cada momento con alegría. No busques resultados, porque no los hay. La vida no pretende ir a ningún sitio, no tiene ningún fin. La vida no es un medio para alcanzar un fin, la vida hay que vivirla aquí y ahora. Vívela totalmente, vívela conscientemente, vívela felizmente y te sentirás satisfecho.

No debes posponer la satisfacción, de lo contrario nunca estarás satisfecho. La satisfacción tiene que ocurrir ahora, ahora o nunca.

La última pregunta:

Osho,
La gente cree que soy malo, pero yo solo creo que soy tacaño.
¿Tú que opinas, Osho?

Te contaré una anécdota...

Una día, un joven se puso contentísimo al enterarse de que le habían tocado cincuenta mil libras en las quinielas. Vivía con sus padres, los dos eran mayores y no tenían demasiado dinero. Cuando les contó que le había tocado todo ese dinero, ellos también se alegraron mucho.

—Obviamente —dijo él—, me gustaría compartir mi buena suerte con vosotros, así que os voy a regalar diez libras a cada uno.

Hubo un momento de silencio, y luego habló el anciano padre.

—Hijo —le dijo—, tu madre y yo hemos hecho mucho por ti y nunca te ha faltado de nada en todo este tiempo, pero ahora que puedes valerte por ti mismo, creo que deberías saber que, bueno..., tu madre y yo nunca nos hemos casado oficialmente.

—¡Cómo! —exclamó el joven—. Entonces, ¿estás diciendo que soy un hijo...?

—Eso mismo —dijo el anciano—. ¡Y además eres un maldito tacaño!

Hemos terminado por hoy.

9. La verdad es tu propio ser

El Señor preguntó: ¿Tú qué crees Subhuti, crees que hay algún *dharma* que el Tathagata haya aprendido de Dipankara? Subhuti respondió: No, Señor, no lo hay.

El Señor dijo: Si un *bodhisattva* dijese: «Voy a crear campos búdicos armónicos», estaría diciendo una falsedad. Y ¿por qué? Porque las armonías de los campos búdicos, Subhuti [...], el Tathagata las enseñó como no armonías. Por eso habló de los «campos búdicos armónicos».

El Señor dijo: E imagínate nuevamente, Subhuti, que una mujer o un hombre renunciaran a todos sus bienes tantas veces como granos de arena hay en el río Ganges; e imagínate que otra persona, después de escoger una sola estrofa de cuatro versos de este discurso sobre el *dharma*, se la demostrase a los demás.

Y que, por el poder de este hecho, este último lograra tener mucho más mérito, una cantidad de mérito inconmensurable e incalculable.

A continuación, el impacto del *dharma* hizo llorar al venerable Subhuti. Y después de derramar sus lágrimas, le dijo así al Señor: Oh, Señor, es maravilloso, Oh, bienaventurado, es extremadamente maravilloso comprobar lo bien que ha enseñado el Tathagata este discurso sobre el *dharma*. A través de él, he alcanzado el conocimiento... Y ciertamente no es una percepción. Y ¿por qué? Porque los budas, los señores, han dejado atrás todas las percepciones.

El Señor le dijo: Así es, Subhuti.

Los seres que no tiemblen, ni se asusten, ni estén aterrados al oír este sutra serán maravillosamente bendecidos...

Es más, Subhuti, la perfección de la paciencia del Tathagata, en realidad, no es una perfección.

Y ¿por qué? Porque cuando el rey de Kalinga me cortó la carne de todas las extremidades, Subhuti, en ese momento no tenía una percepción de un yo, de un ser, de un alma, de una persona.

Y ¿por qué? Porque, si en ese momento, Subhuti, hubiese percibido un yo, en ese momento también habría percibido hostilidad [...].

Es más, Subhuti, un *bodhisattva* debería entregar sus regalos de esta manera por el bienestar de todos los seres.

Y ¿por qué? Porque la percepción de un ser, Subhuti, solo es una no percepción. Esos seres completos de los que habla el Tathagata, de hecho, son no seres.

Y ¿por qué? Porque el Tathagata habla de acuerdo a la realidad, dice la verdad, habla de lo que es, y no al contrario. Un *tathagata* no dice falsedades [...].

«*Tathagata*», Subhuti, es sinónimo de ser lo que eres de verdad.

El Señor preguntó: ¿Tú que crees Subhuti, crees que hay algún *dharma* que el Tathagata haya aprendido de Dipankara?

Subhuti respondió: No, Señor, no lo hay.

Dipankara fue un antiguo buda. El Buda Gautama, en una vida pasada, cuando todavía no se había iluminado, fue a ver a Dipankara. Quería que le aceptara como discípulo, pero Dipankara se rio y le dijo:

—No hay nada que aprender.

La verdad no se puede aprender. Sí, hay que entender ciertas cosas, pero no hay nada que tengamos que aprender. Solo hay que reconocer la verdad. La verdad está dentro de tu ser y solo tienes que destaparla. Pero no hay nada que aprender.

La verdad no es nueva, la verdad es tu propio ser. Tienes que darte cuenta de esto. No significa que tengas que ser más erudito, de hecho, cuanto más erudito seas, menos te darás cuenta. Cuanto más creas que sabes, más sumido estarás en la ignorancia.

El conocimiento es ignorancia. Una persona erudita está cubierta por oscuras nubes de memoria, información, escrituras, filosofía.

Dipankara le dijo a Gautama:

—No tienes que pensar en términos de aprendizaje. La verdad ya está dentro de ti. La verdad no se puede transferir.

No solo esto, sino que cuando Gautama se postró a los pies a Dipankara, Dipankara se inclinó y se postró los pies a Gautama. En esa época, Gautama todavía no se había iluminado. Estaba sorprendido y avergonzado al mismo tiempo.

Se habían congregado ahí muchos monjes, y nadie entendía lo que estaba sucediendo, nadie entendía lo que ocurría. Dipankara nunca había hecho eso con nadie. Y Gautama le dijo:

—¿Qué has hecho? ¿Por qué te has postrado a mis pies? Yo soy un pecador, una persona ignorante. Está bien que yo me postre a tus pies, pero es absurdo que tú lo hagas a los míos. ¿Acaso te has vuelto loco?

Dipankara se volvió a reír y dijo:

—No, Gautama. Te ha extrañado porque no conoces tu futuro. No estoy loco. Yo puedo ver lo que va a ocurrir, y pronto te convertirás en un buda. Y solo me he postrado a tus pies para honrar ese hecho. Es más, para un iluminado, todo el mundo está iluminado. Solo es una cuestión de tiempo. No importa mucho. Yo me he iluminado hoy, mañana te iluminarás tú, y pasado mañana se iluminará otra persona, pero no importa. Todo el mundo se va a iluminar, todos los seres. Lo puedes seguir retrasando, solo depende de ti. En cuanto dejes de retrasarlo, en cuanto dejes de postergarlo, estará ahí. Siempre ha estado ahí esperando a que lo reconozcas.

Esta es una de las historias más bellas..., el día que Dipankara se postró a los pies de Gautama. Gautama era un desconocido. Al cabo de muchos siglos, unos tres mil años más tarde, Gautama se iluminó. Lo primero que hizo fue inclinarse ante Dipankara. Ahora no había ningún Dipankara, pero él se inclinó, y riéndose dijo:

—Ahora entiendo por qué te postraste a mis pies. Ahora puedo postrarme a los pies de cualquier persona. Ahora sé que toda la existencia se va a iluminar.

La iluminación es un hecho natural. Si no lo impedimos, tendrá que ocurrir. No es que haya que alcanzar nada, lo que hay que hacer sencillamente es no impedirlo. Lo intentas impedir de mil maneras. No permites que te ocurra. Cuando te empieza a ocurrir, te asustas. Cuando te posee, no puedes entregarle tanta posesión y te retraes, te repliegas. Vuelves a la pequeña celda del ego. Ahí estás protegido, defendido, seguro.

La iluminación es un cielo abierto de inseguridad. Es amplitud, es un océano inexplorado. Es un viaje de lo desconocido a lo desconocido. No hay nada que se pueda conocer. El conocimiento, la idea misma de conocimiento forma parte de la estupidez humana. La vida es un misterio tal que no se puede conocer. Y, si no se puede conocer, ¿cómo se puede enseñar? Y, si no se puede enseñar, ¿qué sentido tiene que haya un maestro y un discípulo?

Hace algunos días surgió esta pregunta: «¿Por qué has declarado que eres Osho?». Esto es una obra de teatro y yo he decidido representar el papel de Osho, y vosotros habéis decidido representar el papel de mis discípulos, pero se trata de una obra de teatro. El día que lo entiendas, te darás cuenta de que todo era un sueño, pero es un sueño que te ayuda a salir de los demás sueños, es una espina que te ayuda a quitarte las demás espinas de tu piel. Aunque sea útil, sigue siendo una espina. Es un veneno que te ayuda a eliminar los demás venenos, pero, al fin y al cabo, es un veneno. Úsalo como si fuera una balsa. Por eso te digo que es una obra de teatro.

El hecho de que tú seas el discípulo y yo sea el maestro es una obra de teatro. Represéntala lo mejor que puedas. Para ti es real, ya lo sé, pero para mí solo es una representación. Desde tu punto de vista es una gran realidad, pero, desde el mío, solo es un juego. Un día también entenderás que se trata de un juego. Y ese será el día de tu iluminación.

El día que Gautama se postró a sus pies, Dipankara le estaba diciendo: «Esto solo es un juego. Tú te postras a mis pies o yo me postro a tus pies, pero no hay ninguna diferencia. Todos estamos iluminados, todos somos dioses. No es que yo sea un dios y tú no, *todo* es divino. Los árboles son dioses, los animales son dioses, y todo lo demás también, incluso las piedras».

Dios está profundamente dormido dentro de las piedras. Está un poco más consciente en los árboles, un poco más en los animales, y un poco más dentro de ti. En un buda ha llegado a estar completamente consciente. No es una diferencia de cualidad, sino de cantidad. Si puedes estar un poco consciente, también podrás llegar a estar muy consciente.

El Señor preguntó: ¿Tú qué crees Subhuti, crees que hay algún dharma *que el Tathagata haya aprendido de Dipankara?* Está preguntando: «¿He aprendido algo de Dipankara?». No hay nada que aprender. La verdad viene dada. Todo lo que aprendas serán mentiras. No hace falta aprender la verdad. No hace falta inventarla, solo hay que descubrirla, o sería más correcto decir que solo hay que redescubrirla.

Y el término *aprender* es peligroso. Aprender es acumular información. Cuanta más información acumules, más profundamente se esconderá tu realidad en el inconsciente. Te vas cargando, estás sobrecargado. Tu cabeza empieza a vociferar con tantos conocimientos, está llena de ruidos y no puedes oír la leve y callada voz de tu corazón. Con el ruido de los conocimientos, se pierde ese silencio.

Este es el motivo por el que hasta un pecador puede llegar a iluminarse, sin embargo, un erudito no lo consigue. Porque un pecador puede ser humilde, pero un erudito no. Un pecador puede llorar y sollozar, pero un erudito sabe. Es obstinado en su conocimiento, es egoísta en su conocimiento. Es duro, no se puede derretir. No está abierto, está cerrado. Sus conocimientos y todas las escrituras que ha ido acumulando han tapado sus puertas y sus ventanas.

Alcanzar la verdad consiste más en desaprender que en aprender. Tienes que desaprender lo que has aprendido. No consiste en convertirse en algo, sino en desconvertirse; no es aprender, sino desaprender. El camino es desaprender. Si puedes desconvertirte, entonces podrás convertirte. Si puedes desaprender y renunciar absoluta e incondicionalmente a todos tus conocimientos, sin aferrarte a nada, te volverás inocente. Y esa inocencia es la que te lleva a casa. *Subhuti respondió: No, Señor, no lo hay.*

¿Qué es lo que se transfiere de un maestro a un discípulo? No es la verdad, no es el conocimiento, entonces, ¿qué es? A decir verdad, no se transfiere nada. En presencia de un maestro hay algo que surge en el fondo de un discípulo, pero no es que se transfiera nada. No hay nada que se traslade del maestro al discípulo, nada en absoluto, sin embargo, la presencia del maestro, su misma presencia, hace que empiece a aflorar algo que estaba profundamente escondido. La presencia del maestro suscita al ser del discípulo. No es que el maestro le dé o le transfiera nada, sino que la presencia del maestro actúa como un catalizador y el discípulo empieza a cambiar.

Por supuesto, el discípulo creerá que el maestro está haciendo algo, pero no hace nada. Un verdadero maestro nunca hace nada. Su única actividad consiste en estar presente, en estar a tu disposición. Su trabajo solo consiste en algo muy sencillo: en estar ahí, como el sol.

El sol sale por la mañana, se abren los capullos y se convierten en flores. El sol no les está dando nada, el sol no llega y los abre, el sol no hace nada, pero basta con la presencia de la luz para que los capullos se empiecen a abrir. El abrirse es algo intrínseco al propio capullo, igual que el florecimiento y el aroma. Todo nace del propio capullo. El sol no añade nada, pero su presencia es catalizadora. Si no hubiera sol, al capullo le resultaría casi imposible abrirse. No sabría que se puede abrir. Nunca sería consciente de sus posibilidades ni de su potencial.

Un maestro solo te ayuda a darte cuenta de tu potencial. Si él lo ha conseguido, tú también puedes hacerlo. Él es como tú, tiene la misma sangre, los mismos huesos, el mismo cuerpo. Es igual que tú. Si ha sido posible para él, si su capullo se ha podido convertir en flor, entonces, ¿por qué no puedes conseguirlo tú? Esta idea llega al fondo de tu corazón, sacude todo tu ser y empiezan a aflorar las energías, tu capullo se empieza a abrir.

Esto es lo que en Oriente llamamos *satsang*: estar en presencia del maestro. Y el verdadero discípulo es aquel que sabe cómo estar en presencia del maestro. El maestro está presente, pero ¿cómo estar en presencia del maestro?

¿Has visto un girasol? Es el símbolo del discípulo. Un girasol se mueve hacia donde va el sol. Siempre está mirando al sol. Por la mañana mira hacia el este y por la tarde mira hacia el oeste. Se mueve con el sol. El girasol se mueve hacia donde va el sol. El girasol es un símbolo, una metáfora del discípulo.

Buda pregunta: «Subhuti, ¿tú crees que he aprendido algo de Dipankara?». Subhuti le contesta: «No, Señor, no es así», porque no hay nada que aprender. ¿Significa esto que Buda no le está agradecido a Dipankara? No, al contrario. Cuando se iluminó, lo primero que hizo fue agradecérselo a Dipankara, que había desaparecido en el infinito mucho tiempo antes, y no quedaba ni rastro de él. Solo existía en la memoria de Buda, de nadie más.

No hay ningún texto sagrado que hable de Dipankara. Es muy probable que en esa época no escribieran textos sagrados. No se hace referencia a él en ningún otro sitio. La única referencia que tenemos de él es la de Buda. Han pasado tres mil años, nadie sabe nada de Dipankara. Pero cuando Buda se iluminó, el primer agradecimiento, el primer reconocimiento, fue hacia Dipankara. ¿Por qué? Porque fue en su presencia que su anhelo se convirtió en una pasión: convertirse en un buda. Fue en su presencia que surgió un gran deseo de ser un buda. Fue en su presencia que el capullo de Gautama empezó a soñar en convertirse en una flor. Fue en su presencia que se reveló su sueño. Tardó tres mil años en renunciar a todos los impedimentos y obstáculos, pero ¿qué son tres mil años en la eternidad del tiempo? Nada, solo un instante.

¿Por qué Buda le hace preguntas a Subhuti? Para que Subhuti comprenda que no hay nada que aprender de Buda. Buda mismo no ha aprendido nada de Dipankara, de modo que «no hay nada que puedas aprender de mí, Subhuti. Estate conmigo y no pienses en términos de aprender. En cuanto empiezas a pensar en términos de aprender, dejas de estar conmigo».

Aquí también hay dos tipos de personas: los discípulos y los estudiantes. Los estudiantes son aquellos que quieren aprender algo. Están aquí para adquirir más información y luego poder jactarse de ello diciendo que saben esto y aquello. Solo están reuniendo piedras de colores cuando podrían ser diamantes.

Un discípulo es alguien que no está interesado en el conocimiento, sino en el ser, que simplemente está interesado en estar aquí conmigo sin más motivos. Algo le ha llegado al corazón, su sueño se ha empezado a revelar, y ha surgido en su interior un intenso deseo.

La otra noche estaba aquí Saroj, y dijo que le estaba empezando a dar mucho miedo la muerte. Yo le pregunté:

—¿Por qué? ¿Por qué te da tanto miedo la muerte? —Y su respuesta fue preciosa, me dijo—: No es por la muerte en sí, Osho, sino porque todavía no sé nada, todavía no he descubierto nada. Todavía no he notado nada y tengo miedo de morirme sin saber la verdad, ese es mi miedo.

Un discípulo es alguien que tiene un enorme interés en el ser, en la verdad en sí, y no en ampliar sus conocimientos. Ella no tiene miedo a la muerte, ella tiene miedo a que llegue la muerte e interfiera en la intimidad que se está generando entre los dos. La muerte puede llegar e interrumpir esa presencia de la que está bebiendo, la presencia que está entrando en su ser y que está cambiando mil cosas dentro de su alma; ese es su miedo.

Un discípulo es alguien que no está interesado en saber, sino en ser. No es que quiera saber algo de Dios, sino que quiere experimentar a Dios, quiere beber de esa laguna llamada Dios, quiere convertirse en parte de esa energía oceánica.

De modo que si has venido aquí como un estudiante, no eres demasiado listo. No es muy inteligente ser un estudiante aquí. Esto no es una escuela. Aquí tienes acceso a la vida, pero tienes que ser un discípulo. Ser un discípulo significa ser lo bastante valiente como para poder estar cerca de un maestro, cueste lo que cueste. Es arriesgado, es arriesgado porque tendrás que morir. Para que nazca la flor, tiene que morir el capullo. Para que crezca el árbol, tiene que morir la semilla. Para que florezca en tu interior la divinidad, tienes que morir.

El Señor preguntó: ¿Tú qué crees Subhuti, crees que hay algún dharma *que el Tathagata haya aprendido de Dipankara?* Un gran buscador escribió:

> Fui a ver a los sabios para encontrar respuestas. Había muchos sabios, y cada uno tenía una respuesta. Y por eso, con el tiempo, me di cuenta de que se estaban traicionando a sí mismos. Pero también me encontré con algunos que eran diferentes, solo uno o dos, que estaban sentados con una vitalidad serena, sonreían a mis preguntas, y viendo mi ansia de respuestas, generosamente me daban más preguntas.
>
> Con ellos viví momentos donde me olvidé por completo de la sabiduría, y sonreía despreocupadamente como solo saben hacerlo los tontos y los niños. De los verdaderos sabios no recibí ninguna respuesta. Mi falta de sabiduría era lo que me había llevado a los sabios. Entonces, ¿cómo iba a poder entender algo sabio, incluso aunque fuera posible decirlo, incluso aunque ellos me lo dijeran? Los verdaderos sabios eran demasiado sinceros como para darme respuestas sabias.

Los verdaderos sabios te dan su ser, se entregan. Los verdaderos sabios se ponen a tu disposición, y, si tú eres valiente, podrás beber y comer de su ser. Esto es lo que quería decir Jesús cuando les dijo a sus discípulos: «Comed y bebed todos de mí». Hay que comer al maestro, hay que absorberlo, digerirlo, y solo así podrás descubrir tu propia verdad. No hay nada que aprender, no tienes que aprender ningún *dharma*, ninguna doctrina, ninguna filosofía.

> El Señor dijo: Si un *bodhisattva* dijese, «voy a crear campos búdicos armónicos», estaría diciendo una falsedad. Y, ¿por qué? Porque las armonías de los campos búdicos, Subhuti [...], el Tathagata las enseñó como no armonías. Por eso habló de los «campos búdicos armónicos».

El término *campo búdico* tiene una enorme importancia. Es esencial que lo entiendas porque es justo lo que estoy haciendo aquí: crear un campo búdico. Por eso nos vamos a ir a Kutch, apartados del mundo, muy lejos, simplemente para crear un campo búdico donde puedas tener acceso a un tipo de energía completamente distinto.

Un campo búdico es crear una situación donde tu buda dormido puede despertar. Un campo búdico es crear un campo de energía donde puedes empezar a crecer, a madurar, donde puedas despertar de tu sueño, donde puedes recibir un impacto que te ayude a tomar conciencia. Es un campo eléctrico donde no puedes quedarte dormido, donde *tienes* que estar despierto porque estarás recibiendo impactos todo el tiempo.

Un campo búdico es un campo de energía donde un buda madura a los seres. Una tierra pura, un mundo fuera del mundo, un paraíso en la Tierra que te ofrece las condiciones idóneas para un crecimiento espiritual rápido. Un campo búdico es una *matrix*.

La palabra *matrix* viene del latín y significa «útero». De este término surgen las palabras *materia*, *madre*, etc. Un útero le ofrece tres cosas a una vida recién formada: una fuente de posibilidad, una fuente de energía para explorar esa posibilidad y un lugar seguro para que pueda tener lugar esa exploración.

Eso es lo que vamos a hacer. La nueva comuna será un gran experimento de budeidad. Habrá que poner energías a tu disposición, y habrá que ayudarte a que conozcas todas las posibilidades. Habrá que ayudarte a tomar conciencia de tu potencial y ofrecerte un entorno seguro donde poder trabajar. Un lugar donde el mundo no te distraiga, un lugar donde puedas avanzar sin el bullicio de la multitud, un lugar donde las cosas corrientes queden a un lado, como los tabúes o las inhibiciones, y solo tenga importancia una cosa: cómo convertirte en un buda. Un lugar donde todo lo demás —el dinero, el poder y el prestigio— desaparezca de tu mente. Un lugar donde todo lo demás deje de ser importante y se convierta exactamente en lo que es —un mundo en la sombra—, para que no te pierdas en lo aparente.

El *maya* tendrá que quedar atrapado dentro de lo aparente. Es el mayor engaño del mundo. Lo aparente suele dominar poderosamente nuestras mentes. Un campo búdico es un lugar donde te alejas de lo aparente. En el silencio de una comuna, en la atmósfera desinhibida y sin tabúes de una comuna, el maestro y el discípulo pueden representar la función totalmente. Lo supremo llega cuando el maestro puede postrarse a los pies del discípulo, y cuando el maestro y los discípulos se pueden fundir en una misma realidad.

El Señor dijo: Si un bodhisattva dijese, «voy a crear campos búdicos armónicos», estaría diciendo una falsedad. Y ¿por qué? Porque las armonías de los campos búdicos, Subhuti [...], el Tathagata las enseñó como no armonías. Por eso habló de los «campos búdicos armónicos». Debes comprender que si alguien dice: «Yo voy a crear un campo búdico», y hace énfasis en el «yo», entonces esta declaración es falsa, porque, si el «yo» de alguien todavía está vivo, no podrá crear un campo búdico. Solo puede hacerlo alguien que no tenga un «yo» en su interior. De hecho, tampoco es correcto decir que lo crea, el lenguaje es inapropiado.

La palabra en sánscrito para creación es mucho mejor. Esa palabra es *nispadayati*. Tiene muchos significados. Puede significar «crear», puede significar «llevar a cabo», puede significar «madurar», puede significar «desarrollar», o simplemente «desencadenar la existencia de algo». Y ese es exactamente su significado.

Un buda no crea nada, sino que lo desencadena. Ni siquiera es correcto decir que lo desencadena. En su presencia suceden las cosas, en su presencia se desencadenan las cosas, se inician los procesos. Su mera presencia es como un fuego, como una chispa que hace que las cosas empiecen a moverse; una cosa lleva a la otra y se acaba formando una gran cadena.

Esto es exactamente lo que ha sucedido. Yo simplemente me siento en mi cuarto sin hacer nada y empiezan a aparecer buscadores de todo el mundo. Ni siquiera tengo que escribirles, basta con mi presencia. Primero aparece uno, luego otro, y se acaba formando una cadena. Ahora ha llegado un momento en el que necesitamos un campo búdico, una *matrix*, porque, aunque no lo sepas, van a venir miles de personas. Ya han dado un paso, ya están pensando en venir.

Cuanta más gente haya, mayor será el campo búdico y más fuerza tendrá. Tenemos la posibilidad de crear uno de los más grandes y más poderosos campos búdicos que haya habido en el mundo, porque nunca ha habido tanta búsqueda, el ser humano nunca ha vivido una crisis como esta.

Estamos a las puertas de que a la humanidad le suceda algo nuevo. O bien muere y desaparece, o damos un salto, un gran salto, y se crea un nuevo ser. Estamos exactamente en el mismo punto que hace millones de años, cuando los monos descendieron de los árboles y comenzó la humanidad, nació un nuevo ser. Ahora ese momento vuelve a estar muy cerca. Es un momento peligroso porque está abierto a todas las posibilidades...

Podía haber ocurrido que los monos no sobrevivieran en el suelo y murieran, pero algunos se arriesgaron a hacerlo. Y los demás monos que vivían felices en los árboles pensaron que estaban locos. Debieron pensar: «Estos tipos están chiflados, están locos. Para empezar, ¿por qué quieren vivir en el suelo?

¿Por qué se complican la vida sin necesidad? Nuestros padres, nuestros abuelos y todos nuestros antepasados han vivido en los árboles».

Ahora está a punto de ocurrir lo mismo. El ser humano lleva mucho tiempo viviendo de la misma manera. Al final de este siglo es posible que se produzca un salto cuántico crítico. O el ser humano muere en la tercera guerra mundial, o dará el salto y se convertirá en un nuevo hombre. Antes de que ocurra, necesitamos un campo búdico, un campo donde podamos crear el futuro.

Pero un *bodhisattva* no puede decir: «Voy a crear campos búdicos armónicos». Si hace hincapié en el «yo», significa que esa persona no es aún un *bodhisattva*. Hasta los budas usan la palabra *yo*, pero siempre aclaran que no se corresponde con una realidad, sino que es una necesidad lingüística; lo usan de forma funcional.

Y Buda dice que esos campos búdicos armónicos ni siquiera son armónicos. ¿Por qué? Porque para que haya armonía todavía tiene que haber conflicto. El hecho de que haya armonía significa que sigue habiendo partes contrarias que ya no están en conflicto. Buda dice que la verdadera armonía es cuando las partes contrarias se disuelven en la unidad. Pero, en ese caso, ya no se puede llamar armonía, porque para que haya armonía tiene que haber varios, para que haya armonía tiene que haber muchos fragmentos dentro de un todo armónico. Buda dice que la verdadera armonía es cuando ya no hay varios porque se han convertido en una unidad.

De modo que la armonía, la verdadera armonía, ni siquiera se puede llamar armonía. La verdadera armonía simplemente es unidad. No hay conflicto ni fricción porque han desaparecido todas las partes fragmentarias, se han disuelto: *Y ¿por qué? Porque las armonías de los campos búdicos, Subhuti [...], el Tathagata las enseñó como no armonías. Por eso habló de los «campos búdicos armónicos».*

Todo esto se debe a que el lenguaje es inapropiado. Por eso Buda siempre insiste en recordártelo, para que no seas víctima de las expresiones de un lenguaje inapropiado.

El Señor dijo: E imagínate nuevamente, Subhuti, que una mujer o un hombre renunciaran a todos sus bienes tantas veces como granos de arena hay en el río Ganges; e imagínate que otra persona, después de tomar una sola estrofa de cuatro versos de este discurso sobre el *dharma*, se la demostrase a los demás.

Y que, por el poder de este hecho, este último lograra tener mucho más mérito, una cantidad de mérito inconmensurable e incalculable.

Se dice que Hui Neng, uno de los mayores maestros zen, el sexto patriarca de la tradición zen, se iluminó oyendo cuatro versos de *El sutra del diamante*. Y solo estaba dando una vuelta por el mercado. Había ido a comprar algo, ni siquiera estaba pensando en la iluminación, y se encontró a un lado del camino a alguien que estaba leyendo *El sutra del diamante*. Esa persona llevaba toda la vida leyendo *El sutra del diamante* (debía ser algún erudito o un loro), y solía hacerlo todos los días; era su ritual, leía este sutra por la mañana y al atardecer.

Estaba anocheciendo y el mercado estaba a punto de cerrar, la gente se estaba yendo a su casa, y en ese momento pasó Huin Neng. Solo oyó cuatro versos. Se quedó estupefacto. Cuentan que se quedó ahí de pie toda la noche. Se acabó *El sutra del diamante*, cerró el mercado, y el hombre que lo recitaba se fue, pero Hui Neng seguía ahí de pie. Por la mañana era una persona completamente distinta. Nunca volvió a su casa, se fue a la montaña. El mundo dejó de tener importancia. ¿Solo por oírlo? Sí, si sabes escuchar, es posible. Hui Neng debía tener una mente muy inocente. Era un hombre maravilloso.

Buda dice que si alguien puede demostrar una sola estrofa de cuatro versos de *El sutra del diamante* tendrá mucho mérito, su mérito será inconmensurable e incalculable, mucho más mérito que un hombre o una mujer que *renunciaran a todos sus bienes tantas veces como granos de arena hay en el río Ganges...*

La renuncia no te ayuda, lo que te ayuda es comprender. Renunciar al mundo no te llevará a ninguna parte, tienes que comprender. La renuncia es un esfuerzo inútil. Solo renuncian los estúpidos, el sabio intenta comprender de qué se trata. Un sabio no es un escapista. Solo los estúpidos son escapistas porque no pueden afrontar la vida, no son capaces de asumir ese reto. No tienen valor para hacerlo. Se van al Himalaya, huyen a un monasterio tibetano o a cualquier otro sitio. Huyen del mundo. Son cobardes. Y la religión solo es posible cuando eres valiente, tienes que tener mucho coraje.

Buda dice que estos sutras tienen tanto valor que, si eres capaz de escucharlos con totalidad, con el corazón abierto, si tienes sensibilidad para entenderlos, podrán transformar tu vida. A veces, una simple palabra puede tener un poder transformador.

Me han contado que hubo un hombre..., se debía parecer a Hui Neng. Era muy anciano, tenía unos sesenta y cinco o setenta años. Una mañana, salió a dar un paseo y oyó a una mujer que estaba despertando a su hijo o a otra persona en una cabaña. El anciano iba por un camino y oyó a esa mujer decir:

—Es hora de levantarse. ¡Es de día! Ya no es de noche.

El anciano oyó estas palabras. Ni siquiera era *El sutra del diamante*, solo era una mujer que le decía a alguien. «¡Levántate! Ya está bien. Has dormido bastante. Ya no es de noche. Ha salido el sol, es de día», y el anciano lo oyó. Debía de estar en un estado mental receptivo —por la mañana temprano, oyendo el canto de los pájaros, con el sol y la brisa fresca—, y estas palabras le traspasaron el corazón como si fuesen flechas: «Es de día y has dormido demasiado, ya no es de noche». Nunca volvió a su casa. Se fue a las afueras del pueblo y se sentó a meditar en un templo.

La gente que le conocía se enteró de esto y su familia fue corriendo a buscarlo y le dijeron:

—¿Qué estás haciendo aquí?

—Es de día —dijo—, ya no es de noche y he dormido bastante. ¡Se acabó! Perdonadme, dejadme solo. Me tengo que despertar. Va a llegar la muerte y me tengo que despertar.

Y cada vez que pasaba por delante de la casa de esa señora —nunca la había visto antes—, se postraba delante de su puerta. Era su templo y la mujer era su maestra. Nunca la había visto antes, era una mujer como cualquier otra.

A veces basta con que alguien pronuncie unas palabras para que, si caen sobre el terreno adecuado del corazón, provoquen una gran transformación. Con más razón si son las palabras de un buda.

A continuación, el impacto del *dharma* hizo llorar al venerable Subhuti. Y después de derramar sus lágrimas, le dijo así al Señor: Oh, Señor, es maravilloso. Oh, bienaventurado, es extremadamente maravilloso comprobar lo bien que ha enseñado el Tathagata este discurso sobre el *dharma*. A través de él he alcanzado el conocimiento... Y ciertamente no es una percepción. Y ¿por qué? Porque los budas, los Señores, han dejado atrás todas las percepciones.

Es muy raro que una persona de las características de Subhuti se ponga a llorar y sollozar, derramando sus lágrimas. Pero sintiéndose tan colmado por la compasión y el amor de Buda, y al caer sobre él estas palabras como si fuera una lluvia de diamantes...

Estaba desbordado: *A continuación, el impacto del* dharma *hizo llorar al venerable Subhuti.* Ten en cuenta que las lágrimas son la forma más elevada de oración que existe. Hace unos días, vino Geet Govind desde Esalen. No era capaz de pronunciar ni una sola palabra, solo lloraba y lloraba. Empezó a sentirse un poco avergonzado. Quería decir algo, pero no conseguía hacerlo.

Esas lágrimas eran preciosas. Y ha seguido llorando desde entonces. Ha estado llorando las dos o tres semanas que ha pasado aquí, y me escribió: «Osho, ¿qué puedo hacer? ¿Cómo puedo dejar de llorar? No consigo parar». El impacto... Ha entrado en conexión conmigo, por eso llora. Me ha visto, por eso llora. Sus ojos están mostrando su agradecimiento, por eso llora. Sus ojos están colmados, por eso llora.

Nunca tengas miedo de llorar. Esta civilización te ha hecho tener mucho miedo a las lágrimas. En cierto sentido, te ha hecho sentir culpable. Te avergüenzas de llorar. Empiezas a sentir: «¿Qué pensarán los demás? ¡Soy un hombre, y estoy llorando! Es algo tan femenino e infantil, no debería llorar». Si cortas ese llanto, matarás algo que estaba naciendo en tu interior.

Las lágrimas son mucho más hermosas que ninguna otra cosa que te pueda ocurrir, ya que son lágrimas que surgen porque tu ser está desbordado. Y las lágrimas no tienen que ser necesariamente de tristeza, a veces son porque hay mucha alegría, a veces son porque hay una gran paz, a veces son porque hay éxtasis y amor. En realidad, no tienen nada que ver con la tristeza ni con la felicidad. Cuando hay algo que te llega al corazón, algo que te sobrepasa, que te envuelve, algo que se apodera de ti, algo que te supera, algo que no puedes contener y se empieza a desbordar, te hace llorar.

Acéptalo con una enorme alegría, disfrútalo, apóyalo, dale la bienvenida, porque gracias a esas lágrimas aprenderás a rezar. Las lágrimas te ayudan a ver. Los ojos cargados de lágrimas son capaces de ver la verdad. Los ojos cargados de lágrimas son capaces de ver la belleza y la bendición de la vida.

A continuación, el impacto del dharma *hizo llorar al venerable Subhuti. Y después de derramar sus lágrimas, le dijo así al Señor: Oh, Señor, es maravilloso, Oh, bienaventurado, es extremadamente maravilloso comprobar lo bien que ha enseñado el Tathagata este discurso sobre el* dharma. *A través de él he alcanzado el conocimiento.* Él dice: «Tu presencia, tus palabras compasivas, tu amor, tu gracia, han despertado el conocimiento en mí. Me han dado un atisbo, una visión de lo que es la verdad. *Y ciertamente no es una percepción*». Y Subhuti sigue diciendo: «Pero te recuerdo que no es una percepción porque no hay nadie que lo perciba. Es conocimiento puro».

Ha surgido el conocimiento, pero no hay nadie que sepa ni nada que se sepa, solo hay conocimiento. Es conocimiento puro. No hay separación entre el que conoce, lo conocido y el conocimiento. Solo hay conocimiento.

Y ¿por qué? Porque los budas, los Señores, han dejado atrás todas las percepciones. «Y ahora entiendo por qué se dice que los budas han dejado atrás toda percepción, porque para que haya una percepción tiene que haber alguien que lo perciba y lo percibido, para que haya una observación tiene que haber un observador y lo observado. Estas dualidades han desaparecido. Solo hay unidad».

Es muy difícil de expresar. Estas palabras de Michael Adam nos ayudarán a entenderlo...

He necesitado tantas palabras para decirlo, pero ¿qué es lo que hay que decir? ¿Qué es lo que está aquí y ahora? Una ráfaga de viento entre los árboles..., cuando sopla se doblan. He usado muchas palabras, y ahora me hace sonreír porque la *verdad* solo es una palabra. La *vida* es una palabra, la *muerte* es una palabra, el *amor* es una palabra, la *felicidad* es una palabra, *Dios* es una palabra. El viento y el árbol, el petirrojo y la foca, el niño y el sol son verdad. El resto solo son palabras.

Las palabras acerca del sol carecen incluso de la realidad de las sombras, y son mucho más frías. La clamorosa mente y el corazón buscador no pueden saber lo que es el sol, porque el sol pertenece a otra esfera, no hace ruido ni lucha. Pero la tierra tranquila y silenciosa parece que lo entiende, y, al parecer, la tierra sabe lo que es el sol sin necesidad de hacer un esfuerzo. Bajo el semblante de la muerte, bajo lo mortaja de la nieve, justo en mitad del invierno, la tierra abierta y callada sabe muy bien lo que es el sol.

El discípulo tendrá que tener tanta sed como la tierra, la tierra sedienta sabe lo que es una nube. El discípulo tendrá que volverse como la tierra abierta y vulnerable. La tierra vulnerable sabe lo que es el sol. Lo sabe, aunque no pueda decirlo, aunque no pueda expresarlo.

A esto se refiere Subhuti cuando dice: «Se ha despertado en mí el conocimiento. No puedo decirlo, yo no estoy ahí para atraparlo, yo no estoy ahí para capturarlo. Yo solo soy vacío, sin embargo, se ha despertado la percepción, se ha despertado el conocimiento, se ha despertado el *darshan*. Lo he visto, pero no hay una persona que lo esté viendo».

El Señor le dijo: Así es, Subhuti.
Los seres que no tiemblen, ni se asusten, ni estén aterrados al oír este sutra, serán maravillosamente bendecidos.

Estos sutras son como una muerte, como una crucifixión, y tendrás que morir. Solo a través de la muerte podrás saber qué es la vida. Es posible resucitar, pero solo a través de la crucifixión. Por eso Buda dijo que estos sutras son peligrosos y:

Los seres que no tiemblen, ni se asusten, ni estén aterrados al oír este sutra serán maravillosamente bendecidos...
Es más, Subhuti, la perfección de la paciencia del Tathagata, en realidad, no es una perfección.
Y ¿por qué? Porque cuando el rey de Kalinga me cortó la carne de todas las extremidades, Subhuti, en ese momento no tenía una percepción de un yo, de un ser, de un alma, de una persona.

Y ¿por qué? Porque si en ese momento, Subhuti, hubiese percibido un yo, en ese momento también habría percibido hostilidad.

Le está recordando a Subhuti su experiencia de una vida pasada, cuando el rey Kalinga le cortó sus extremidades. Dice: «En ese momento, cuando me cortó las extremidades, cuando me cortó las manos, cuando me cortó las piernas, cuando me arrancó la lengua y me sacó los ojos, yo estaba observando y no vi que surgiera un "yo" dentro de mí. No había nadie viéndolo, no había nadie que sufriera. Si en ese momento hubiese tenido una percepción de un "yo", a continuación, habría sentido hostilidad. En ese caso me habría enfadado con el rey que me estaba matando y descuartizando, pero yo no estaba enfadado, no había enfado».

El ego conlleva enfado. El enfado es una consecuencia del ego. El ego conlleva agresión, violencia. Cuando desaparece el ego, desaparece toda la violencia. Una persona solo se transforma en amor cuando desaparece el ego por completo.

Es más, Subhuti, un *bodhisattva* debería entregar sus regalos de esta manera por el bienestar de todos los seres.

Y ¿por qué? Porque la percepción de un ser, Subhuti, solo es una no percepción. Esos seres completos de los que habla el Tathagata, de hecho, son no seres.

Y ¿por qué? Porque el Tathagata habla de acuerdo a la realidad, dice la verdad, habla de lo que es, y no al contrario. Un *tathagata* no dice falsedades...

Subhuti, *Tathagata* es sinónimo de ser lo que eres de verdad.

Buda dice: «Solo he dicho lo que es, *yatha bhutam*. No he dicho nada más. Por eso mis declaraciones son tan paradójicas, son tan ilógicas..., porque la verdad *es* ilógica. Para entender la verdad, tendrás que renunciar a la lógica».

Hemos terminado por hoy.

10. Escucha el silencio en silencio

La primera pregunta:

Osho,

Las palabras cada vez tienen menos importancia, incluso en mi relación contigo. ¿Qué necesidad de hablar tienen un buda y un *bodhisattva*?

¿De qué hablas?, ¿hablar de qué? Eso nunca ha ocurrido. Nadie ha dicho nada y nadie ha escuchado nada. *El sutra del diamante* no contiene ningún sutra, por eso se denomina *El sutra del diamante*. Es vacío absoluto. Si te quedas atrapado en las palabras, no entenderás el mensaje. *El sutra del diamante* está completamente vacío, no contiene ningún mensaje. No hay nada que tengas que leer ni que escuchar. Es silencio absoluto.

Si lees algo en *El sutra del diamante*, no lo habrás entendido. Si encuentras alguna doctrina o alguna filosofía en él, te lo estarás imaginando o estarás soñando. Buda no ha dicho nada y Subhuti no ha oído nada. En ese no-hablar y no-oír ha ocurrido algo, algo que está más allá de las palabras. Ananda está

274 El sutra del diamante

intentando transmitirlo con palabras, pero no se transmitió con palabras. Fue una comunión entre dos vacíos.

Si vas al mar, ves la mañana, el frescor del aire, los rayos del sol, las olas, y luego llegas a casa y le cuentas a alguien lo que has visto, solo estás diciendo palabras. La palabra *mar* no es el mar, la palabra *sol* no es el sol, y la palabra *frescor* no es el frescor. ¿Cómo puedes comunicarlo? Vuelves de la playa y tu pareja te pregunta: «¿Qué ha pasado?». Intentas contar con palabras todo lo que ha pasado, pero sabes perfectamente que no se puede explicar con palabras, no se puede reducir a palabras. Las palabras se quedan cortas.

Evidentemente, entre Buda y Subhuti sucedió algo, algo trascendental. Tal vez solo se miraron a los ojos. La presencia de Buda desencadenó algo en la conciencia de Subhuti. Ananda está intentando contártelo. Tú estás ciego. No puedes ver la luz, solo puedes oír la palabra *luz*.

Ten en cuenta que *El sutra del diamante* no es un sutra en absoluto, por eso recibe el nombre de *El sutra del diamante*: es el más preciado porque no contiene ninguna filosofía, ningún sistema, ninguna teoría. No contiene palabras, es un libro vacío.

Si puedes olvidarte de las palabras y profundizar en los intervalos que hay entre las palabras, si puedes olvidarte de las líneas y profundizar entre las líneas, en los intervalos, en las pausas, entonces descubrirás lo que sucedió. No es una comunicación verbal.

Yo también te hablo, pero me gustaría recordarte que mi mensaje no está en mis palabras. Para entenderlo tendrás que ir pisando sobre las palabras. Utiliza las palabras como si fueran una escalera, como si fueran peldaños. Ten en cuenta que, si no sabes usarlos, los peldaños se pueden convertir en un obstáculo.

Tienes que escuchar el silencio en silencio.

Buda no ha dicho ni una sola palabra, y Subhuti no ha oído ni una sola palabra. Ananda, por compasión, te ha dibujado unos mapas. Pero esos mapas no son los países. Si tienes un mapa de la India, eso no es la India; es imposible. ¿Cómo podría serlo? Hasta un cierto punto, te puede servir de ayuda, puede llevarte a la India de verdad. Es como una flecha en un hito del camino que apunta hacia algo.

Todo *El sutra del diamante* apunta hacia el silencio. Por eso tiene tantas contradicciones, porque el silencio solo puede surgir por medio de las contradicciones. En cuanto se pronuncia una palabra, hay que contradecirla con lo contrario; es la manera de destruirlas, y, como resultado, percibir el silencio.

La segunda pregunta:

Osho,

Cuanto más me adentro en mi interior, más sola me siento. Únicamente está la nada. Y, a veces, cuando te miro a los ojos, tengo esa misma sensación de vacío inmenso. Si esto es lo natural —si estar sola es básico y es la esencia de mi ser—, entonces, para empezar, ¿cómo ha podido surgir la ilusa idea de querer convertirte en uno, de enamorarte eternamente de alguien? ¿Y por qué causa tanto sufrimiento darse cuenta de que es una ilusión? Por favor, aclárame estas dudas.

Tú eres la que duda y tú eres la duda. Es la única duda que hay. En primer lugar, cuando dices «cuanto más me adentro en mi interior, más sola me siento», si realmente te has adentrado más, sentirás lo que es estar sola, pero no sentirás que yo «me siento sola», porque entonces habría dos cosas: el yo y el estar sola. Entonces no estás sola. Estará el experimentador y lo experimentado, el observador y lo observado. No estás sola porque está el otro, el otro es la experiencia.

Cuando realmente te adentras en lo más hondo de tu ser, ahí tú no estás, eso es lo que tienes que entender. Las olas solo están en la superficie. Si te sumerges en el fondo del océano, no hay olas, ¿o sí? ¿Cómo puede haber olas en el fondo? Solo están en la superficie, solo pueden estar en la superficie. Para que haya olas tiene que haber viento.

El «yo» solo puede estar en la superficie porque necesita que haya un «tú», necesita el viento del «tú» para existir. Cuando profundizas en tu ser, ya no hay vientos, ya no hay «tús». ¿Cómo puede haber un «yo»? El yo y el tú siempre van juntos, nunca se divorcian. Sí, estarás solo, pero no habrá un yo. Y estar solo es maravilloso. Te vuelvo a recordar que la palabra *alone** significa *all one***. Se construye así: *all one*. En la superficie estás

---

*   «Solo» en inglés. *(N. de la T.)*
**   «Todo uno» en inglés, *(N. de la T.)*

separado del todo. De hecho, en la superficie hay soledad solo porque estás separado del todo. En lo más hondo, cuando tú has desaparecido, ya no hay diferencia entre tú y todo. Todo es uno; *tú* ya no estás, solo está el estar solo.

Tú dices: «Cuanto más me adentro en mi interior, más sola me siento». Debes estar imaginándote que te adentras en tu interior. La mente tiene muchas artimañas. Puede jugar a estar sola, puede jugar a rezar, puede jugar a meditar, pero mientras haya un «yo» puedes estar segura de que es un juego y que nada de lo que ha pasado es verdad. Por eso vuelve a surgir el deseo del otro.

El «yo» no puede existir solo. Necesita apoyarse en el otro, necesita alimentarse del otro, nutrirse del otro. Te volverá a llevar al otro. Por eso, cuando sientes la soledad, empiezas a pensar en tu amado, en tu amigo, en tu madre, en tu padre, en esto o aquello, y en miles de cosas. Te inventas «tús» imaginarios. Si dejas a un hombre incomunicado durante más de tres semanas, empezará a hablar solo. Se inventará un diálogo. Se divide en dos: yo y tú. Se convierte en dos para poder seguir el juego. El «yo» no puede existir sin el «tú».

«Cuanto más me adentro en mi interior, más sola me siento». No, lo que debes estar sintiendo es soledad. No uses indistintamente las dos palabras como si fueran sinónimos. La soledad es negativa, estar solo es positivo. La soledad significa echar de menos al otro. El otro está ausente, hay una brecha dentro de ti. Estar solo significa que tú estás presente y no hay ninguna brecha. Estás lleno de presencia, estás absolutamente ahí. Sentir soledad es la ausencia del otro, estar solo es la presencia de tu ser eterno.

Dices: «únicamente está la nada». No; si únicamente estuviera la nada, no habría ningún problema. Si únicamente estuviera la nada y no hubiera nadie que lo supiera, nadie que lo sintiera, entonces no habría ningún problema. Pero, entonces, ¿de dónde surge la duda? ¿Cómo puede aparecer el que duda? Lo que pasa es que tú estás ahí. Esa nada es falsa porque tú estás ahí. ¿Cómo puede ser la nada? Solo es tu conclusión.

Cuando yo era pequeño, solía ocurrir esto en mi familia. Yo era muy vago —y lo sigo siendo—, era tan vago que mi familia dejó de tener esperanzas en mí. Se fueron olvidando poco a poco de mí, porque yo nunca hacía nada. Me sentaba en una esquina y me quedaba sentado, con los ojos cerrados o abiertos, pero estaba tan ausente para ellos que se empezaron a olvidar de mí.

A veces mi madre quería algo del mercado, verduras o algo así, yo estaba sentado a su lado, y ella decía: «Creo que aquí no hay nadie». Estaba sentada delante de mí y me decía: «Creo que aquí no hay nadie. Me gustaría que alguien fuera a comprar verduras al mercado». Yo estaba sentado frente a ella, pero ella decía: «Aquí no hay nadie».

Yo no contaba. Si entraba un perro callejero, yo lo dejaba pasar. Yo estaba sentado al lado de la reja, el perro pasaba y yo lo miraba. Mi madre salía corriendo y decía: «No hay nadie que impida entrar a este perro». ¡Y yo estaba ahí sentado!

Con el tiempo fueron aceptando que era como si yo no exis-
tiese. Pero eso no cambia nada, yo estaba ahí. Había visto entrar al perro, había oído lo que decían. Yo sabía que podía ir al
mercado a comprarle las verduras a mi madre. Me reía de lo
que pasaba, de que ella siguiera diciendo que no había nadie.

Esto es lo que te pasa a ti. Estás ahí, pero dices que está la
nada. No te das cuenta de que estás ahí porque no te percibes,
pero estás ahí. Si no estuvieras, ¿quién estaría diciendo que
está la nada? Cuando tú no estás, solo está la nada, la nada absoluta. Y en esa pureza está el nirvana, la iluminación. Es el
sitio más preciado para estar, es el sitio más espacioso para
estar. Es el sitio que todo el mundo está buscando porque es
ilimitado, infinito, y su pureza es absoluta. No está contami-
nado por nada, ni siquiera estás tú. Hay luz y hay conciencia,
pero no hay un «yo». El «yo» es como el hielo, es conciencia
congelada. La conciencia es como el hielo derretido, líquido,
o mejor dicho, incluso el agua se ha evaporado, se ha vuelto
invisible.

Luego dices: «¿Y por qué causa tanto sufrimiento darse
cuenta de que es una ilusión?». Estás hablando del otro. Y te
hace sufrir porque el «yo» se empieza a morir. Darse cuenta
de que el otro es una ilusión, darse cuenta de que el amor es
una ilusión es muy duro porque el «yo» se empieza a morir. Si
renuncias al «tú», el «yo» no puede existir. Y no sabes lo maravilloso que es quedarte sin el «yo».

Y preguntas: «Si es natural —si estar sola es básico y es la
esencia de mi ser—, entonces, ¿cómo ha podido surgir, para

empezar, la ilusa idea de querer convertirte en uno, de enamorarte eternamente de alguien?». Aparece por eso, porque el estar solo es básico, es esencial. Las escrituras hindúes dicen que Dios estaba solo. Imagínatelo, visualiza a un Dios solo por los tiempos de los tiempos. Se cansó de estar solo porque era monótono. Quería divertirse un poco. Creó al otro y empezó a jugar al escondite.

Cuando te hartes de jugar, cuando te canses de ese juego, volverás a ser un buda. Abandonarás tus juguetes. Tú los has creado y te has imaginado que tenían valor, pero eres tú quien les has dado valor. En cuanto les quites el valor, desaparecerán y volverás a estar solo.

El concepto hindú es muy valioso, muy significativo. Dice que Dios estaba solo, le pareció monótono y por eso creó el mundo, al otro, simplemente para charlar, para conversar con alguien. Luego, con el tiempo, te vuelves a cansar y a aburrir del otro y desapareces en tu interior, recuperas tu propia nada y te conviertes en un dios.

Todos vosotros sois dioses que se engañan a sí mismos. Es tu elección. El día que decidas no ser así, serás libre. Es tu sueño. El otro ha sido creado porque estás solo, porque estar solo es la característica esencial de tu ser.

Haz la prueba. Vete a la montaña unas semanas y siéntate tú solo, te encontrarás muy bien. Todo el mundo se cansa de las relaciones, todo el mundo se harta y se aburre. Vete a la montaña y siéntate en silencio, y te sentirás de maravilla, pero al cabo de tres o cuatro días, de cinco días, de seis días, o de tres semanas, empiezas a añorar al otro. Tu mujer te vuelve a parecer atractiva. Te olvidas de todo lo malo y de todas sus quejas. Te olvidas de todo lo que te ha hecho, te olvidas por completo. Vuelve a ser bella, vuelve a ser agradable, vuelve a ser fantástica..., la vuelves a valorar.

Cuando bajas de la montaña a la llanura, durante dos o tres días las cosas van fenomenal con tu mujer —es una nueva luna de miel—, pero al cabo de dos o tres días todo se vuelve a complicar y empiezas a pensar en meditar, en estar en silencio. Esto es lo que te ocurre. Observa cómo fluctúa tu conciencia y comprenderás cómo es el proceso de toda la existencia, porque tú eres la existencia en miniatura.

El péndulo de la conciencia oscila entre la meditación y el amor, entre el estar solo y el estar con alguien. Todas las religiones que ha habido en el mundo son religiones del amor o de la meditación, son fragmentarias, no son totales. Yo te propongo una religión total. No intento elegir.

Buda, por ejemplo, eligió la meditación. Él te enseña el amor por la meditación, y no otro tipo de amor. Te enseña a estar solo, completamente solo, y a no ser nada. Eso está bien, está muy bien para las personas que están cansadas y hartas del mundo. Él estaba cansado y harto del mundo. Era un rey, no un mendigo. Estaba cansado de las mujeres. Su padre le había traído a las chicas más bellas del reino. Tenía uno de los mejores harenes. Si pudieras tener en tu casa a las mujeres más bellas del mundo, ¿cuánto crees que aguantarías ahí? Imagínatelo, si con una mujer tienes más que suficiente. Y ahora tienes a todas las mujeres más bellas del reino. Debió haber sido enloquecedor. No me extraña que huyera. Tenía a su disposición todos los placeres, podía tener cualquier tipo de placer que deseara. No es extraño que se cansara. Se fue al extremo contrario. El otro era demasiado. Se fue a la selva para estar solo.

Hay religiones de la meditación, como el budismo o el jainismo. Hay religiones del amor, como el cristianismo o el islamismo. Pero hay algo que debemos entender. Jesús era un hombre pobre, igual que Mahoma. No es un hecho fortuito. Mahavira era un rey, igual que Buda. Los dos reyes entregaron al mundo la religión de la meditación, y los dos hombres pobres entregaron al mundo la religión del amor.

Los pobres no se pueden hartar del otro. Cuando alguien es pobre, no se satura de estar con el otro, anhela la compañía del otro. El otro puede ser una mujer, el dinero, el poder, el prestigio o Dios, no importa, el otro es una necesidad.

El cristianismo y el islamismo son religiones de la oración, del amor, del amor a Dios, de la oración a Dios. En el budismo y el jainismo no hay lugar para Dios en absoluto, porque no hay lugar para el otro. Estar solo es suficiente. En el jainismo y en el budismo no existe nada parecido a la oración, no conocen esa palabra, solo conocen la meditación. El cristianismo no conoce la meditación. No es un hecho fortuito, sino que nos está indicando algo de sus fundadores.

Yo os ofrezco una religión total, una religión que integre las dos cosas. Cuando te hartes del otro, vete hacia la meditación, oscila hacia la meditación. Cuando te canses de estar solo, oscila hacia el amor. Ambas cosas están bien. Son contradictorias, pero a través de la contradicción surge una gran alegría. Si solo tienes una de las dos cosas, no hay la misma riqueza. Una sola cosa te puede dar silencio o te puede dar mucha alegría, pero las dos cosas te dan algo infinitamente valioso, incomparable. Las dos juntas te proporcionan un éxtasis silencioso, una alegría serena. En el fondo de tu ser, estás completamente en silencio y en la periferia estás bailando. Cuando el silencio baila o el silencio canta, tienes la mayor riqueza, es la culminación. Por eso insisto en las dos.

Un día, durante una fiesta, George Bernard Shaw estaba sentado solo en una esquina de una habitación, cuando la anfitriona se le acercó y atentamente le preguntó:

—¿Lo estás pasando bien tú ahí solo?

Shaw contestó:

—Estar solo es lo que más me gusta.

Ha descubierto una gran verdad, ha llegado a una buena conclusión. De lo que más puedes disfrutar es de tu propio ser. Tu vida empieza a adquirir una cualidad de silencio. Pero si solo disfrutas estando contigo mismo y no con el otro, te estás perdiendo la otra dimensión. Deberíamos ser capaces de disfrutar estando solos y también con el otro. Eso es lo que yo considero un hombre completo, un hombre santo.

La tercera pregunta:

Osho,

Oyendo tus discursos y también en otros momentos, yo sé
que sé lo que hace falta para iluminarse. ¿Estoy iluminado en esos
momentos? Por favor, explícame cómo este «conocimiento», obviamente superficial, puede arraigar y convertirse en ser. Siento
que este conocimiento me está robando la inocencia y me está
impidiendo una realización experiencial completa, y que el saber
ha desplazado el desarrollo de mi ser, sin embargo, aunque sé
no hay nada que yo pueda llamar mi ser, no me siento muy mo-
tivado a desarrollarlo.

En primer lugar, dices: «Cuando oigo tus discursos y en otros
momentos, yo sé que sé lo que hace falta para iluminarse».
Para iluminarse no hace falta nada, así que ¿cómo puedes saber lo que hace falta para iluminarse? No se necesita nada para
iluminarse. La iluminación es tu estado natural, no es algo que
tengas que desarrollar, fabricar o crear. Para fabricar algo nuevo
puedes necesitar muchas cosas, pero si no estás fabricando nada
nuevo, ¿qué necesitas? Tú estás iluminado. ¿Cómo puedes necesitar algo? No necesitas nada.

De modo que esa idea que tienes de que «yo sé que sé lo
que hace falta para iluminarse» te está obstaculizando el camino. Para iluminarte no necesitas nada, y para iluminarte no
necesitas saber nada. La iluminación ya está ahí, ya está ocurriendo. No es algo que tengas que alcanzar, sino que has de

reconocerla. No es que tengas que hacer un esfuerzo para provocarla, lo que necesitas es no hacer ningún esfuerzo. Olvídate de hacer esfuerzos y te darás cuenta de que ya está ahí. No puedes verla porque siempre estás haciendo esfuerzos para verla. Y ese mismo esfuerzo se convierte en una barrera.

Luego dices: «¿en esos momentos estoy iluminado?». Estás iluminado en todo momento, y no solo cuando me escuchas o estás leyendo una parte de *El sutra del diamante*, no solo en esos momentos. Estás iluminado todo el tiempo. Estás iluminado desde el principio hasta el final. Puedes seguir engañándote el tiempo que quieras y decir que no estás iluminado, pero seguirás estando iluminado.

Es como un hombre que finge ser una mujer en una obra de teatro. Sigue siendo un hombre todo el tiempo. Puede fingir e incluso se le puede olvidar. Si es un buen actor, un actor de primera fila, se puede meter tanto en el papel que se le olvide. Durante unos instantes puede pensar que es una mujer, pero siempre volverá a darse cuenta de que es un hombre.

Es milagroso que te olvides de que estás iluminado y que siempre te estés olvidando, pero *estás* iluminado. Recuerda que la iluminación no es algo que te vaya a ocurrir en el futuro. La llevas contigo desde el principio. Es tu respiración, es el latido de tu corazón. Es la sustancia de la que estás hecho.

«¿En esos momentos estoy iluminado?». No, si crees que a veces estás iluminado y otras veces no, entonces no estás iluminado. El día que lo sepas, en cuanto sepas que siempre has estado iluminado, estarás iluminado. Después de sentir la iluminación, te das cuenta de que siempre está ahí rodeándote como si fuese un perfume.

Y, aun así, puedes seguir jugando a mil juegos. Yo estoy jugando, Buda está jugando, pero eso no quiere decir nada. Entonces eres plenamente consciente de que se trata de un juego. No te dejas enredar ni aprisionar. Cuando juegas siendo consciente de que es un juego, no pasa nada. Entonces puedes estar en el mundo o puedes ser lo que te guste ser, pero en el fondo sabes que tú no eres eso. En el fondo, estás alejado de todo eso. Te conviertes en una flor de loto: estás en el agua, pero el agua no te toca.

«¿En esos momentos estoy iluminado?», preguntas. «Por favor, explícame cómo este "conocimiento", obviamente superficial, puede arraigar y convertirse en ser». El conocimiento superficial nunca puede convertirse en ser. Ni siquiera el conocimiento profundo y hondo puede convertirse en ser. El conocimiento mismo es el obstáculo. El conocimiento nunca puede convertirse en ser, ni superficial ni profundo. No hagas esas distinciones. Esto vuelve a ser un truco de la mente. Es la mente erudita. La mente erudita te dice: «Es cierto, el conocimiento superficial no puede darte la iluminación, pero ¿puede dártela el conocimiento profundo?». Esto vuelve a ser una artimaña. ¿Profundo? Sin duda has vuelto a caer en la misma trampa. Profundo o no profundo, el conocimiento como tal es superficial. El conocimiento más profundo sigue siendo superficial, el saber es superficial. Estar en esa profundidad de la que hablas es ser.

Tienes que estar atento porque la mente es muy astuta. Puede admitir muchas cosas y volver a traértelas por la puerta de atrás. Te puede decir: «Es verdad, estoy completamente de acuerdo contigo. ¿Cómo puede proporcionarte la iluminación un conocimiento superficial? Es imposible. Te voy a enseñar el camino para alcanzar el conocimiento profundo». ¿Qué vas a hacer para alcanzar el conocimiento profundo? Seguirá siendo superficial, porque el conocimiento siempre es superficial. A lo sumo, tendrás más conocimientos superficiales, aumentará la cantidad, y entonces creerás que te estás volviendo más profundo porque tienes más cantidad.

Puedes ahondar más en los detalles, pero los detalles no te van a llevar a la profundidad. Puedes saber algo sobre una cosa, o saber mil cosas sobre esa cosa, pero eso no cambia nada, siempre es un conocimiento acerca de algo. Nunca da en la diana, nunca alcanza el objetivo. El objetivo solo se puede alcanzar siendo. Y, para ser, hay que dejar el conocimiento completamente a un lado, totalmente, no puedes poner condiciones, no puedes elegir: «Esto está bien, quédatelo, y eso está mal, elimínalo». Si te guardas cualquier tipo de conocimiento, no te iluminarás. Y el summum de las maravillas es que estás iluminado, pero sigues sin estar iluminado.

Esta pregunta la hace Chipper Roth. Debe ser nuevo aquí, debe ser ajeno a todo esto. Quédate aquí. Poco a poco, te quitaremos todo ese conocimiento. Mi trabajo consiste en volver ignorante a la gente. La ignorancia tiene profundidad, la ignorancia tiene inocencia, la ignorancia es profunda, el no saber no tiene límites. El saber siempre está limitado. ¿Cómo puede ser profundo? Por muy grande que sea tu conocimiento, siempre tendrá un límite, una frontera. Solo la ignorancia no tiene fronteras.

Dicen que la ciencia es un intento por saber más sobre cada vez menos. Si sigues con este enfoque —querer saber cada vez más sobre cada vez menos—, ¿a dónde vas a llegar? Llegará un punto en que lo sepas todo sobre nada. Esa es la conclusión lógica.

Me gustaría decir que el enfoque de la religión es justamente lo contrario. Saber cada vez menos sobre cada vez más. ¿Y cuál será el resultado final? Llega un día... Cada vez sabes menos sobre cada vez más, y un día no sabrás nada de todo. Y en eso consiste la experiencia: en no saber nada de todo. Esto es lo que yo llamo ignorancia.

Roth, por favor, quédate aquí un poco más, sigue dando vueltas por aquí.

La cuarta pregunta:

Osho,

Estos días estoy disfrutando mucho con la obra de teatro. La interpretación de esta mañana ha sido sublime. Todas las mañanas espero con avidez las novedades que me traerá el día cuando se levante el telón. Me siento rebosante contigo, pero a mí me provoca risa, no lágrimas. ¿Dónde están esas lágrimas?

Sucheta, están en tu risa. La risa y las lágrimas no son diferentes. Hay dos tipos de personas, las personas que lloran y las personas que se ríen. Todo está dividido en dos tipos. Toda la existencia está dividida en dualidades: hombre-mujer, yin y yang, positivo-negativo, vida-muerte. Y también existe esta división: las personas que ríen y las personas que lloran.

La gente que llora es introvertida, no tiene dificultades para ir hacia adentro. Cuanto más hacia adentro vas, más se te llenan los ojos de lágrimas. Sucheta es extrovertida, es un buda sonriente, y Geet Govind es un buda lloroso. Sucheta es extrovertida, abierta, una verdadera americana, y cuando hay algo que le sobrepasa, se ríe.

No te olvides de que nunca hay que imitar a nadie. Si Geet Govind intentara imitar a Sucheta, lo pasaría mal, su risa no sería muy convincente y nadie le creería. Si Sucheta intentara imitar a Geet Govind, le costaría mucho trabajo llorar, y aunque lo consiguiera con ayuda de algún producto, sus lágrimas no serían auténticas, serían falsas.

Los extrovertidos deben seguir haciendo lo que sientan. En su vida, la energía que les desborda se convierte en risa. Les resulta más fácil amar y les cuesta algo más meditar. A los introvertidos les resulta más fácil meditar y les cuesta más amar.

No imites a nadie, haz lo que sientas, y poco a poco notarás que cuando llegas al extremo, se produce una transformación. Por ejemplo, si te sigues riendo... Si Sucheta, por ejemplo, se sigue riendo hasta el extremo, empezará a llorar. Cuando te estás riendo, llega un momento en que la risa se acaba y se convierte en lágrimas. Si Geet Govinda sigue llorando y llorando, y está sumido en un mar de lágrimas hasta el final, de repente, se dará cuenta de que hay algo que se transforma y surge la risa. La revolución se produce cuando llegas al extremo.

En cierta ocasión, estaba hablando en un congreso de budistas. Es muy complicado decirle a los budistas que la revolución ocurre en el extremo o que la verdad solo está en el extremo, es difícil porque ellos creen en el camino medio, en el justo medio. El camino de Buda se conoce como *majjhim nikaya*, el camino medio.

Se me había olvidado que eran budistas. Estaba hablando sobre el extremo y les dije que la revolución solo puede producirse cuando llegas a un extremo, al extremo absoluto. Hasta que no llegues al extremo absoluto no encontrarás la verdad. La verdad está en el extremo, cualquiera que sea, pero en el extremo. Ya sea en el extremo del amor o en el extremo de la meditación.

Ellos son muy pacientes, los budistas tienen mucha paciencia, no son como los musulmanes, que se ponen a pelear, pero, así y todo, la paciencia también tiene un límite. Había un budista que ya no podía tolerarlo, aunque Buda haya dicho que hay que ser tolerante. Se levantó y dijo:

—Esto es excesivo. ¿Acaso te has olvidado de que el camino de Buda se conoce como el Camino Medio?

Entonces me acordé y le dije:

—Tienes razón, lo sé, pero hasta que no estés en el extremo medio, no encontrarás la verdad. —Yo estaba hablando sobre el extremo, no tenía nada que ver con el medio—. Si estás en el extremo medio, exactamente en el medio, volverás a encontrar la verdad. La verdad solo está en el extremo.

Desde el extremo, el péndulo empieza a oscilar hacia el polo opuesto. De modo que muy bien, Sucheta, ríete hasta el extremo. Un día verás que surgen bellas lágrimas de tu risa.

La quinta pregunta:

Osho,
    ¿Uno no puede declarar que ha experimentado a Dios?

Si lo has experimentado, tu existencia misma será una declaración, no hace falta que *tú* lo declares. Al menos, no te haría falta preguntarlo. Si surge declararlo, está bien, ¿qué puedes hacer? Cuando alguien ha experimentado a Dios, no decide nada, ni siquiera decide si tiene que declararlo o no. Cuando alguien ha experimentado a Dios, deja atrás la mente. Se implica en todo lo que ocurre, se implica totalmente. Y si surge declararlo, lo hará.

Eso es lo que le ocurrió a Mansoor. Él declaró:
—*Ana'l haq*, yo soy Dios.
Su maestro, Junnaid, le dijo:

—Eso no está bien, Mansoor. Te vas a meter en un lío. Yo también lo sé, pero nunca he querido declararlo porque los musulmanes, que están por todas partes, te van a matar.

Pero Mansoor dijo:

—¿Y qué puedo hacer? ¿Qué puedo hacer yo si él lo declara? De repente se adueña de mí y lo declara.

Junnadi tenía tanto miedo que expulsó a Mansoor de su escuela, diciendo:

—Vete, vete a otro sitio. Te vas a meter en un lío y me vas a meter a mí.

Pero Mansoor dijo:

—¿Y yo qué puedo hacer? Si él se quiere meter en un lío, ¿qué puedo hacer yo? —Y se metió en un lío. Pero era verdad que no podía hacer nada. En el último momento, cuando estaba en la cruz, también declaró «*Ana'l qat*», y se rio.

Se oyó una voz entre la multitud, que decía:

—Puedes negarlo..., todavía estás a tiempo de decir que te has equivocado declarándote a ti mismo Dios, todavía hay esperanzas de que te perdonen.

Él se rio y dijo:

—¿Y yo qué puedo hacer? Es él quien lo declara.

Tú me preguntas: «¿Uno no puede declarar que ha experimentado a Dios?». Si es Dios quien lo declara, está bien, pero si Dios no lo declara, quédate callado. Deja que lo haga él.

J. Donald Walters escribe...

Hace algunos años conocí a un hombre que estaba un poco ebrio, y que exponía, dándose mucha importancia, su teoría de cómo habría que gestionar el universo. No recuerdo cómo surgió, pero le mencioné que me había encontrado a lo sumo con seis personas, en toda mi vida, que conocieran a Dios. Mi compañero extendió una zarpa grande y peluda y dijo con voz ruda:

—¡Dame la mano! Acabas de conocer a la séptima.

Donald Walters escribe que no podía creer que este hombre hubiese experimentado a Dios, porque afirmaba que: «Si has experimentado a Dios, ¿cómo puedes decir tan categóricamente: "¡Dame la mano! Acabas de conocer a la séptima"?».

Pero yo no opino lo mismo. Es posible, porque a veces Dios es rudo; a veces es muy educado y otras veces es muy rudo. Dios se presenta bajo cualquier forma y tamaño. A veces tiene las manos muy suaves y otras veces muy peludas. Se presenta de muchas maneras. Sus caminos son muy misteriosos.

Si quiere declararse a través de ti, súbete a los tejados y deja que lo haga. Pero si no quiere hacerlo y lo haces tú por tu cuenta, te meterás en un lío. Si él se quiere meter en líos, es asunto suyo, pero no lo decidas tú personalmente, ya que, si lo haces, solo será una película de tu ego.

Leyendo esta historia de Donald Walters, me dio lástima ese hombre que dijo: «¡Dame la mano! Acabas de conocer a la séptima». Walters lo está criticando porque creía que esa no es la manera adecuada. ¿Quién decide cuál es la manera adecuada? No debería decidirlo nadie. ¿Quién soy yo para decirte que no lo declares? Si él quiere hacerlo, ¿quién soy yo para opinar? Que se haga su voluntad.

Pero recuerda que no debería ser nunca una decisión personal. Si tú decides declararlo, eso significa que no lo has conocido. La mente te está engañando con un truco de megalomanía. En este caso, la mente se ha vuelto loca.

La sexta pregunta:

Osho,

Una buena amiga te mandó una carta desde Occidente para pedirte un nombre de *sannyas*, y antes de recibir la respuesta decidió venir aquí y tomar *sannyas*. El nombre que recibió a través de la carta era completamente distinto al que le diste aquí. Eso me ha afectado mucho porque siempre he creído que mi nombre era mi camino. Lo he usado para darme dirección cuando estoy desorientada. En realidad, ¿hasta qué punto es importante el nombre que nos das?

¡Todo es una pura mentira! No te dejes engañar por los nombres. Siempre estáis deseando agarraros a algo y darle importancia a lo que no lo tiene. Los nombres que os doy son como las cosas bonitas que se dicen los amantes. No le des muchas vueltas.

De hecho, después de recibir tu nombre, no vuelvas otro día para preguntarme por su significado, porque yo ya me habré olvidado. Yo le doy un significado en ese preciso momento.

¿Cómo puedo acordarme? Debo de haber dado más de treinta mil nombres.

Un nombre no es más que un nombre, tú no tienes nombre. Ningún nombre te limita, un nombre te puede limitar. Solo es una etiqueta, es funcional, pero no es algo espiritual. Te quedas fascinada porque estoy muy atento cuando te doy un nombre y te lo explico. Pero solo es mi forma de prestarte atención, nada más. Es mi forma de mostrarte mi amor, nada más.

La séptima pregunta:

Osho,

¿Por qué siempre me quedo dormido durante el discurso? A veces no puedo dejar de compararme con toda esa gente que está sentada completamente quieta, absorbiéndote, y eso me hace pensar que todavía me queda mucho camino por delante, sobre todo cada vez que se acercan a mí después del discurso y me dicen: «¿No te ha parecido increíble el discurso de hoy?». Quizá sería mejor admitir que el discurso es un buen momento para quedarme dormido.

Es el momento perfecto. No te preocupes por toda esa gente que viene a decirte algo, están bromeando. Duerme tranquilo. Están intentando molestarte, quieren darte envidia. Deben de estar muy envidiosos porque tú te duermes y roncas tan plácidamente, y los pobres están ahí sentados. Solo quieren molestarte. No te preocupes. Sigue durmiendo. Te queda mucho camino por delante, pero de sueño, nada más.

El partido estaba derivando hacia el aburrimiento total, cuando una persona del público empezó a aplaudir. El hombre que tenía al lado le preguntó:

—¿Por qué has aplaudido?

—Lo siento —respondió—, es que estaba intentando mantenerme despierto.

Tú no sabes el esfuerzo que tiene que hacer la gente para mantenerse despierta. Déjate llevar por el sueño, duerme tranquilo. Si lo aceptas totalmente, se convertirá en una gran experiencia.

La mente siempre está creando conflictos. Si no duermes, la mente dice: «Estaría bien si pudiera dormir». Si duermes, la mente dice: «Te has perdido algo, no deberías hacerlo». La mente siempre está buscando el conflicto, la fricción. Nunca está contenta con nada. Olvídate de la mente. Si tienes sueño, permítetelo. En cuanto hay aceptación, la mente desaparece y entonces estarás escuchando *El sutra del diamante*.

Patanjali dice que el sueño está muy cerca del *samadhi*. Un buen sueño, un sueño profundo solo se diferencia del *samadhi* en un aspecto: que en el *samadhi* hay conciencia y en el sueño no. Pero también puede haber conciencia en el sueño. No te compliques la vida, no te dividas. Si no tienes sueño, está bien, sigue despierto, pero sin hacer un esfuerzo. Si tienes sueño, duérmete, y no trates de mantenerte despierto. No estoy diciendo que intentes dormir si no tienes sueño. Acepta lo que ocurra. Acepta la realidad tal como es en cada momento. Estate plenamente presente en cada momento.

Ese es mi mensaje: estar plenamente presente en el momento actual. «No debería dormirme» es un deseo. ¿Por qué? «Sentarme en el discurso y quedarme dormido no es espiritual». ¿Por qué? El sueño es una actividad completamente espiritual, es una gran actividad espiritual. Es tan bueno como estar aquí sentado pensando; soñar es igual de bueno. Soñar es la forma primitiva de pensar, es más colorida. Otros están pensando y tú estás soñando. ¿Qué diferencia hay? Sueña bien, duerme bien, relájate.

Un día, gracias a esa relajación, empezarás a ser consciente y a estar atento, pero esa atención tendrá otra cualidad. No será forzada, no la estarás provocando tú, sino que llegará sola. Un día, de repente, en medio del discurso, abrirás los ojos, fresco y renovado por haber dormido profundamente, y entonces algo, solo una palabra, puede entrar en tu ser y transformarte.

Hui Neng no tuvo que oír todo *El sutra del diamante*, le bastaron cuatro versos, con eso fue suficiente. A veces, es suficiente con oír una sola palabra de un buda. Sale como una flecha y te atraviesa el corazón, y ya no vuelves a ser el mismo.

Así que no te preocupes. Relájate mucho. Cuando estás relajado y abres los ojos, a veces te puede ocurrir, puede haber un encuentro entre tú y yo. Cuando has dormido, estás descan-

298 El sutra del diamante

sado y no estás pensando, y en ese momento no sabes quién eres.

¿No te has dado cuenta? A veces, al despertarte por la mañana, tardas unos segundos en darte cuenta de quién eres, la mente tarda un rato en volver. Hay veces que ni siquiera sabes dónde estás. Si despiertas a alguien de repente en mitad de la noche, no sabrá quién es ni dónde está. Tardará un tiempo en volver en sí.

Es posible que un día me oigas gritar mientras duermes. Entonces te despertarás y no sabrás quién eres, ni dónde estás. Ese es el mejor momento para que yo pueda llegar a tu interior.

Así que no te preocupes, todo lo que ocurra está bien. Aquí lo aceptamos todo. Te acepto como eres, no te impongo condiciones.

La última pregunta:

Osho,
        ¿Por qué la gente no entiende la religión de los demás? ¿Por qué siempre hay tanto conflicto?

Es el ego. No tiene nada que ver con las religiones, solo es el ego. Todo lo tuyo tiene que ser lo mejor del mundo. Y lo de los demás no puede ser mejor, no puedes permitir que lo mejor del mundo sea de los demás.

Tu mujer es la mujer más bella, tu marido es la persona más maravillosa. Tú eres la persona más maravillosa del mundo, es posible que no lo digas, pero lo estás diciendo de muchas maneras. Todo lo tuyo tiene que ser lo mejor. Las personas son como niños. Los niños siempre están diciendo: «Mi papá es más fuerte que el tuyo».

Un niño le estaba diciendo a otro niño:

—Mi madre es una gran oradora. Puede hablar de un tema durante horas.

El otro dijo:

—Eso no es nada. Mi madre es tan buena oradora que puede hablar durante horas sin hablar de ningún tema. Nadie sabe de qué está hablando.

La gente siempre está alardeando de algo, de lo que sea, incluso de la religión.

El hijo del mulá Nasrudín le preguntó:

—Papi, si un musulmán renuncia a su religión y se convierte al hinduismo o al catolicismo, ¿cómo le llamarías?

El mulá se enfadó mucho y dijo:

—¡Es un traidor! Deberían matarle. Renunciar a tu religión, traicionar a tu religión es el mayor pecado del mundo. Es un *namak haram*, ha traicionado a su sal.

Entonces el niño le preguntó:

—Entonces, papi, ¿si un hindú o un católico se convierten al islamismo?

Ahora el mulá era todo sonrisas, sonrisas como las de Jimmy Carter, y dijo:

—Eso es fabuloso. Ese hombre es un sabio. Ese hombre debería ser aceptado, respetado y honrado. Es alguien que conoce la verdad y es valiente. Es un converso, hijo mío.

Ahora la cosa ha cambiado. Si un musulmán se convierte al hinduismo o al cristianismo, es un traidor, pero si un hindú o un católico se convierte al islamismo, es un converso y es un gran hombre que habría que honrar y respetar. Es sabio porque ha reconocido la verdadera religión.

Así es como funciona el ego. Y por eso las religiones solo provocan guerras sangrientas en vez de traer la paz a la Tierra. Ha muerto mucha más gente en nombre de la religión que por ninguna otra causa. Ni siquiera los políticos han podido superar a los supuestos religiosos en cuanto al número de personas asesinadas. Los peores asesinos están en las iglesias, las mezquitas y los templos.

En el futuro, todo este espanto tendrá que acabar, tendrá que desaparecer inmediatamente. Una religión es una elección personal. Si a alguien no le gusta una rosa, no vas a matarlo o a decirle que es horrible, ni que está equivocado. Solo puedes decir él tiene ese gusto: «A él no le gusta la rosa y ya está. A mí me gusta». Solo es una cuestión de gustos, no es que haya una verdad, no se trata de discutir, ni de tener que demostrar por qué no me gusta la rosa. Si no me gusta, no me gusta. Si te gusta, te gusta. No hay ningún conflicto. En la religión debería ocurrir lo mismo.

Si a una persona le gusta Jesús, fantástico. A otra persona le puede gustar Buda, y a otra Krishna, porque tienen gustos diferentes. Una religión no debería tener nada que ver con tu nacimiento, debería ser lo que a ti te guste. Entonces no habría conflictos, y no habría todas esas discusiones inútiles que se llevan prolongando siglos. En lugar de rezar, la gente solo se ha dedicado a discutir. Si hubiesen usado para rezar toda la energía que han malgastado en discutir, ahora sabrían lo que es la divinidad. Pero lo único que hacen es discutir, el gran debate continúa, y no demuestran nada, porque no se puede demostrar.

Te gusta Jesús, y es como enamorarte de una mujer: no puedes demostrar nada. ¿Por qué? Porque todo lo que demuestres le parecerá una tontería a los demás. Si dices: «Mira qué nariz, qué larga, qué bonita», la gente dirá: «Es feísima, está deformada, es demasiado grande y no es proporcional a su cara». Si dices: «Mira qué ojos, qué grandes, qué bonitos», otra persona dirá: «A mí me dan miedo, no podría quedarme con esa mujer por la noche. Esos ojos tan grandes me dan miedo, son demasiado grandes y no son simétricos».

No puedes demostrar tu gusto de ninguna forma. A una persona le gusta Jesús y a otra persona le gusta Buda. Te enamoras y no hay nada que demostrar. Si intentas demostrarlo, los demás pensarán que eres tonto. Eso es lo que ocurre. Los hindúes creen que los que están enamorados de Jesús son bobos. ¿Qué tiene ese hombre? Pregúntaselo a los hindúes, ellos tienen su maravillosa teoría del karma. Dicen que sufres porque en tus vidas pasadas has hecho daño. ¿Por qué han crucificado a Jesús? Seguro que cometió muchos pecados, si no, ¿por qué?

No han crucificado a Krishna, no han crucificado a Rama, entonces, ¿por qué han crucificado a Jesús? Tiene que haber sido un pecador.

Esto cambia la perspectiva. Pero pregúntale a un católico sobre Krishna tocando su flauta —es muy bonito comparado con Jesús en la cruz, que es tan triste—, y te dirá: «¿De qué estás hablando? El mundo está lleno de sufrimiento y este hombre, Krishna, debía tener el corazón petrificado. ¿Se pone a tocar la flauta mientras la gente se muere, sufre, hay muerte y enfermedades, y él sigue tocando su flauta? Debe tener un corazón de piedra. No tiene corazón. Si tuviera corazón, se habría sacrificado por los explotados, por los oprimidos, por los que sufren. Mira a Jesús, él es el salvador. Murió por nosotros para redimirnos. Comparado con él, Krishna es muy superficial».

Pero pregúntaselo a un seguidor de Krishna hindú, y te dirá: «¿Qué estás diciendo? El sufrimiento no existe, el sufrimiento es una ilusión. Si la gente sufre, es debido a sus pecados y nadie los puede redimir. El único redentor que puede ayudarlos es el que lleva alegría al mundo. La única fuerza sanadora es la alegría. ¿Cómo puedes redimir a alguien?».

Los hindúes dicen: ¿Acaso puedes redimir a una persona que está llorando simplemente sentándote a su lado y llorando con ella? Esto solo duplica el llanto. ¿Acaso puedes ayudar a alguien que está enfermo poniéndote enfermo por compasión y tumbándote a su lado? Para poder ayudarle, tendrás que estar sano, no puedes estar enfermo. Krishna está sano, Krishna es alegría. El mundo está lleno de sufrimiento, por eso él va con su flauta. Todo el mundo va cargando con una cruz. ¿De qué sirve llevar una cruz? Todo el mundo carga su cruz y por eso tiene que haber una flauta. No obstante, son dos caminos distintos y todo el mundo puede seguir estando a favor o en contra.

Para mí la religión es una historia de amor. No tiene nada que ver con el intelecto, ni tiene nada que ver con la razón. La religión es enamorarse. Te enamores de quien te enamores, ese es tu camino. Recórrelo, es tu puerta.

El amor es la puerta, y no importa de quién te enamores. Lo que te redime es el amor, no Jesús ni Krishna. El amor redime. Enamórate. El amor es la única fuerza redentora. El amor es la salvación, pero vuestros egos...

Medita sobre esta bonita historia:

Patricio I, el papa irlandés, estaba sentado una mañana en su despacho del Vaticano leyendo el *Heraldo Católico* cuando le llamó la atención un pequeño artículo en la sección de Irlanda, titulado «Registro de nacimientos».

—¡Virgen santa, Michael! —dijo el papa a su secretario, el cardenal Fitz-Michael—. Válgame Dios, ¿has visto esto?

—¿De qué se trata, monseñor? —dijo Michael dejando su papeleo a un lado.

—Dice que la mujer de Paddy O'Flynn acaba de dar a luz a su quincuagésimo sexto hijo en Dublín —dijo el papa.

—Alabados sean todos los santos, monseñor —dijo Michael—. Realmente eso es un milagro, ¿no cree?

—Es obra del Señor, no cabe duda —exclamó el papa—, y habría que conmemorarlo de alguna manera por la unidad de la Iglesia católica, la fe del mundo en general, y de la Isla Esmeralda en particular.

—Ciertamente, monseñor, ¿y qué propone exactamente?

—Da igual, Michael —respondió el papa entusiasmado—, ¡acción! Ve ahora mismo al taller y ordena que empiecen a fabricar inmediatamente una Virgen de oro, es urgente, y después ve corriendo a la agencia de viajes y resérvame un vuelo de ida y vuelta a Dublín en primera clase con Aer Lingus. Yo le llevaré personalmente la Virgen a O'Flynn a modo de un pequeño obsequio. No me vendrán mal unas breves vacaciones en mi tierra.

Al día siguiente, a la hora convenida, el papa Pat guardó la Virgen, el *Heraldo* y una botella de whisky irlandés para el vuelo, y embarcó en el avión hacia Dublín. Al llegar, fue directamente a la casa de O'Flynn, tras lo cual un miembro de la familia lo acompañó al pub local donde se llevaban a cabo las celebraciones.

—Ha venido alguien a verte, papá —gritó el chico al entrar en la sala llena de bebedores.

—Dile que pida una Guinness y que venga para aquí —respondió una voz.

El papa pidió una Guinness y se abrió camino llevando la Virgen por delante hasta el centro de un nutrido grupo de animados borrachos. Algunas horas y muchas Guinness más tarde, el papa se acercó tambaleándose a Paddy, le dio la Virgen y farfulló:

—Quiero darte mi más sincera enhorabuena.

—¿Y a quién tengo el honor de dirigirme, señor? —dijo Paddy con una Guinness en la mano y la Virgen en la otra mano, contemplando al clérigo borracho.

—Bueno, no me conoces personalmente, Paddy, pero, a decir verdad, soy el papa.

—¡El papa! —exclamó Paddy—. Este sitio no es muy seguro para ti. ¿Quieres tomar otra Guinness?

—Por supuesto —dijo el papa—, pero antes me tienes que prometer una cosa.

—Es muy difícil negarse cuando uno está borracho —dijo Paddy.

—Quiero que aceptes esta Virgen como un pequeño obsequio por parte de todos los que estamos en el Vaticano, y quiero que la pongas en el altar de la iglesia católica de tu localidad.

—Oh, señor —dijo Paddy—, acepto la Virgen sin dudarlo y le estoy muy agradecido, pero no puedo ponerla en el altar de la iglesia católica.

—¿Y por qué no puedes ofrecérsela como regalo a la Virgen María? —preguntó el papa sorprendido.

—Bueno, señor, la verdad es que —dijo Paddy— yo no soy católico, soy protestante.

—¡Cómo! —gritó el papa—. ¿Me estás diciendo que he hecho todo este viaje para regalarle una Virgen de oro a un maldito obseso sexual?

Hemos terminado por hoy.

11. Vivir con la certeza de que las cosas son como son

El Señor preguntó: ¿Tú qué crees, Subhuti, que al Tathagata se le ocurre pensar que «el *dharma* ha sido demostrado por mí»? Subhuti, quienquiera que diga que «el Tathagata ha demostrado el *dharma*», estará hablando falsamente y me estará desvirtuando por aferrarse a algo que no está ahí.

Y, ¿por qué...? Porque ahí no encontrarás el menor *dharma*. Por eso se denomina «la máxima, correcta y absoluta iluminación». Es más, Subhuti, ese *dharma* es idéntico al ser y no se diferencian en lo más mínimo. Por eso recibe el nombre de «la máxima, correcta y absoluta iluminación». Siendo idéntica al ser por la ausencia de un ser, de un yo, de un alma o de una persona, la máxima, correcta y absoluta iluminación es conocida plenamente como la totalidad de todos los *dharmas* favorables...

¿Tú qué crees, Subhuti, que a un *tathagata* se le ocurre pensar que «todos los seres han sido liberados por mí»?

¡No deberías interpretarlo así, Subhuti!

Y, ¿por qué? Porque no hay ni un solo ser que el Tathagata haya liberado...».

A continuación, en esta ocasión el Señor enseñó las siguientes estrofas:

Aquellos que viendo mi forma me vieron a mí,

los que me siguieron por mi voz,

se equivocaron en sus esfuerzos,

y esas personas no me verán.

Se debería ver a los budas por el *dharma*,

y de sus cuerpos dhármicos proviene su guía.

Sin embargo, la verdadera naturaleza del *dharma* no se puede discernir.

Y nadie puede tener conciencia del *dharma* como un objeto...

Quienquiera que diga que el Tathagata viene o va, se levanta, se sienta o se tumba no ha entendido el significado de mi enseñanza.

Y, ¿por qué? Porque «Tathagata» es el nombre que recibe aquel que no ha ido a ningún sitio, ni ha venido de ningún sitio. Por eso se le llama «el Tathagata, el *arhat*, el que está plenamente iluminado».

Recapitulando, el Señor dijo: «[...] el Tathagata habla de acuerdo a la realidad, habla la verdad, habla de lo que es, y no al contrario [...]. Subhuti, *Tathagata* es sinónimo de ser lo que eres de verdad». La expresión *las cosas son como son* tiene una enorme importancia en el enfoque budista de la realidad. Para el budismo, esta expresión tiene tanta importancia como *Dios* para otras religiones.

El término budista para designar que las cosas son como son es *tathata*. Significa ver la cosas tal como son, sin adoptar ninguna actitud, sin formarse una opinión, sin juzgar ni criticar. La meditación budista consiste en ver las cosas tal como son. Es un método muy práctico y profundamente efectivo. Buda les dijo a sus discípulos: «Observad las cosas tal como son, sin interferir».

Te duele la cabeza, por ejemplo. En cuanto lo notas, enseguida surge una opinión de que eso no está bien: «¿Por qué me tiene que doler la cabeza? ¿Qué tengo que hacer para que se me quite el dolor?». Inmediatamente te empiezas a preocupar, ya te has formado una opinión, estás en contra del dolor y lo empiezas a reprimir. Lo intentas controlar químicamente con una aspirina o una novalgina, o lo intentas reprimir en tu conciencia no haciéndole caso, olvidándote de él. Te pones a hacer otra cosa para distraerte y olvidarte. Pero son dos maneras de olvidarte de que las cosas son como son.

¿Qué es lo que sugiere Buda? Buda dice que tomes nota dos veces: «Dolor de cabeza, dolor de cabeza». No te resistas a lo que ocurre, no sientas amistad ni antagonismo. Simplemente toma nota de ello, como si no tuviera nada que ver contigo: «Dolor de cabeza, dolor de cabeza». Y permanece inmutable, sin que te distraiga, sin que te influya, sin formarte una opinión.

Si lo entiendes, el noventa por ciento del dolor de cabeza se irá enseguida, porque no es un verdadero dolor de cabeza, sino que el noventa por ciento se debe a que tienes una opinión contraria. Enseguida te darás cuenta de que la mayor parte del dolor de cabeza se ha ido. Entonces te darás cuenta de que hay otra cosa. Al cabo de un tiempo comprobarás que el dolor de cabeza se transforma en otra cosa: a lo mejor ahora estás enfadado. ¿Qué es lo que ha ocurrido? Si te reprimes el dolor de cabeza, nunca llegarás a saber cuál era su verdadero mensaje. El dolor de cabeza solo estaba ahí para indicarte que estás lleno de ira en ese momento, y la ira crea presión en la cabeza, por eso te empieza a doler. Pero simplemente obsérvalo y toma nota de ello. «Dolor de cabeza, dolor de cabeza». Mantente imparcial, objetivo.

Y entonces el dolor de cabeza desaparece. Y te está transmitiendo un mensaje: «No soy un dolor de cabeza, soy el enfado». Ahora Buda dice: «Vuelve a tomar nota». «Enfado, enfado». No te enfades con el enfado porque volverías a caer en la trampa, y no entenderías que las cosas son como son. Si dices: «Enfado, enfado», el noventa por ciento del enfado desaparece inmediatamente. Es un método muy práctico. Y entonces el diez por ciento restante te transmitirá su mensaje. A lo mejor llegas a darte cuenta de que no era un enfado, sino el ego. Vuelve a tomar nota: «Ego, ego». Y así sucesivamente. Una cosa está concatenada con la siguiente, y cuanto más profundices, más te acercarás a la causa original. En cuanto llegues a ella, la cadena se romperá porque más allá de eso ya no hay nada.

Llega un punto en que tomas nota del último eslabón de la cadena y después solo queda la nada. Entonces te liberas de toda la cadena y sientes una gran pureza, un gran silencio. Ese silencio es el significado de que las cosas son como son.

Esto lo debes practicar todo el tiempo. A veces te puedes olvidar y formarte una opinión inconscientemente, mecánicamente. Entonces Buda dice que vuelvas a recordar: «Opinión, opinión». No permitas que te distraiga el hecho de haberte formado una opinión. No te deprimas por haber vuelto a caer en la trampa. Simplemente toma nota, «opinión, opinión», y de repente te darás cuenta de que el noventa por ciento de la opinión desaparece, y solo queda el diez por ciento, que te está transmitiendo un mensaje. ¿Cuál es ese mensaje? El mensaje es que tienes una inhibición o un tabú, y ese tabú ha generado una opinión.

Cuando surge un deseo sexual en tu mente, enseguida dices: «Eso está mal». Pero esto es una opinión. ¿Por qué está mal? Porque te han enseñado que está mal, porque es un tabú. Toma nota, «tabú, tabú», y continúa.

A veces también puede ocurrir que juzgues, y no solo juzgas, sino que te formas una opinión; y no solo te formas una opinión, sino que te deprimes por haberte equivocado. Vuelve a tomar nota, «depresión, depresión», y continúa.

En cuanto seas consciente de algo, en el punto que sea, toma nota a partir de ahí, simplemente toma nota y déjalo ahí. Pronto te darás cuenta de que la maraña de la mente ya no está tan enmarañada como de costumbre. Hay cosas que empiezan a desaparecer, hay momentos en los que ves las cosas tal como son, momentos de *tathata*, en los que simplemente estás ahí, la existencia está ahí, y entre tú y la existencia no hay ninguna opinión. El pensamiento no interfiere en lo que hay ni lo contamina. La existencia está, pero la mente ha desaparecido. Este estado de no-mente es el significado de que la cosas son como son.

Buda dice que un *tathagata* es sinónimo de ser lo que es. Es sinónimo, pero no quiere decir que posea esa cualidad, sino que él *es* lo que es.

Buda dice: «Un *tathagata* habla de acuerdo a la realidad...». No puede hacer otra cosa. No es que elija hablar de acuerdo a la realidad, sino que no tiene otra elección. Todo lo que es verdad habla a través de él. Él no está eligiendo «esto es verdad y lo debería decir, y esto no es verdad y no lo debería decir». Si surgiera esta elección, eso implicaría que todavía no eres un buda.

Un *tathagata* habla porque no tiene elección. De manera que no es que el *tathagata* hable de la verdad, de hecho, se debería decir de este modo: todo lo que diga un *tathagata*, *es* la verdad. Habla «[...] de acuerdo a la realidad». De hecho, la realidad habla a través de él. Él solo es un vehículo, un bambú hueco. La realidad canta su canción a través de él, él no tiene una canción propia. Todas sus opiniones han desaparecido y él mismo ha desaparecido. Él simplemente es espacio. La verdad puede llegar al mundo a través de él, la verdad puede descender al mundo a través de él. Él «[...] habla de la verdad, habla de lo que es...».

Yatha butham, él habla de lo que hay, sea lo que sea. No tiene un pensamiento acerca de ello, nunca interfiere. No se deja nada y no añade nada. Es un espejo. Un espejo refleja todo lo que se ponga delante. Esta cualidad de reflejar es el significado de que todo es lo que es.

«Subhuti, *Tathagata* es sinónimo de ser lo que eres de verdad». ¿Y por qué dice «ser lo que eres de verdad»? ¿Acaso puede no ser verdad? Sí, podrías practicarlo. De alguna manera, con la práctica puedes cultivar la cualidad de ser lo que eres, pero no será verdad. Ser lo que eres de verdad no se puede cultivar, es algo que sucede.

¿Qué quiero decir, por ejemplo, cuando digo que puedes cultivarlo? Puedes tomar la decisión de que «solo hablaré de la verdad, sea cual sea la consecuencia. Hablaré de la verdad, aunque me cueste la vida». Y hablas de la verdad, pero eso no es ser lo que eres de verdad, sino una decisión que tú has tomado. Dentro de ti ha surgido algo que no es verdad. Y sigues ocultando que no es verdad, diciendo: «He decidido decir la verdad, aunque arriesgue mi vida». Estás haciendo un esfuerzo. La verdad se ha convertido en algo que te da prestigio. En el fondo de tu ser estás deseando ser un mártir. En el fondo, quieres que todo el mundo sepa que eres un hombre sincero y que estás dispuesto a sacrificar por la verdad incluso tu vida; eres una persona especial, un *mahatma*. Y podrás sacrificar tu vida, pero eso no es ser lo que eres de verdad.

Ser lo que eres de verdad no es algo que puedas elegir. Tú solo eres un instrumento de la realidad. No intervienes, no te interpones, simplemente te retiras. Un espejo no dice: «Este hombre está frente a mí y le voy a mostrar su verdadero rostro, sea cual sea la consecuencia, aunque me tire una piedra... Porque es tan feo que a lo mejor se enfada, pero yo le voy a mostrar su verdadero rostro».

Si un espejo pensara así, ya no sería un espejo, estaría interviniendo la mente. No estaría reflejando, sino que habría tomado una decisión personal. Habría perdido la pureza. Sin embargo, un espejo simplemente está ahí, no tiene mente, igual que un buda. Por eso Buda emplea la expresión *ser lo que eres de verdad*.

Intenta hacer esta meditación budista que consiste en tomar nota de las cosas y juega con ella. No puedo decir que la practiques, solo te digo que juegues con ella. Mientras estés sentado o caminando, acuérdate y juega con ella. Y te sorprenderá, porque Buda le ha entregado al mundo una de las mejores técnicas para penetrar en lo más hondo de tu ser.

El psicoanálisis no profundiza tanto. Se basa en algo parecido —en la libre asociación de ideas—, pero es más superficial, porque la presencia del otro es un impedimento. El psicoanalista está ahí, y, aunque esté sentado detrás de una mampara, tú sabes que está ahí. El hecho mismo de saber que hay alguien, te dificulta el proceso. No puedes ser un verdadero espejo porque la presencia del otro no te permite abrirte del todo. Solo puedes abrirte del todo a tu propio ser.

El método de Buda va mucho más allá porque no hay que decírselo a nadie. Solo tienes que tomar nota internamente. Es subjetivo y objetivo a la vez. El suceso ocurre en tu subjetividad, pero tú permaneces objetivo.

Simplemente toma nota, y sigue tomando nota como si no fuera contigo, como si no te ocurriera a ti, como si te hubiesen encargado una tarea: «Ponte en esta esquina de la calle y cuenta a todos los que pasen. Una mujer, una mujer. Un perro, un perro. Un coche, un coche». Tú no tienes que hacer nada, no tienes que implicarte. Tú te quedas absolutamente al margen, distante.

Y una cosa te irá llevando a la otra, hasta que, en algún momento, llegarás a la verdadera causa de una determinada cadena. Dentro de tu ser hay muchas cadenas, hay miles de hilos que se han ido enredando. Te has convertido en una maraña. Tendrás que ir siguiendo cada hilo poco a poco hasta llegar al otro extremo. Cuando llegues al extremo, esa cadena desaparecerá de tu ser. Irás eliminando cargas.

Y, de repente, un día sucede. Desaparecen todo los hilos porque has ido examinando los motivos que los creaban. Solo eran el efecto. Un día, cuando hayas examinado todas las causas, cuando hayas observado todo —todos los trucos que emplea la mente, las trampas y la astucia, los engaños y las artimañas—, la mente desaparecerá como si nunca hubiese existido.

Hay un famoso sutra en el que Buda habló de la mente, de la vida, de la existencia. Este es uno de los sutras más extraordinarios. Dice: «Piensa en la mente como si fuera un conjunto de estrellas, un defecto de la vista, una lámpara, un espectáculo de ilusionismo, unas gotas de rocío o una pompa de jabón, un sueño, un relámpago o una nube. Así es como deberíamos ver lo que está condicionado».

La mente está condicionada. Es el efecto de ciertas causas. No puedes destruir directamente los efectos, tendrás que buscar las causas. No podrás derribar un árbol simplemente cortándole las ramas, las hojas y el follaje, tendrás que buscar las raíces, y las raíces están escondidas debajo de la tierra. Así son las raíces que hay en ti. Deberás entender estas cosas que dice Buda: «Piensa en tu mente como si fueran estrellas». ¿Por qué? Porque las estrellas solo se ven en la oscuridad. Cuando llega la mañana y sale el sol, desaparecen.

Así es tu mente, solo existe en la inconsciencia. Cuando sale el sol de la conciencia, desaparece como las estrellas. No luches contra las estrellas. No podrás destruirlas, hay millones de estrellas. Pero si estás cada vez más atento, desaparecerán por su propia cuenta.

«[...] Un defecto de la vista...». Tus ojos están enfermos, tienen alguna dolencia. Esto te hace ver cosas que no hay. Por ejemplo, puedes ver doble o algún patrón, porque tus ojos no funcionan como es debido. Si tu hígado no funciona bien, los ojos empiezan a ver cosas que no hay. Cuando el hígado está enfermo, los ojos ven patrones en el aire, burbujas, diseños, esquemas. En realidad no están ahí, son los propios ojos que los crean. No puedes luchar contra esas cosas ni puedes eliminarlas porque no existen. Lo único que debes hacer es ir al médico. Tendrás que cuidarte los ojos, tendrás que curártelos.

Buda solía decir: «Yo no soy un filósofo, soy un médico. No te doy una doctrina. Te medico. No te doy una teoría. Simplemente te doy una medicina. No hablo de lo que es la luz, solo te ayudo a abrir los ojos para que tú mismo la puedas ver».

A un ciego no le puedes ayudar definiendo la luz, el color y los arcoíris. La única forma de ayudarle es que recupere la vista. A un sordo no le puedes explicar lo que es la música. Solo lo sabrá cuando recupere el oído. La única explicación es la experiencia.

En tercer lugar, Buda dice que te imagines la mente como una lámpara. ¿Por qué como una lámpara? Una lámpara solo alumbra mientras tenga aceite. Cuando se acabe el aceite, desaparecerá la llama. Así es la mente, y el aceite es el deseo. Mientras siga habiendo deseos en la mente, esta seguirá viva. No luches contra la llama, pero no sigas echándole aceite. El deseo es el combustible.

Desear significa que no estás satisfecho con lo que hay y quieres otra cosa. No estás viviendo las cosas tal como son, eso es lo que significa desear. Desear significa que te gustaría que las cosas fueran diferentes a como son. No te gustan tal como son. Tienes tus propias ideas, tienes tus propios sueños particulares, y se los quieres imponer a la realidad. No estás contento con la realidad tal como es, y quieres cambiarla de acuerdo con el deseo de tu corazón. Entonces la mente seguirá estando ahí. La mente solo existe porque no tienes una conexión con la realidad.

Mucha gente me pregunta: «¿Cómo puedo parar el pensamiento?». Quieren parar el pensamiento directamente, pero eso no se puede hacer. Los pensamientos existen porque hay deseos. Hasta que no entiendas el deseo y renuncies a él, no podrás dejar a un lado el pensamiento, porque es una consecuencia.

Primero surge el deseo. Ves pasar un coche precioso y surge un deseo. Buda diría: «Di "coche, coche", y ya está. Si surge un deseo en tu interior, vuelve a decir, "deseo, deseo", y ya está». Pero ves un coche precioso y se apodera de ti un sueño, un deseo.

A continuación, surgirán muchos pensamientos: «¿Cómo me podría comprar ese coche? ¿Tendré que vender mi casa? ¿Tendré que ir al banco? ¿Tendré que ganar más dinero de forma legal o ilegal? ¿Qué puedo hacer? Necesito tener ese coche». ¿Cómo puedes parar los pensamientos?

Había un político que me venía a ver porque quería parar sus pensamientos, quería meditar. Yo le dije: «Tienes que abandonar la política, si no, ¿cómo vas a parar? Eres demasiado ambicioso».

Primero había sido miembro de la Asamblea Legislativa. Era muy ambicioso y se convirtió en viceministro. Luego su ambición siguió aumentando y se convirtió en ministro. Ahora quiere ser jefe del gobierno de un país. Y me dijo: «Solo he venido por este motivo: quiero que me ayudes a relajarme, a meditar, para tener más fuerza para luchar contra mis adversarios cuando tenga que enfrentarme a ellos. ¿Y tú me estás diciendo que deje la política? Lo siento, pero no puedo hacerlo».

Si no puedes renunciar al deseo, ¿cómo vas a renunciar al pensamiento? El pensamiento está ahí para ayudarte. Quieres convertirte en jefe del Estado y la mente empieza a maquinar. La mente dice: «Tengo que estudiar la cuestión para ver cómo lo consigo». Para que se cumpla tu deseo, tendrás que resolver miles de problemas. El pensamiento es el recurso que utiliza el deseo para poder cumplirse. No puedes detener el pensamiento directamente.

Buda dice que el deseo es como el aceite de una lámpara. Si la lámpara no tiene aceite, la llama desaparece sola.

Piensa en la mente como si fuera una lámpara, piensa en la mente como si fuera un espectáculo de ilusionismo, un espectáculo de magia. Ahí no hay nada concreto, es como un estado hipnótico. El hipnotizador que te ha hipnotizado dice: «Mira, viene un animal, viene un camello». Y en tu mente aparece la forma de un camello, empiezas a ver un camello y el camello está ahí, pero solo para ti. Todo el mundo se ríe porque nadie está viendo un camello, solo tú.

Tu mente es una caja mágica, eso es lo que Buda repite una y otra vez. Siempre está creando fantasías, imaginaciones, que no tienen ninguna base real, pero si te las crees, seguirán siendo verdad para ti. Tu mente es un gran espectáculo de ilusionismo. De hecho, la palabra *magia* proviene de la palabra india *maya*. *Maya* quiere decir «ilusión».

Puedes crear fantasías, y todos vosotros lo hacéis. Ves a una mujer, pero nunca ves *yatha butham*, lo que es en realidad. Por eso después te desilusionas. Empiezas a ver cosas que no hay, que solo son proyecciones de tu mente. Proyectas la belleza y mil otras cosas en esa pobre mujer. Cuando tienes más confianza y empiezas a vivir con ella, todas esas fantasías se empiezan a caer. Esas ilusiones no duran mucho frente a la realidad, la realidad de esa mujer se manifestará y te sentirás estafado, creerás que te ha engañado.

Ella no ha hecho nada. Ella misma se siente estafada por ti, porque también ha proyectado cosas en ti. Pensaba que eras un héroe, Alejandro Magno o algo así, un hombre especial, y resulta que solo eres un cobarde y nada más. Ella creía que eras una montaña ¡y no eres ni un pequeño montículo! Se siente estafada. Los dos os sentís engañados, los dos estáis decepcionados.

Me contaron que...

Una mujer fue a la Oficina Central de Desaparecidos.

—Mi marido desapareció anoche —declaró.

—Haremos todo lo posible por encontrarlo —le aseguraron los funcionarios—. ¿Nos podría dar una descripción de esa persona?

—Bueno —la mujer hizo una pausa y luego siguió diciendo—, mide un metro cincuenta, lleva gafas de muchas dioptrías, es calvo, bebe mucho, tiene la nariz roja, voz de pito...—. Entonces se paró a pensar un momento y dijo:

—¡Creo que es mejor dejarlo, olvídelo!

Esto es lo que pasa cuando ves la realidad. Y entonces dices: «Creo que es mejor dejarlo, olvídalo». El problema es que no ves y siempre estás proyectando.

Un día el mulá Nasrudín me dijo:

—Mi tío vivió muchos años en Italia. Murió por el vino, las mujeres y la canción.

—Nasrudín —le dije—, nunca habría pensado que tu tío se parecía tanto a Omar Khayyam. Cuéntame algo más de tu tío. Me interesa.

El mulá Nasrudín dijo:

—En realidad, no es tan romántico como crees. No te voy a ocultar la realidad, Osho, te voy a contar la verdad. Un día se puso a cantar una canción muy soez debajo de la ventana de una mujer casada, y entonces salió el marido y le estampó en la cabeza una botella de Chianti. Murió por el vino, la mujer y la canción.

Esto es lo que nos suele pasar.

La realidad no es decepcionante, la realidad siempre es gratificante. Pero nos decepcionamos porque queremos imponerle nuestras fantasías a la realidad.

Buda dice que es un espectáculo de ilusionismo. Ten cuidado, tu mente hace magia. Te muestra cosas que no hay, que nunca ha habido. Te engaña, crea a tu alrededor un mundo que no es real, y vives en ese mundo irreal. Este mundo con sus árboles, sus pájaros, sus animales y sus montañas no es irreal, pero el mundo que crea tu mente sí lo es.

Cuando oigas hablar de la irrealidad del mundo a personas como Buda, no las malinterpretes. No están diciendo que los árboles sean irreales, no están diciendo que las personas sean irreales. Lo que están diciendo es que todo lo que piensas de la realidad es irreal: tu mente es irreal. Cuando la mente cesa, todo es real. Entonces vives las cosas tal como son, te conviertes en *tathata, eres* lo que es.

En su clase de las ocho de la mañana, un profesor estaba diciendo:

—He descubierto que la mejor manera de empezar el día es hacer cinco minutos de ejercicio, respirar profundamente y acabar con una ducha fría. Y luego siento gloria por todo mi cuerpo.

Desde el fondo de la clase se oyó una voz soñolienta:

—Profe, cuéntenos algo más de Gloria.

La mente está dispuesta a saltar sobre cualquier cosa, a proyectar. Ten mucho cuidado con ella. De eso se trata la meditación: de tener cuidado, de no dejarte engañar por la mente.

La quinta cosa: piensa en la mente como si fuera rocío, gotas de rocío muy frágiles. Las gotas de rocío solo duran un momento. En cuanto llega el sol de la mañana, se evaporan. Si llega una brisa, se escurren y desaparecen. Así es la mente. No sabe qué es la realidad, no sabe qué es la eternidad, la mente solo es un fenómeno temporal. Piensa en ella como si fuese rocío. Sin embargo, piensas en ella como si fuese un montón de perlas o diamantes, como si se fuese a quedar.

No hace falta que creas en Buda, solo observa tu mente. No permanece igual ni durante dos instantes consecutivos. Va cambiando, es un flujo. En un momento es una cosa y en otro momento es otra. En un momento estás profundamente enamorado y en otro momento odias profundamente. En un momento eres muy feliz y en otro momento eres muy infeliz. Solo observa tu mente.

Si te aferras a esta mente, siempre estarás en un estado de confusión, porque no puedes quedarte en silencio, siempre está ocurriendo algo. No puedes experimentar la eternidad, que es lo único que te puede satisfacer. El tiempo es cambio permanente.

Y en sexto lugar: piensa en tu mente como una burbuja. Todas las experiencias de la mente acaban por explotar, como las burbujas, y luego solo te queda la nada. Persigue a la mente, solo es una burbuja. A veces esa burbuja te puede parecer preciosa. Cuando le da el sol, parece un arcoíris, es fascinante, espléndida. Pero cuando empiezas a correr para intentar atraparla, en cuanto lo consigues, deja de estar ahí.

Eso es lo que ocurre en tu vida todos los días. Vas corriendo detrás de esto y de aquello, y en cuanto lo tienes, ya no es lo mismo. Desaparece toda la belleza, porque esa belleza solo estaba en tu imaginación. Desaparece toda la alegría, porque esa alegría solo estaba en tu esperanza. Todos esos momentos de éxtasis que suponías que iban a llegar, no llegan porque solo estaban en tu imaginación, solo existían mientras esperabas.

La realidad es completamente distinta a esas burbujas de tu imaginación, y todas explotan. El fracaso nos decepciona, pero el éxito también. La pobreza es frustrante, pero la riqueza también, pregúntaselo a los ricos. Todo, ya sea bueno o malo, es frustrante, porque todo es una burbuja mental. Pero vamos persiguiendo burbujas. No solo las perseguimos, sino que queremos que sean cada vez más grandes. En el mundo hay una obsesión especial por querer agrandar las experiencias.

Hay una historia relacionada con esto de un grupo de estudiantes de diferentes países a los que les pidieron que escribieran una redacción individual sobre el elefante. El estudiante alemán escribió sobre el empleo del elefante en las guerras. El estudiante inglés habló del carácter aristocrático del elefante. El estudiante francés habló de las relaciones sexuales de los elefantes. El indio habló de la actitud filosófica del elefante. Y el tema que eligió el americano era cómo obtener elefantes mejores y más grandes.

La mente siempre está pensando en agrandar las cosas —la mente es americana—: una casa mas grande, un coche más grande; todo tiene que ser más grande. Y lógicamente, cuanto más grande sea la burbuja, antes explotará. Las burbujas pequeñas que flotan sobre la superficie del agua duran más tiempo, pero las burbujas grandes no flotan mucho. Por eso abunda la desilusión entre los americanos. No hay nadie tan desilusionado como los americanos.

La mente americana ha conseguido una burbuja muy grande, y ahora explota por todas partes. No hay manera de protegerla, de salvarla, de evitar que explote. Y no se puede culpar a nadie, porque nadie piensa: «Era nuestro mayor deseo y lo hemos conseguido». No hay mayor fracaso que el éxito.

En séptimo lugar, Buda dice: piensa en la mente como si fuera un sueño. La mente es imaginaria, es subjetiva, tú mismo la has creado. Tú eres el director, tú eres el actor y tú eres el público. Todo lo que ocurre en tu mente es tu imaginación y el mundo no tiene nada que ver con eso, la existencia no tiene ninguna obligación de cumplirlo.

Un médico acababa de hacerle un examen físico completo a un paciente que había superado ampliamente la mediana edad.

—No me parece que tenga usted ningún problema —dijo el médico—, pero le aconsejo que reduzca su vida sexual a la mitad.

El anciano se quedó mirando al médico un instante, y a continuación le preguntó:

—¿A qué mitad se refiere, a la de pensar en ello o a la de hablar de ello?

La mente es insustancial, piensa o habla, pero no sabe nada de la realidad. Cuanta más mente tengas, menos realidad tendrás, y cuanta menos mente tengas, más realidad. La no-mente sabe qué es la realidad: *tathata*. Entonces te conviertes en un *tathagata*, en alguien que sabe que las cosas son como son.

También puedes pensar en la mente como un relámpago, dice Buda. No intentes aferrarte a ella porque, en el momento en que lo hagas, estarás generando sufrimiento. Un relámpago solo está ahí un instante, y luego desaparece. Todo viene y va, nada permanece, pero nos seguimos aferrando. Y siempre que te aferras, hay sufrimiento.

Observa tu mente, observa cómo está dispuesta a aferrarse a cualquier cosa, observa el temor que le produce el futuro o el cambio. Quiere que todo sea estable, se agarra a todo lo que sucede. Cuando eres feliz, quieres que la felicidad no se vaya. Te aferras a ella. Y en el momento en que lo haces, la estás destruyendo porque deja de estar ahí.

Conoces a un hombre o a una mujer, te enamoras y estás aferrado a esa persona porque quieres que el amor dure para siempre. En ese preciso instante —en el momento en que deseas que dure para siempre—, el amor desaparece. Ya no está ahí. Todas las experiencias de la mente son como relámpagos, vienen y van.

Buda dice: simplemente observa. No tienes tiempo de aferrarte a nada. Simplemente observa y toma nota: «Dolor de cabeza, dolor de cabeza», «Amor, amor», «Belleza, belleza». Toma nota, con eso es suficiente. El momento dura tan poco que no te da tiempo a hacer nada más. Toma nota y sé consciente.

Solo la conciencia puede convertirse en tu eternidad, nada más.

Y la novena y última cosa: piensa en las experiencias de la mente como si fueran nubes que cambian de forma, como un fluir. Cuando ves una nube, a veces adopta la forma de un elefante e inmediatamente después cambia y se convierte en un camello o en un caballo, y en muchas otras cosas. Siempre está cambiando, nunca se queda estática; adopta infinidad de formas que luego vuelven a desaparecer. Eso, sin embargo, no te preocupa, ¿qué más te da que la nube adopte la forma de un elefante o de un camello? No te importa, solo es una nube.

De la misma manera, la mente es una nube en torno a tu conciencia. Tu conciencia es el cielo y la mente es una nube. A veces puede ser una nube de ira, a veces puede ser una nube de amor, a veces puede ser una nube de codicia, pero solo son diferentes formas de la misma energía. No elijas, no te aferres a nada. Si te aferras al elefante de la nube, serás infeliz. La próxima vez, cuando te des cuenta de que el elefante ya no está, te pondrás a llorar. Pero ¿quién tiene la culpa? ¿La nube? La nube solo sigue su ritmo natural. No te olvides de que la naturaleza de la nube es cambiar, igual que la mente.

Sigue observando desde tu cielo interior y deja que las nubes floten. Vuélvete un observador. Recuerda que las nubes vienen y van, pero es indiferente para ti.

Buda le ha dado un gran valor a la indiferencia. La denomina *upeksha*. Permanece indiferente: «No importa».

Dos astronautas, un hombre y una mujer, que estaban visitando el planeta Marte, vieron que los marcianos eran gente muy hospitalaria y estaban deseando enseñarles su planeta. Al cabo de unos días los astronautas decidieron hacerle una pregunta a sus anfitriones:

—¿Cómo se reproduce la vida en Marte?

El capitán de los marcianos llevó a los astronautas a un laboratorio y les mostró cómo lo hacían. Primero echó una cantidad de un líquido blanco en una probeta y luego la espolvoreó cuidadosamente por encima con un polvo marrón, agitó la mezcla y la dejó a un lado. Al cabo de nueve meses, les explicó a los astronautas, esta mezcla se convertirá en un nuevo marciano.

Ahora les tocaba a los marcianos preguntarles cómo se reproducía la vida en la Tierra. Los astronautas, un poco avergonzados, se armaron de valor para hacer una demostración, y empezaron a hacer el amor. Pero entonces la risa histérica de los marcianos los interrumpió.

—¿Qué es lo que os hace tanta gracia? —preguntaron los astronautas.

—Es que así es como preparamos nosotros el Nescafé —respondió el jefe de los marcianos.

Puede ser de cualquier forma... No hay que preocuparse de las formas. Simplemente observa. Piensa en la mente como si fuera «una estrella, un defecto de la vista, una lámpara, un espectáculo de ilusionismo, una gota de rocío o una burbuja, un sueño, un relámpago o una nube. Así es como deberíamos ver lo que está condicionado».

Entonces desaparece el condicionamiento y llegas a lo que no está condicionado. Lo que no está condicionado es lo que es; es la verdad, es la realidad, es *yatha butham*.

Y ahora los sutras:

El Señor preguntó: ¿Tú qué crees, Subhuti, que al Tathagata se le ocurre pensar que «el *dharma* ha sido demostrado por mí»? Subhuti, quienquiera que diga que «el Tathagata ha demostrado el dharma», estará hablando falsamente y me estará desvirtuando por aferrarse a algo que no está ahí.

Y, ¿por qué...? Porque ahí no encontrarás el menor *dharma*. Por eso se denomina «la máxima, correcta y absoluta iluminación». Es más, Subhuti, ese *dharma* es idéntico al ser, y no se diferencian en lo más mínimo. Por eso se denomina «la máxima, correcta y absoluta iluminación». Siendo idéntica al ser por la ausencia de un ser, de un yo, de un alma o de una persona, la máxima, correcta y absoluta iluminación es conocida plenamente como la totalidad de todos los *dharmas* favorables...

Buda dice: *¿Tú qué crees, Subhuti, que al Tathagata se le ocurre pensar que «el* dharma *ha sido demostrado por mí»?*

A un *tathagata* no se le puede ocurrir pensarlo, porque en su interior ya no hay una persona. La personalidad es una forma de la mente, la idea del «yo» es una forma que adoptan las nubes. Para un *tathagata*, las nubes han desaparecido y solo hay un cielo limpio, indescriptible, infinito. La idea de un «yo» no surge.

De modo que un *tathagata* no puede decir: «Yo he demostrado el *dharma*». En primer lugar, él no existe. En segundo lugar, al haber desaparecido, sabe que nadie existe.

Por ejemplo, esta noche todos os dormiréis y empezaréis a soñar. Uno dice algo, otro se pone a gemir, el otro se pone a gritar, pero ¿qué piensa la persona que está despierta? Se ríe de ti porque sabe que los sueños solo son sueños y no son reales.

Uno está gimiendo, el otro está llorando, el otro está gritando, el otro está extático y hay otro que se está riendo..., pero el que está despierto sabe que todo eso es mentira. No hay un motivo para reír ni un motivo para llorar. Todo es mentira. Esas personas están dormidas. Él no se va a acercar al que está llorando para consolarle y decirle «no llores», ni tampoco se va a alegrar porque todo el mundo se esté riendo. Sabe que están soñando.

Esta es la situación de un *tathagata*, de un buda. Es alguien que conoce su cielo interno y sabe que todo el mundo es ese cielo, pero todo el mundo está nublado. Sin embargo, esas nubes son falsas, son imaginarias. Si esas nubes son falsas e imaginarias, esto significa que no hay seres. ¿A quién le puede demostrar el *dharma* el *tathagata*? No hay nadie, solo hay un cielo limpio. En cuanto tú desapareces, desaparecen todos los seres. Entonces ya no hay seres separados, todo es uno. No hay nadie que sea un maestro ni nadie que sea un discípulo.

Por eso os dije el otro día que todo esto es un juego, estamos representando una gran obra de teatro. Es una obra antigua que se ha representado muchas veces. La han representado Buda y sus discípulos, Jesús y sus discípulos, Krishna y sus discípulos. Nosotros estamos representando la misma obra. Desde tu perspectiva es muy real, pero desde la mía solo es una obra de teatro. Desde tu perspectiva, ser un discípulo es algo muy serio, desde la mía no es serio ni no serio, simplemente es una nube. Y lo único que pretendo es ayudaros a daros cuenta de que solo es una nube, una forma que adoptan las nubes.

El día que te despiertes te reirás porque no hay nada que tengas que alcanzar, no hay nada que perder ni nada que alcanzar. Todo es como ha sido siempre desde el principio y seguirá igual hasta el final. Cuando se acumulan las nubes en la época de lluvias, ¿crees que el cielo cambia? Cuando es verano y desaparecen las nubes, ¿crees que el cielo cambia? ¿Crees que se produce algún cambio en el cielo? El cielo permanece igual, pero las nubes vienen y van.

Así es el *samsara*, así es el mundo, así es la mente.

Buda dice: ¿*Tú qué crees, Subhuti, que al Tathagata se le ocurre pensar que «el* dharma *ha sido demostrado por mí»? Subhuti, quienquiera que diga que «el Tathagata ha demostrado el dharma» estará hablando falsamente y me estará desvirtuando por aferrarse a algo que no está ahí.*

Yo no estoy y tú no estás, el maestro no está y el discípulo tampoco. Y no hay nada que demostrar, todo es como es. No hay nada que enseñar, no hay nada que aprender.

«*Porque ahí no encontrarás el menor* dharma. *Por eso se denomina «la máxima, correcta y absoluta iluminación»*. Buda dice: por eso se denomina la iluminación perfecta. Hay otras religiones del mundo cuya idea de la iluminación no se puede llamar perfecta. Los cristianos, por ejemplo, tienen el concepto de la trinidad: Dios, Hijo y Espíritu Santo. Esto quiere decir que en el momento supremo sigue habiendo tres diferenciaciones, tres divisiones. Significa que estamos reteniendo alguna nube, alguna forma, alguna formalidad. El mundo todavía sigue un poco más, no hemos apartado la mente del todo.

El concepto hinduista es algo mejor. Solo quedan dos: Dios y el alma. Dos es mejor que tres, pero sigue habiendo dos, es una dualidad. La dualidad forma parte de la mente. Es la mente la que separa las cosas, es la mente la que define. De modo que esto tampoco puede ser la iluminación perfecta.

En el concepto jainista solo hay una cosa, el alma. Esto es mucho mejor, mejor que el cristianismo y mejor que el hinduismo. Solo queda una cosa: el alma. Pero Buda dice que eso tampoco es la iluminación perfecta, porque, para que haya uno, necesariamente tiene que haber dos, y tres, y cuatro, y cinco. El simple hecho de decir «uno» ya es suficiente para introducir toda la retahíla. No puedes definir el uno sin que haya un dos.

¿Qué quiere decir «uno»? Quiere decir que no hay dos. De modo que el uno necesita al otro, al menos para definirlo. El otro está escondido en algún sitio, no ha desaparecido completamente. Si yo estoy ahí, entonces tú también lo estás. No puede desaparecer por completo. El «yo» necesita al «tú», lo necesita simplemente para existir. El «yo» siempre existe vinculado al «tú». Van juntos, yo-tú es una realidad.

De modo que Buda dice que el «yo» también tiene que desaparecer. Y así desaparece la trinidad. En la experiencia suprema no hay ni tres, ni dos, ni uno. Es un cielo limpio, la nada, no hay seres, no hay entidades. Es el zero, *shunyata*. Por eso Buda dice: *[...] Es más, Subhuti, ese dharma es idéntico al ser y no se diferencian en lo más mínimo. Por eso se denomina «la máxima, correcta y absoluta iluminación». Siendo idéntica al ser por la ausencia de un ser, de un yo, de un alma o de una persona...*

Han desaparecido todas las formas. Por eso el cielo permanece idéntico a sí mismo. Las formas ya no aparecen ni desaparecen, ya no cambia nada, ya no hay movimiento. Han desaparecido todos los sueños. Es de día, ha salido el sol y estás despierto. Hay conciencia, pero no hay nadie que pueda decir «yo soy consciente». Hay enseñanza, pero nadie puede decir «yo soy el profesor». Hay un camino, pero casi sin camino. Hay métodos, pero no se pueden llamar métodos. Hay un maestro y un discípulo, pero solo desde el punto de vista del discípulo, desde el punto de vista del maestro todo ha desaparecido.

¿Tú qué crees, Subhuti, que a un *tathagata* se le ocurre pensar que «todos los seres han sido liberados por mí»?

¡No deberías interpretarlo así, Subhuti!

Y, ¿por qué? Porque no hay ni un solo ser que el Tathagata haya liberado.

¿Cómo puede ocurrírsele a un *tathagata* pensar: «He liberado a muchos seres»? En primer lugar, no hay nadie que no sea libre. De modo que si preguntas: «¿Buda es un salvador?», Buda te dirá: «No, yo no soy un salvador porque nadie necesita ser salvado. No hay nadie a quien salvar». Y la naturaleza de todo el mundo es la libertad. La libertad está ahí, no hay que aportarla. Solo hay que darse cuenta de que ya está ahí. Por eso Buda dice:

No hay ni un solo ser que el Tathagata haya liberado...

A continuación, en esta ocasión el Señor enseñó las siguientes estrofas:
Aquellos que viendo mi forma me vieron a mí,
los que me siguieron por mi voz
se equivocaron en sus esfuerzos,
y esas personas no me verán.

Si ves a Buda como su forma, como su cuerpo, no lo habrás entendido. Si solo oyes las palabras de Buda, pero no oyes su silencio, no lo habrás entendido. Si solo ves su rostro, pero no ves su cielo interno, no lo habrás entendido.

Buda solo le habla al silencio absoluto. Buda solo tiene una forma para expresar lo que no tiene forma. Recuerda esta estrofa. Yo también te puedo decir lo mismo:

Aquellos que viendo mi forma me vieron a mí,
los que me siguieron por mi voz

se equivocaron en sus esfuerzos,

y esas personas no me verán.

Se debería ver a los budas por el *dharma*...

Desde el punto de vista del cielo, no desde el punto de vista de la nube.

Se debería ver a los budas por el *dharma*,

Y de sus cuerpos dhármicos proviene su guía.

Sin embargo, la verdadera naturaleza del *dharma* no se puede discernir.

Y nadie puede tener conciencia del *dharma* como un objeto.

Está expresando con palabras lo que no se puede expresar, *avachya*, lo inefable. Buda está diciendo: ¿De dónde proviene la guía de Buda? No proviene de él, sino de lo eterno, del cielo. Buda solo es un canal, lo eterno flota a través de él. No te obsesiones demasiado con las palabras que emplea, escucha su silencio. No te preocupes demasiado por el cuerpo en el que vive, no te preocupes por la casa en la que reside. Piensa en la presencia interna, piensa en su ser. Mira profundamente.

¿Cómo puedes mirar profundamente a un buda? La única forma de mirar profundamente a un buda no es con los ojos abiertos, sino con los ojos cerrados. Mirar profundamente en tu interior es la única forma de mirar profundamente a un buda. Si te familiarizas con tu propio cielo interno, te familiarizarás con el de buda, con el de todos los budas de todos los tiempos, pasado, presente y también futuro. Adéntrate en tu propio ser.

Quienquiera que diga que el Tathagata viene o va, se levanta, se sienta o se tumba no entiende el significado de mi enseñanza.

Y, ¿por qué? Porque «Tathagata» es el nombre que recibe aquel que no ha ido a ningún sitio, ni ha venido de ningún sitio. Por eso se le llama «el Tathagata, el *arhat*, el que está plenamente iluminado».

Cuando hay nubes, ¿crees que el cielo se ha ido a algún sitio? Cuando las nubes se van, ¿crees que ha vuelto el cielo? El cielo sigue ahí, tu naturaleza más profunda sigue ahí.

Una vez fuiste una piedra. Solo era una nube que había adoptado la forma de una piedra, pertenecías al reino mineral. Luego te convertiste en un árbol, cambiaste de forma, te convertiste en un rosal, o en un pino, o en un cedro del Líbano. Pero tu naturaleza interna seguía siendo la misma. La forma de la nube cambió y entonces pertenecías al reino vegetal. Luego te convertiste en un animal, quizá un león, un tigre, un cocodrilo, un ciervo o un perro. Solo ha cambiado la forma, pero el cielo interno se mantiene igual. Luego te convertiste en un hombre o una mujer, y volvió a cambiar la forma. Te puedes convertir en un ángel del cielo, pero solo cambiará la forma.

Puedes ir adoptando una forma u otra, una forma puede morir y puedes nacer con otra forma. Esto es lo que se llama *samsara*. Estar atrapado en una forma y luego en otra, pasar de una forma a otra, de una prisión a otra.

¿Qué es la budeidad? Es darse cuenta del cielo interno que estaba en la piedra, en los animales, en los árboles, en el hombre y la mujer. Cuando eres consciente de ese cielo interno, te liberas de todas las formas. Eso es la libertad. No es que *tú* te liberes, porque en esa libertad *tú* no existes, no puedes existir.

«Te liberas» quiere decir que te liberas de ti mismo. Todos los yoes son formas. La piedra tiene un yo, un ser. El árbol tiene un yo, el animal tiene un yo. El buda no tiene un yo, es libertad absoluta. Por eso Buda dice: *Quienquiera que diga que el Tathagata viene o va...*

Evidentemente, viene y va, y así empezó *El sutra del diamante*. Fíjate en su belleza. *El sutra del diamante* empezó así: Buda sale a mendigar, luego vuelve, deja su cuenco, se lava los pies, se sienta, mira al frente, y Subhuti le pregunta. El sutra ha empezado con la forma y termina con lo que no tiene forma.

Ese es el principio. No puedes empezar escuchando mi silencio, porque antes tendrás que escuchar mis palabras. No puedes empezar viendo mi cielo interno, porque antes tendrás que ver esta nube que me rodea. Solo entonces, poco a poco, comenzarás a entrar en sintonía con lo más interno. Pero, lógicamente, empiezas por lo externo. Antes tendrás que ver la casa, y luego verás al que la habita.

Eso es natural y no hay ningún inconveniente, pero no te aferres a la casa. Tienes que dejar la casa a un lado, tienes que ir de la residencia al residente. Esa es la belleza de este sutra. Empieza con el cuerpo de Buda: su forma de caminar, su forma de sentarse, su forma de mirar, todo lo que está haciendo. Y al final termina con esta extraña frase: *Y, ¿por qué? Porque «Tathagata» es el nombre que recibe aquel que no ha ido a ningún sitio, ni ha venido de ningún sitio. Por eso se le llama «el Tathagata, el* arhat, *el que está plenamente iluminado».*

¿Quién recibe el nombre de ... *el que está plenamente iluminado*? El que ha alcanzado el conocimiento del cielo que nunca se mueve, el que ha alcanzado el conocimiento de la eternidad que está más allá del tiempo, el que ha alcanzado el conocimiento de la verdad.

La verdad siempre es la misma, los sueños cambian, pero la verdad siempre es la misma. Familiarízate con las palabras de Buda, pero no te quedes ahí. Solo es una introducción, sal de ahí.

Lo que estoy diciendo es que lo escuches, pero que no te obsesiones con ello, sal de ahí. Ve entrando en sintonía con mi silencio. Luego olvídate de mí, olvídate de la nube y entra en el cielo. Entonces realmente estarás en sintonía. Entonces habrás empezado a ir hacia la verdad misma.

Las palabras hablan de la verdad, pero no son la verdad en sí. La palabra *Dios* solo es una palabra, pero no es Dios. La palabra *amor* solo es una palabra, pero no es amor. Usa la palabra y luego tírala. Es el continente, pero no es el contenido.

No te quedes demasiado apegado al cuerpo del maestro. Ese apego se podría convertir en un impedimento. Ama al maestro, pero ve más a fondo. Poco a poco y paso a paso, entra en su ser más interno. Y te sorprenderás, porque lo más interno siempre es igual. En lo más interno, el discípulo y el maestro se encuentran. En lo más interno no hay diferencias.

Kabir dijo una frase muy rara: «Ha llegado el momento en el que el maestro se postra a los pies del discípulo». Entonces ya no hay diferencias. ¿Quién es el maestro y quién es el discípulo? No hay ninguna diferencia.

Cuando Rinzai estaba con su maestro... Tenía un maestro durísimo, como todos los maestros zen. Había golpeado a Rinzai muchas veces, el maestro lo tiraba, se abalanzaba sobre él y le pegaba. Entonces, un día que Rinzai se iba de viaje, de peregrinación, el maestro lo llamó y le empezó a pegar.

—Pero no he dicho ni una sola palabra —dijo Rinzai—, no he hecho nada.

—Ya lo sé —dijo el maestro—, pero te vas de peregrinación y presiento que cuando vuelvas te habrás iluminado, y entonces ya no tendré la oportunidad de volver a pegarte. Por eso lo hago, para aprovechar mi última oportunidad.

Y, efectivamente, al volver Rinzai, sucedió. El maestro agachó su cabeza y le dijo:

—Ahora me puedes pegar tú a mí. —Rinzai nunca pegó a su maestro, aunque el maestro se lo dijera—: Ahora me puedes pegar. Ahora puedes disfrutar *tú*, porque yo ya he disfrutado mucho haciéndolo. Has llegado a casa.

En lo más profundo de tu ser no hay ninguna diferencia.

Buda está diciendo que no te preocupes demasiado por las palabras. Úsalas como escalones, como peldaños. No te preocupes demasiado por los movimientos de Buda, por sus movimientos físicos. Hay gente a la que le gusta imitar, y empiezan a andar como Buda, a hablar como Buda, a usar las mismas palabras, a hacer los mismos gestos. Buda está diciendo que ninguna de esas cosas es verdad. La verdad va más allá de las formas, no se puede imitar.

No imites al maestro. Solo así podrás convertirte algún día en un maestro. Ama, escucha, pero nunca te olvides de que tienes que ir hasta el fondo. Tienes que trascender todas las nubes.

Hemos terminado por hoy.

Sobre el autor

Las enseñanzas de Osho desafían toda clasificación y lo abarcan todo, desde la búsqueda individual de sentido hasta los más urgentes temas sociales y políticos de la sociedad actual. Sus libros no han sido escritos, sino transcritos a partir de grabaciones de audio y vídeo de las charlas improvisadas que ha dado a una audiencia internacional. Como él mismo dice: «Recuerda: todo lo que digo no es solo para ti…, hablo también a las generaciones del futuro». El *Sunday Times* de Londres ha descrito a Osho como uno de los «mil artífices del siglo XX», y el autor norteamericano Tom Robbins le ha calificado como «el hombre más peligroso desde Jesucristo». Acerca de su propia obra, Osho ha dicho que está ayudando a crear las condiciones para el nacimiento de un nuevo tipo de ser humano. Suele tipificar a este nuevo ser humano como «Zorba el Buda», capaz de disfrutar tanto de los placeres terrenales como un Zorba el griego como de la silenciosa serenidad de un Gautama el Buda. Discurriendo como un hilo conductor, a lo largo de la obra de Osho hay una visión que abarca la sabiduría eterna de Oriente y el potencial más elevado de la ciencia y tecnología occidentales.

Osho también es famoso por su revolucionaria contribución a la ciencia de la transformación interior, con un enfoque de la meditación que tiene en cuenta el ritmo acelerado de la vida contemporánea. Sus incomparables Meditaciones Activas están diseñadas para, en primer lugar, liberar las tensiones acumuladas en cuerpo y mente, de manera que resulte más fácil experimentar el estado relajado y libre de pensamientos de la meditación.

Sobre el autor existe una obra autobiográfica disponible: *Autobiografía de un místico espiritualmente incorrecto* (Kairós, 2001).

OSHO International Meditation Resort

Ubicación: situado a ciento cincuenta kilómetros al sureste de Mumbai en la moderna y floreciente ciudad de Pune, India, el Osho International Meditation Resort es un destino vacacional diferente. Se extiende sobre dieciséis hectáreas de jardines espectaculares en una magnífica área residencial rodeada de árboles.

Originalidad: cada año, el Osho International Meditation Resort da la bienvenida a miles de personas provenientes de más de cien países. Este campus único ofrece la oportunidad de vivir una experiencia personal directa de una nueva forma de vida: con mayor sensibilización, relajación, celebración y creatividad. Ofrece una gran variedad de opciones y programas durante todo el día y durante todo el año. ¡No hacer nada y simplemente relajarse es una de ellas!

Todos los programas están basados en la visión de Osho de «Zorba el Buda», una clase de ser humano cualitativamente diferente que es capaz tanto de participar de manera creativa en la vida diaria como de relajarse en el silencio y la meditación.

Meditaciones: un programa diario completo de meditaciones para cada tipo de persona, que incluye métodos activos y pasivos, tradicionales y revolucionarios, y, en particular, las Meditaciones Activas OSHO. Las meditaciones se llevan a cabo en lo que debe ser la sala de meditación más grande del mundo: el Osho Auditorium.

Multiversity: las sesiones individuales, cursos y talleres lo abarcan todo: desde las artes creativas hasta la salud holística, transformación personal, relaciones y transición de la vida, el trabajo como meditación, ciencias esotéricas, y el enfoque zen de los deportes y el esparcimiento. El secreto del éxito de la Multiversity reside en el hecho de que todos sus programas se combinan con la meditación, que confirma el enfoque de que como seres humanos somos mucho más que la suma de nuestras partes.

Spa Basho: este lujoso *spa* ofrece una piscina al aire libre rodeada de árboles y jardines tropicales. El espacioso *jacuzzi* de estilo único, las saunas, el gimnasio, las pistas de tenis...; todo queda realzado gracias a la increíble belleza del entorno.

Cocina: hay una gran variedad de áreas para comer donde se sirve deliciosa comida vegetariana occidental, asiática e hindú, la mayoría cultivada de forma orgánica especialmente para el Osho International Meditation Resort. Los panes y pasteles también se hornean en la panadería del centro.

Vida nocturna: por la noche hay una amplia variedad de eventos donde escoger, y bailar ¡es el número uno de la lista! Otras actividades incluyen meditaciones con luna llena bajo las estrellas, espectáculos de variedades, interpretaciones musicales y meditaciones para la vida diaria. O simplemente disfrutar conociendo gente en el Café Plaza, o caminar bajo la serenidad de la noche por los jardines de este escenario de cuento de hadas.

Instalaciones: puedes adquirir todo lo que necesites, incluidos artículos de aseo, en la Galería. La Galería Multimedia vende una amplia gama de productos multimedia OSHO. El campus dispone de banco, agencia de viajes y cibercafé. Para aquellos que disfrutan de las compras, Pune ofrece todas las opciones, que van desde los productos hindúes étnicos y tradicionales hasta todas las tiendas de marca mundiales.

Alojamiento: puedes elegir hospedarte en las elegantes habitaciones de la OSHO Guest House o, para permanencias más largas, puedes optar por uno de los paquetes del programa Living-in. Además, existe una abundante variedad de hoteles y apartamentos en los alrededores.

www.osho.com/meditationresort
www.osho.com/guesthouse
www.osho.com/livingin

Más información

http://www.Twitter.com/OSHO
http://www.facebook.com/pages/OSHO.International
http://www.facebook.com/OSHOespanol

Otras obras de Osho publicadas en la Editorial Kairós:

El ABC de la iluminación
Libro de la vida y la muerte
Autobiografía de un místico espiritualmente incorrecto
Música ancestral en los pinos
La sabiduría de las arenas
Dang, dang, doko, dang
Ni agua, ni luna
El sendero del yoga
El sendero del zen
El sendero del tao
Dijo el Buda...
Guerra y paz interiores
La experiencia tántrica
La transformación tántrica
Nirvana, la última pesadilla
El libro del yoga I y II
El verdadero nombre
Meditación para gente ocupada

Accede a las OSHO Talks con tu *smartphone*

En la página siguiente encontrarás un código QR que te enlazará con el Canal OSHO Español en YouTube, donde podrás acceder a una amplia selección de avances de charlas originales de Osho (OSHO Talks), vídeos sobre meditaciones, entrevistas y misceláneas relacionadas con el mundo de OSHO, seleccionadas para proporcionarte una muestra de la obra y la visión de este místico contemporáneo. Todos estos vídeos han sido subtitulados en castellano y los puedes visualizar seleccionándolos en el visor.

Osho no escribía libros, sino que hablaba en público, creando con ello una atmósfera de meditación y transformación que permitía que los asistentes vivieran la experiencia meditativa. Aunque las charlas de Osho son informativas y entretenidas, no radica en ello su propósito fundamental. Lo que Osho busca es brindar a sus oyentes una oportunidad de meditar, de experimentar el estado relajado de alerta que constituye la esencia de la meditación.

Esto es lo que Osho ha dicho acerca de sus charlas:

«Mi motivo principal para hablar ha sido darle a la gente una muestra de la meditación; así que puedo seguir hablando eternamente, no importa lo que esté diciendo. Lo único que importa es proporcionarte algunas oportunidades de estar en silencio, cosa que, al principio, te resultará difícil».

«Estos discursos son los cimientos de tu meditación».

«Te estoy haciendo consciente de los silencios sin ningún esfuerzo por tu parte. Estoy usando mi forma de hablar, como una estrategia para que, por primera vez, conozcas el silencio».

«Yo no hablo para enseñarte algo; hablo para provocar algo en ti... Esto no es una conferencia; simplemente es una estrategia para que te quedes en silencio, porque hacerlo tú solo te resultará muy difícil».

Si no dispones de un *smartphone*, también puedes visitar este enlace: https://www.youtube.com/user/oshoespanol/videos

Si quieres seguir disfrutando de las OSHO Talks subtituladas en español en formato íntegro, en este momento cuentas con estas dos opciones: OSHO TV, parte del programa Premium en iOSHO (www.osho.com), y el programa de meditación OSHO Talks en la plataforma Televisión Consciente (www.television consciente.com), ambas disponibles en todo el ámbito latino.

editorial airós

Puede recibir información sobre
nuestros libros y colecciones inscribiéndose en:

www.editorialkairos.com
www.editorialkairos.com/newsletter.html
www.letraskairos.com

Numancia, 117-121 • 08029 Barcelona • España
tel. +34 934 949 490 • info@editorialkairos.com